陕西师范大学优秀著作出版基金资助出版

社会网络分析：软计算方法及应用

郝　飞　著

科　学　出　版　社

北　京

内 容 简 介

本书是一部从研究和实用的角度出发，结合近几年社会网络分析的最新研究和应用成果，全面系统地探讨基于软计算理论和方法的社会网络分析学术专著．首先从理论方法创新的视角详细介绍在静态社会网络和动态社会网络中，基于形式概念分析的网络拓扑结构检测方法及算法、基于形式概念分析的符号社会网络拓扑结构挖掘方法及算法、基于模糊形式概念分析的模糊社会网络拓扑结构挖掘方法及算法．其次结合粗糙集理论，介绍粗糙k派系理论及其应用和基于形式概念分析的图相似性度量方法及算法．最后从实际应用的角度重点介绍软计算技术在社会网络分析中的应用，包括移动社会网络中基于模糊逻辑的用户之间模糊信任推理机制、基于软集的移动云服务推荐和地理位置敏感的在线社区社会演化．

本书可作为高等院校计算机科学与技术专业高年级本科生和研究生的学习资料，同时可为社会计算和社会科学领域研究人员提供一个新的研究思路，进一步开展社会网络分析及应用探索和实践．

图书在版编目(CIP)数据

社会网络分析：软计算方法及应用/郝飞著．—北京：科学出版社，2021.4
ISBN 978-7-03-067180-6

Ⅰ. ①社…　Ⅱ. ①郝…　Ⅲ.①社会网络—分析方法　Ⅳ. ①C912.3

中国版本图书馆CIP数据核字（2020）第246771号

责任编辑：宋无汗　王婉娜　李　萍／责任校对：杨　赛
责任印制：张　伟／封面设计：陈　敬

科学出版社 出版
北京东黄城根北街16号
邮政编码：100717
http://www.sciencep.com

北京中石油彩色印刷有限责任公司 印刷
科学出版社发行　各地新华书店经销
*
2021年4月第　一　版　开本：720×1000　B5
2021年4月第一次印刷　印张：11 3/4
字数：237 000

定价：98.00元

（如有印装质量问题，我社负责调换）

序

“互联网+”成为国家战略，促进了社交媒体在互联网金融、社交商务、舆情监控等领域的发展，如微信支付、抖音短视频等社交应用日益主流. 此外，普适计算及移动互联网的迅猛发展给社交媒体未来发展，即泛社交媒体带来了新的活力. 随着线上线下的不断融合、移动终端的普及和应用程序 (APP) 的盛行，社交媒体越来越深入地嵌入到我们生活的诸多场景. 社交的内容和形式不断拓展和延伸，包括图片社交、视频社交、娱乐社交、职场社交、婚恋社交、匿名社交等，甚至传统的健身运动也由于朋友圈中的晒步和排行，实时分享运动的成就和快乐，将个人化的运动变成了社交化的分享内容.

目前，社会网络分析在各领域得到了广泛应用，如经济学、市场营销和工业工程. 社会网络主要关注社会实体之间的关系，具体的案例有团队成员间的交流、公司间的经济事务，以及国家间的贸易或条约.《社会网络分析：软计算方法及应用》一书从已有的软计算理论切入，全面深入地剖析基于软计算理论的社会网络表达机理、分析与挖掘模型以及进一步的应用潜能.

该书作者曾是我课题组的成员，在合作研究期间，工作认真刻苦，对社会计算与软计算交叉这一新兴研究领域满腔热爱. 他一直坚持在该领域不断深耕，并取得十分优异的成绩，我感到十分欣慰. 该书以作者多年的研究成果为基础，结合后续的实证研究，以软计算理论与技术的视角，深入探讨社会网络的表示、分析、挖掘及其应用，为社会网络分析研究提供了新的思路.

较之同类专著，该书主要有三大特点：① 可读性强. 作者在保证内容科学性的基础上，结合案例丰富相关内容，图文并茂、形象生动，提高了内容的可阅读性和可理解性. ② 涵盖面广. 该书不仅对以往社会网络分析理论、方法及应用进行了梳理，还整合了作者多年以来在社会计算与软计算交叉领域方面的理论创新成果和实证研究. ③ 实用性强. 该书在以往研究和理论的基础上，提出相关研究结论对社会网络分析的启示，对于社会网络分析实践者具有一定的帮助.

此次受邀为该书作序，一方面这份信任与尊重让我非常感动，另一方面看到作者近年来取得了一定的成果，也深感欣慰．最后，对于该书顺利出版表示祝贺，并希望作者再接再厉，在社会计算研究领域取得更大成就！

加拿大国家工程院院士
加拿大工程研究院院士
IEEE 会士
2021 年 1 月

前　言

在线社交媒体是一种面向网络化社会系统, 由用户自主创造内容, 群体化意见共享, 组织建立社会网络的新型互联网应用. 典型的在线社交媒体有微博、维基百科、优酷土豆视频、大众点评等. 我国领先的社会化及数字商业资讯提供商 Kantar Media CIC 发布的 "60 秒看中国社会化媒体表现" 信息图, 全面直观地展现了大数据时代下平均每分钟所产生的巨大数据流量. 例如, 每分钟约 165 万人次刷微博, 支付宝平台上每分钟产生 15397092 元的交易额. 以短视频为载体的内容社交 APP, 如抖音、快手、好看视频日均使用时长从 2017 年的不到 1 亿小时, 增长到了 2019 年的 6 亿小时. 在线社交媒体已成为当前最活跃、最具影响力的一类互联网应用, 其在社交商务、市场营销、数据挖掘、舆情评测、知识管理等多个领域发挥着重要作用. 用户可以使用在线社交媒体传递信息、建立联系、表达情感, 进而形成在线社会网络.

继科学计算和生命计算之后, 面向网络化社会系统的社会计算已成为学术界的研究热点和前沿课题. 社会网络分析是社会计算的核心问题之一, 其核心任务是研究人、社区、群体、组织、国家等一组行动者的关系模式, 通过该模式反映出的现象或数据是社会网络分析的焦点. 社会网络分析已在 Web 分析与知识挖掘、意见领袖识别、信息传播与扩散、恐怖分子网络分析、推荐系统等领域发挥重要的作用. 本书内容是社会网络分析中一个重要研究方向, 即社会网络结构分析. 深入理解社会网络的结构特性, 有助于提高社会生产效率、缓解社会矛盾、提高社会收益、解决社会问题, 因此该领域具有广阔的应用前景. 现有的社会网络结构分析方法大多面向静态网络, 无法满足在线社会的演变要求. 此外, 网络结构分析中固有的一些技术难点, 如算法时间复杂度过高、需要先验知识、结构形态受限、数据维度过高等, 同样限制了该领域的发展. 针对传统社会网络结构分析方法中存在的不足, 本书结合已有软计算理论方法在刻画网络结构方面的独特优势, 介绍作者多年来在社会网络分析与软计算交叉领域的研究成果.

本书共 8 章, 首先介绍社会网络理论和软计算理论基础知识; 其次根据社会网络中的完全连通图和任意子图两个类别分别介绍基于形式概念分析的全连通图, 如派系、派系社团、极大社团等网络结构在社会网络中的挖掘问题, 以及基于粗糙集的任意子图的拓扑刻画; 并在此基础上, 介绍基于形式概念分析的图相似性度量问题; 最后, 给出基于软计算技术的社会网络分析相关应用.

第 1 章和第 2 章, 概述社会网络理论和软计算理论的科学意义、基础预备知识及相关应用. 第 1 章介绍社会网络的发展历程及社会网络分析对于研究社会网络的重要性. 第 2 章重点阐述社会网络理论与软计算理论的基础知识. 在社会网络理论基础方面, 简要介绍图的基本定义及相关性质, 并给出社会网络的形式化定义. 此外, 介绍社会网络的关键结构 k 派系、k 派系社团和极大社团. 在软计算理论基础方面, 详尽介绍和本书研究相关的几个重要的软计算理论, 包括模糊集理论、粗糙集理论、形式概念分析和软集理论.

第 3~5 章, 主要介绍利用形式概念分析理论对静态社会网络和动态社会网络中的完全连通子图结构的挖掘方法和算法. 第 3 章重点探讨如何使用形式概念分析识别静态社会网络和动态社会网络中隐含的拓扑结构, 如 k 派系、冰山派系、极大社团等拓扑结构. 不同于第 3 章中的社会网络, 即无符号社会网络, 第 4 章介绍了符号社会网络中, 满足社会结构平衡理论前提下的 k 平衡可信派系检测和社会结构平衡最密集子图挖掘. 第 5 章在模糊社会网络中引入新的概念, 即 λ 极大社团, 介绍基于模糊形式概念分析的 λ 极大社团挖掘方法和算法.

第 6 章, 介绍粗糙 k 派系理论及在静态社会网络中基于粗糙 k 派系理论的任意子图结构刻画方法.

第 7 章, 介绍基于形式概念分析的图相似性度量方法.

第 8 章, 介绍软计算技术在社会网络分析中的应用, 包括移动社会网络中模糊信任推理机制、移动云服务推荐和地理位置敏感的在线社区社会演化.

希望通过本书的内容, 对现阶段软计算技术在社会网络分析中的相关研究进行梳理, 呈现该领域研究的全貌, 并通过实证研究和总结深入挖掘软计算技术在社会计算领域的应用潜能, 以期对社会网络分析的学术研究和实践应用都有一定的借鉴价值.

感谢韩国顺天乡大学 Doo-Soon Park 教授、加拿大圣西维尔大学杨天若教授、英国埃克塞特大学闵革勇教授和西华大学裴峥教授在研究中给予的启发和帮助; 感谢陕西师范大学王小明教授、马苗教授等对本书出版的鼓励和支持; 同时感谢现代教学技术教育部重点实验室、陕西师范大学计算机科学学院物联网与普适计算研究团队全体成员的关心和帮助.

本书的出版得到了国家自然科学基金项目青年科学基金项目 (项目编号: 61702317)、陕西师范大学优秀著作出版基金、陕西省自然科学基础研究计划项目 (项目编号: 2019JM-379)、中央高校基本科研业务费项目 (项目编号: GK202103080) 和陕西师范大学学科建设处图书出版基金的资助, 在此表示衷心的感谢. 本书能够顺利与读者见面, 科学出版社也给予了大力支持, 在此一并致谢!

本书是作者十余年来在社会计算与软计算交叉领域研究工作的系统总结. 由于作者水平有限, 书中难免存在不足之处, 敬请领域专家和广大读者不吝指正, 可通过邮箱 fhao@snnu.edu.cn 提出宝贵意见.

目　　录

第 1 章　社会网络分析概述

1.1　背 景 意 义

随着社会信息化的迅猛发展, 互联网愈来愈深入地融入人们的生活. 物理世界中人与人的交流模式逐渐演变为互联网上的交流, 人与人之间的社会关系也相应地由互联网虚拟实现. 其中, 线上用户沟通交流的在线社交媒体 (online social media) 是由用户自主创造内容, 群体化一键分享, 自组织建立社会网络的新型互联网应用, 典型的在线社交媒体应用, 如微博、Facebook、YouTube、LinkedIn 等. 2019 年 5 月, 国内领先科技咨询门户 36 氪发布《2019 社交行业研究报告》, 报告数据显示当时市面上的社交软件有 6000 多个, 主要分布在内容社交、工具社交和场景社交三大领域. 以短视频为载体的内容社交 APP, 如抖音、快手、好看视频日均使用时长从 2017 年的不到 1 亿小时, 增长到了 2019 年的 6 亿小时; 以即时通讯为主要特点的工具社交 APP, 如微信月活跃用户数高达 11 亿; 在场景社交领域, 以脉脉、LinkedIn 为代表的职场社交应用近几年也异军突起, 用户数扩张迅猛. 在移动互联网的浪潮下, 在线社交媒体无疑已成为当前最活跃且最具影响力的一类互联网应用, 在互联网金融、社交商务、数据挖掘及舆情监控等诸多领域发挥着重要作用. 用户可以使用在线社交媒体传递信息、建立联系和表达情感, 进而形成在线社会网络.

简单来说, 社会网络是一个由个人或社区组成的点状网络拓扑结构. 其中, 每个点 (node) 代表一个个体 (individual), 可以是个人, 也可以是一个团队或是一个社区, 个体与个体之间可能存在各种相互依赖的社会关系, 在拓扑网络中用点与点之间的边 (tie) 表示. 社会网络分析关心的正是点与边之间依存的社会关系. 随着个体数量的增加, 以及个体间社会关系的复杂化, 最后形成的整个社会网络结构可能会非常复杂.

社会网络分析最初是用于帮助人们理解人群中流行性疾病 (如新型冠状病毒、埃博拉病毒等) 的传播情况并加以抑制. 疾病的传播所强调的关键词为"接触", 而现在这种接触逐渐演化为人与人之间的交流和联络, 在社交网络中以边的形式表现出来, 一条边表示两个个体间建立了一种关联 (ties).

一张社会网络图的形状可以直观地决定网络本身对每个个体的重要程度. 一般而言, 一张聚合度更高、更紧密的网络 (如一个部落、家族等) 对于每个成员的重要程度要远远小于一张与外网络有大量弱联系 (weak ties) 的松散网络 (如一个开源社区、BBS 论坛等)，如图 1.1所示. 例如，A 和 B, B 和 C, C 和 D 为社会网络中的弱联系，阴影区域为社会网络派系.

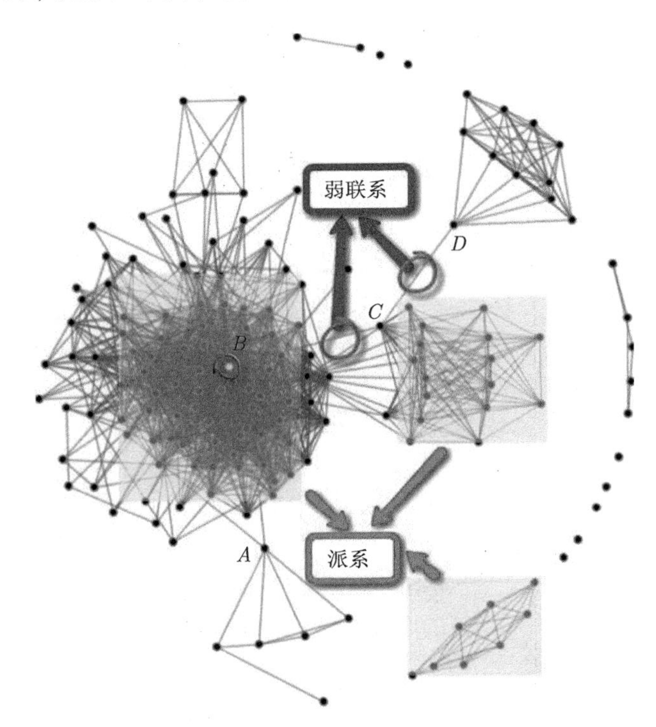

图 1.1　社会网络分析中的派系和弱联系

社会网络发展历程大致概括如下[1]:

(1) 20 世纪 60 年代，美国心理学家 Milgram[2] 提出了六度分离 (six degrees of separation) 理论，成为在线社会网络早期的概念基础. 该理论认为在人际交往的脉络中，任意两个陌生人都可以通过 “亲友的亲友” 建立联系，这中间最多只要通过五个朋友就能达到此目的，也就是说，最多通过六个人就能够认识任何一个陌生人;

(2) 2002 年，社交网站鼻祖 Friendster 的出现，拓宽了人们的交际网，使交际网得到了一定程度的延伸. Friendster 服务允许用户与其他用户联络并且分享互联网上的内容，使得人们长期保持联系并发现新的重要的人物和事;

(3) 2003 年，MySpace 的出现结合数字媒体技术，为人类创造出更加具有个性的自我空间，在该空间中人类可以实现交互、自定义朋友网络、个人文件页面、博客、组群、照片、音乐和影片的分享与存放，使得社交网络更加丰富多样且具有娱乐性. MySpace 上线后只用了半年时间就超过 Friendster, 成为当时世界上最大的社交网站.

(4) 2004 年, Facebook 从哈佛大学学生宿舍上线, 注册用户除了可以传递文字消息之外, 还可以分享图片、视频、文档、贴图和声音媒体消息给其他用户, 以及透过集成的地图功能分享用户所在的位置, 将人们现实世界中的社会关系成功虚拟为线上世界, 在网络中构建了一个真实的社交图谱 (social graph).

当前先进的信息技术催生了人与人真实的线下生活逐步转移到线上生活的全新模式. 在线社会网络不仅使人们直接的联系更加方便、快捷, 也大大降低了通信成本. 同时在线社会网络使虚拟社会与现实社会的差距越来越小.

近年来, 在线社会网络的研究吸引了学术界越来越多的关注, 其研究的内容主要是在线社会网络的拓扑分析、社区挖掘、社会推荐[3]和情感分析[4]等. 本书重点关注并介绍在线社会网络的拓扑分析、社区检测、图相似性评估及相关应用.

在线社会网络研究初期, 人们企图通过了解社会网络, 如 WWW、Internet 的拓扑特性来进一步对其结构进行分析. 大量的前期研究发现在线社会网络中的拓扑结构主要是基于节点度的分布、平均路径长度、聚类系数及社会网络的网络半径等. 人们希望通过这些特性分析, 能更清晰地了解社会网络的拓扑结构及功能. 加深对在线社会网络拓扑结构分析的研究, 有利于未来在线上更好地刻画真实的社会关系, 从而大大降低信息交流的成本, 提高人与人之间的交互信息, 相互交流的效率, 加强社会网络中的信息传播.

社会网络分析方法是一种定量分析方法, 由社会学专家依据图论、数学建模等相关知识发展而来, 并在社会生活诸多领域产生了深远的影响, 其中包括城市化对个体幸福的影响, 在职业流动、国际贸易、世界政治和经济体系等产生了不可估量的社会效应[5-7]. 通过运用社会网络分析方法, 不仅可以研究和分析人与人之间的社会交往形式和特征, 同时还可以对不相同的组织或群体之间的关系结构进行研究, 也对了解和认识不相同群体的关系属性及其对人们行为的影响提供了极大的便利.

总之, 社会网络分析可以发现网络拓扑结构的特征与网络的行为趋势二者之间的关系, 这不仅可以很好地帮助人们更加方便地利用信息或其他资源, 而且能对人类生活、商业生产、城市规划等相关领域做出更加有效的判断、管理和决策支持.

1.2　社会网络分析在信息科学领域的典型应用

社会网络理论涉及连通度、图中的距离等网络属性, 也涉及网络链接、引用标引、学术交流和检索行为等不同的应用, 尤其在依赖领域知识背景的知识发现和知识群体研究中应用广泛[8].

1.2.1 Web 社会网络分析

从 1996 年开始, 在 Web 上社会网络分析应用不断涌现, 旨在找出用户查询最权威的回答页面, 将页面生成和链接当作 “主体” 对象, 通过链接簇或者核心节点标明网络中的核心资源. 其中, 典型的研究成果包括 Google 的网络链接排序、搜索引擎主题搜索、页面信息嵌入和过滤等. Google 公司的 PageRank 算法就是一种基于随机网络的检索策略. 假设读者在 Web 上漫无目的地浏览, 并以概率 $1-p$ 沿当前页面包含的超链接浏览其他网页, 同时以概率 p 随机浏览一个网页. 最终, 那些入链 (inlink) 很多的流行网页可能经常被访问, 形成访问的核心网页簇. 因此, 网页之间也能通过链接构建合理的信息结构, 这种流行度的度量称为 PageRank. Google 按如下递归定义 PageRank:

$$\text{PageRank}(v) = \frac{p}{N} + (1-p)\sum_{\mu\to v}\frac{\text{PageRank}(\mu)}{\text{OutDegree}(\mu)} \tag{1.1}$$

其中, $\to$ 表示链接指向; N 为 Web 图的总结点数; OutDegree(μ) 为页面 μ 的出度; p 为浏览概率, 其值分布与用户信息技能、网络基础设施和网页内容的商业价值相关. Google 搜索引擎通过模拟这种网页上的走动来估计每个网页的流行度, 给定一个查询关键词, 匹配的网页会按照 PageRank 分值排序, 利用信息推荐的方式达到与搜索引擎相近的搜索速度, 而准确性能够通过回溯方式得到修正和提高.

1.2.2 网络计量分析 B-A 理论

最早公布的有关无标度网络的例证是普赖斯的科学论文引文网络, 该网络是通过文献之间的内在联系建立文献对象之间的链接网络关系, 并用幂值为 2.5~3 中的一个值表明文献的集中利用 (引用的条目数) 关系. Barabasi 和 Albert 提出, 类似的幂指分布结果可以应用到社会网络和一般 Web 网络, 从而识别和分析对于保持网络稳定性具有重要作用的 “大顶点”, 这就是 Barabasi 和 Albert 提出的关于 Web 网络增长的生长模型. 按照 B-A 理论, 利用 “大顶点增加” 和 “连接关联” 可以定义 Web 网的一次引用和链接, 进而通过顶点和边的扩展描述无标度网络的形成. B-A 理论的典型应用是合著关系网络分析及相关推广.

在合著关系网络分析中, 鉴于通常情况下合作者都是彼此熟悉的同事或朋友, 因此, 合著关系网络是典型的自我中心网络——人际网络. 利用引文合著者数据库, 顶点是论文的作者, 用一条边表示两个作者的合著关系, 网络距离为 1, 合著者的网络距离递加 1, 从而生成合著关系网络. Newman 在对 SCI 中四个数据库 (生物医药、高能物理、计算机科学和数学) 的实证研究中发现, 科学合著关系存在六度分离, 即所研究的合著网络中, 科学家之间的距离与网络中的总人数的对数成比例, 而且一对科学家之间的典型距离是 6. Kretschmer 的研究则进一步表明, 随着合著网络图中边的密度增加, 存在一个子网络, 能够覆盖绝大多数的科学家 (在某些学科可达到 80%到 90%), 任意一个作者都可能纳入一个相互关联的合著网络, 只有少数作者是孤立的, 该网络也被研究者称为作者簇. Grossman 的研究中也出现了作者簇, 只是最大的组包含的顶点数占总顶点数的比例不同; Kretschmer 认为最大的组占作者总人数的 40%; 而 Grossman 认为这一比例达到了 62%, 可能是由于学科发展的阶段不同, 所取数据的覆盖范围及时间区间不同引起的.

1.2.3　网络链接行为和动机研究

用户参与社会网络社区在线行为的动机包括四个因素：在线社区因素, 即在线社区的特征和与用户无关的环境因素; 用户个体因素; 承诺因素; 质量需求因素. 该分类法将造成网络行为的原因分为三个来源：外部环境因素、用户个体因素和用户与环境的交互因素. 在线社区行为又分为三个部分：在线社区公民行为, 主要是指在线社区规范的产生和发展; 内容提供行为, 指在线社区有效资源的提供; 听众参与行为, 主要是指消耗社区资源的行为. 以下分别从动机因素的四个方面进行介绍.

(1) 在线社区因素包括群体认同、社区可用性、前分享规范、交互性和社区声望. 群体认同是在线社区成员对社区的认知状态及其与社区在道德和情感上的联系. 更多的成员将加入具有高度群体认同的在线社区. 对新成员而言, 高度认同有助于他们尽快形成对社区的承诺. 社区可用性是影响个体参与社区的重要因素. 网络社区中的信息膨胀会阻碍用户的网络使用, 便于用户使用的网络社区有利于用户的信息搜索, 也有利于成员之间的信息共享. 前分享规范是指一种激励和鼓励社区成员分享其行为的规范. 这种规范鼓励用户意识到他们自己的分享行为对于社区和自身的重要性. 交互性是指网站发布的信息对用户有多大用处. 社区声望能激发用户的参与热情.

(2) 用户个体因素是指激发用户参与在线社区行为的内部因素, 主要包括个体特征、自我效能、目标、愿望和需求. 个体特征主要是指人格特点, 如自恋、外向性、尽责性和自我表露. 例如, 高自恋个体在 Facebook 上有更多的交互行为, 高外向性个体在网络社区中的表现更为活跃, 高尽责性个体在网络社区更倾向表露一些私人信息. 此外, 外向性还对自我表露有正向预测作用. 自我效能因素主要包括技术自我效能、信息自我效能和联系自我效能. 技术自我效能可以使用户在参与在线社区活动时感到更为舒适; 高信息自我效能的用户认为他们会提供更多的有效信息; 高联系自我效能的个体认为他们的信息会被更对的用户接受, 并且这种自我效能也会激发他们产生更多的帮助行为. 愿望、需求可以直接影响个体在线社区行为的参与, 也会通过使用户产生参与社区行为的目标而间接影响社区参与行为.

(3) 承诺因素反映了用户与在线社区的关系, 根据组织承诺理论, 承诺因素可以分成情感承诺、规范承诺和持续性承诺. 情感承诺反映了用户对在线社区的情感依恋和认同; 规范承诺反映了个体会持续成为在线社区成员的一种责任感, 高规范承诺的个体会一直留在社区中, 并帮助社区发展; 持续性承诺聚焦于个体对离开社区所要付出的代价意识, 高持续性承诺的个体会认为他们离开社区的代价非常高, 因此他们会继续留在社区中.

(4) 质量需求因素也是一种用户与社区的交互, 反映了用户对社区的安全性、隐私性、便利性和有效性的期望. 当用户对自己所在的在线社区满意时, 他们会有更多的参与行为, 并且对该在线社区有更高的承诺; 反之, 他们则会担心自己在社区中的隐私安全, 可能会采用潜水的方式来进行自我保护.

社会网络分析广泛应用于知识"主体"和"知识结点"的链接网络分析, 不仅学者是知识结点, 网站和网页也是网络知识结点. 因而, 在社会网络分析方法论中检索者 (page developers, PDs) 的检索过程 (不依赖于搜索引擎的"网络游走"行为), 就是由检索者的知识结点和网络知识结点构成社会网络的过程, 网络检索的过程就是基于网络链接 (网络知识结点之间的路径) 与行为动机 (检索者知识结点与网络知识结点的路径) 的社会网络分析.

1.2.4　知识管理和组织学习研究

在知识管理领域, 对隐性知识管理和组织学习过程的关注, 成为了管理学界和教育学界应用社会网络分析的主要动机, 实践社区、知识地图、可视化、相关性语义网络, 甚至概念地图研究的兴起都与社会网络分析的基本理念密不可分.

社会网络在组织行为、心理学和通信领域, 集中研究了网络结构中代表个体的结点及其动态关联的动态网络数学模型, 是一种创建团队和组织内知识传递和维护的重要资源. 个体同时参加一定数量的社会网络, 并通过交流关联和个人知识、技能的相似性与关联性构成知识网络. 因此, 知识网络可被定义为用网络链接描述共有或相关知识社会网络的一种特殊情况, 如果社会网络代表"谁知道谁", 知识网络则代表"谁知道什么".

具体来说, 社会网络分析是通过收集社会网络数据, 绘制组织内人与人之间的信息沟通, 知识传播的关系网络. 它使管理者可以较为全面地理解可能推动或阻止知识传播的交互关系, 信息在一个组织内部如何流通, 人们会向谁咨询求助等, 社会网络的定量分析结果有助于理解人与人或部门之间的交互关系, 提高对于信息沟通, 知识传播网络的干预能力, 从而促进组织的隐形知识管理. 此外, 社会网络分析还可以协助发现、分析和管理社会网络社区及其之间的桥, 并有助于团队之间知识的互补、传播, 提高组织的知识管理绩效.

目前广泛流行的在线社会媒体应用, 允许用户自主创造内容, 群体化意见分享, 自组织建立社会网络, 从而进一步加速了在线学习系统中知识的创新和分享. 因此, 基于知识社区的学习从传统的个体学习逐步走向群体互动、从自上而下的知识接受逐步转向自下而上的群体贡献与创造, 学习者作为知识消费者的同时也成为了知识的生产者. 纵观整个学习过程, "由学变教" 及 "由教变学" 的师生角色交替进行, 在此背景下, 兴起了一种新的在线学习范式, 即社会学习系统 (social learning systems).

在社会学习系统中, 具有共同学科兴趣的学习者和社会学习系统提供者一起形成了社会学习网络 (social learning network). 一方面, 在线学习提供者可以通过社会学习网络相互通信, 分享和传播学习资讯给更多的学习者. 另一方面, 具有共同学科兴趣的学习者可以借助该网络, 分享他们的观点、经验和技能、在线参与活动、在线视频会议和远程讨论决策, 不仅可以交流互动, 还可以协作共事.

1.3 社会网络分析方法

1.3.1 社会网络分析方法的发展轨迹

社会网络分析方法的产生和发展是知识积累的过程. 一方面, 它得益于人类学、心理学、图论、概率论等学科的发展, 提出了许多网络结构术语, 并形成了一套数学分析方法. 另一方面, 怀特、博特、格兰诺维特等学者在各自的研究中提出了许多网络分析的应用理论, 使得社会网络分析逐渐成熟[8]. 表 1.1 给出了心理学、人类学、数学等学科代表人物或学派在社会网络分析的发展中所做的工作, 他们的贡献集中体现在创造和完善了社会网络分析的技术和模型, 使得社会网络得以测量, 也为应用研究打下基础. 社会网络分析的关键在于将复杂多样的关系形态表征为一定的网络构型, 基于这些构型及变动, 阐述其对个体行动和社会结构的意义[9,10]. 因此, 社会网络分析的目的是从结构和功能交互作用入手, 揭示网络结构对群体和个体功能的影响. 这些研究包含了怀特的 "机会链" 理论、"嵌入性" 理论、"社会资本" 理论等, 米切尔、格兰诺维特、博特等的研究也直接促进了社会网络分析方法的成熟. 在此基础上, Mitchell[11] 描述了社会网络的形态特征, 认为网络研究应该考虑网络规模、结构、互动关系及其过程. 这种网络特征分析方法考虑了网络的规模和结构特性, 同时也虑及了网络的静态特征和动态特征, 总体上奠定了网络作为一种结构功能分析方法的地位. Wellman[12] 概括了网络结构分析的基本原则: ① 世界是由网络组成的, 而不是由群体组成的; ② 解释社会行为时, 社会关系比社会成员特点更加有力; ③ 行动者如何行动的规则源于在社会关系结构体系中的位置; ④ 只有在社会网络结构中才能理解 "关系" 的运作, 社会网络结构会影响各种资源在关系中的配置; ⑤ 网络结构研究的单位是关系, 而不是个人. 在上述基本原则的指导下, 社会网络分析的研究与应用逐渐发展起来,出现了不同的理论方法与观点.

表 1.1　社会网络分析发展过程中的代表人物或学派及其贡献

代表人物或学派	学科	对社会网络分析测量技术的贡献
莫雷诺	心理学	创立了社会计量学, 发明了以点和线来代表个人关系的“社群图”方法
勒温	心理学	提出了著名的“场论”，认为社会整体都处在一个“场”中
		社会空间的结构特点可以通过拓扑学和集合论来加以分析
海德	政治心理学	对态度和观念的结构均衡进行研究
		社会网络分析中的结构对称性、规则对称性等内容发展都来源于此
巴恩斯	人类学	提出了网络的概念, 认为人际关系网可以看成是社会整体网的一个局域网
博特	人类学	研究家庭网络分析亲属关系中的各种模式
		提出了网络的关联度概念, 并测量了婚姻网的关联度
卡特怀特和哈拉雷	数学	复杂的社会结构是由简单的结构, 即多个互相重叠的“三方群体”组成的
		同时提出任何一个平衡子图都由两个存在着冲突和对抗的子图组成
		该“平衡”概念推动了对“小群体”的研究
怀特领导的哈佛学派	数学	对所有类型的社会结构进行模型化处理
		提出了块模型, 目的在于揭示整个网络中存在多少块或者子群

1.3.2　基于结构的社会网络分析方法

互联网的发展和社交网站的流行, 为研究社会网络提供了大规模的实验平台. 主要使用 DBLP 和 Facebook 数据集构建网络, 采取角色连接轮廓方法从结构上进行划分, 发现其属于外围串类型；验证了社会网络的一些统计性质, 如无标度分布、稠化定律和直径缩减等；发现社会网络中存在紧密连接且直径较小的核心结构, 规模中等的社区主要呈现星型结构；基于事件框架研究了社会网络中社区结构的演化, 发现社区间的融合很大程度上取决于社区间直接连接节点所构成网络的聚类系数, 而社区的划分则与该社区的聚类系数相关[13].

社会网络是以人为中心构建的网络, 与它相关的研究成果对人们的工作生活有着潜在的影响. 互联网的发展和各种社交网站的出现也为科研人员提供了实验平台, 并为计算机相关学科的研究带来了新的挑战和机遇. 社会网络所表现出的各种性质是如何形成的? 是否存在一个理论模型能够解释个体与个体在交互中涌现出来的这些特征？不同的网络拓扑结构与个体的行为如何相互产生影响？如何刻画和控制信息在社会网络上的传播？诸如这些问题均是需要人们研究和解决的.

1.4　本书内容安排

本书共 8 章, 内容基本覆盖了基于软计算理论的社会网络分析的主要进展与研究成果. 由于涉及图论、不确定性理论、计算智能、模糊自然语言处理等学科与专业, 要求读者具备比较广博和扎实的数理基础, 并且掌握必要的专业知识.

第 1 章, 社会网络分析概述. 本章从当前主流社会网络应用背景入手, 重点阐述社会网络分析的重要性. 此外, 还详细给出了社会网络分析在信息科学领域的典型应用, 并介绍了社会网络分析方法的发展历程.

第 2 章, 社会网络与软计算理论基础. 本章重点阐述社会网络与软计算的理论基础知识. 在社会网络理论基础方面, 简要介绍图论基础知识, 并给出社会网络的形式化定义. 此外, 介绍社会网络的关键结构 k 派系、k 派系社团和极大社团. 在软计算理论基础方面, 详尽介绍和本书内容相关的几个重要的软计算理论, 包括模糊集理论、粗糙集理论、形式概念分析和软集理论.

第 3 章, 社会网络拓扑结构分析与挖掘. 本章的重点在于使用形式概念分析理论识别静态和动态社会网络中隐含的拓扑结构, 诸如 k 派系、冰山派系、极大社团等拓扑结构. 本章的整体思路是建立社会网络的形式概念分析的表达模型, 构造社交网络的形式背景, 并构建相应的概念格, 探索概念格中的概念与社会网络中拓扑结构之间的映射关系, 最终实现基于形式概念分析的社会网络拓扑结构分析与挖掘. 特别地, 本章将介绍静态网络中基于形式概念分析的 k 派系社团检测方法, 动态社会网络中 k 派系的检测以及动态社会网络冰山派查询问题. 进一步给出一种基于形式概念分析的社会网络极大社团基检测理论, 并在检测极大社团的基础上考虑其多样性, 提出基于形式概念分析的社会网络多元化 top-k 极大社团挖掘方法, 可为复杂网络系统中的拓扑结构分析提供新的解决方案和思路. 此外, 本章最后提出的基于形式概念分析的 θ 冰山核分解方法可为 θ 冰山核分析在社会网络中潜在应用提供理论依据和指导.

第 4 章, 符号社会网络拓扑结构分析与挖掘. 不同于第 3 章中的无符号社会网络, 本章关注的是符号社会网络中在满足社会结构平衡理论前提下的拓扑结构分析与挖掘. 首先引入信任与不信任的关系, 结合社会结构平衡理论, 设计基于形式概念分析技术的 k 平衡可信派系检测方法; 进一步地, 在密集子图的基础上, 融合社会平衡结构约束, 设计基于形式概念分析的社会结构平衡最密集子图挖掘方法. 本章的研究结果可为解决舆论引导、个性化推荐、话题识别等应用提供有效的理论和技术支撑.

第 5 章, 模糊社会网络拓扑结构分析与挖掘. 随着社会的发展和研究的不断深入, 社会网络中用户之间的关系也往往随之变得混沌起来, 表现出大量不分明、不确定的特征. 例如, 孩子间的友谊关系、企业间的技术创新合作关系, 都是一种模糊关系. 传统的 “0” 和 “1” 二元关系、强关系和弱关系在刻画用户之间的这种模糊特性方面显得力不从心. 为此, 研究人员在 “0” 和 “1” 二元关系的基础上, 给出社会网络中用户间的模糊邻接关系的定义, 并提出模糊社会网络概念. 本章旨在利用形式概念分析构建适配于模糊社会网络的模糊形式背景, 在此基础上介绍模糊社会网络中极大社团挖掘问题. 具体来说, 模糊社会网络上的边是由隶属度加权刻画, 对于参数 $0 \leqslant \lambda \leqslant 1$(在模糊逻辑中也称为模糊截集 (fuzzy cut)), 在模糊社会网络中引入新的概念 λ 极大社团 (λ-maximal clique). 模糊社会网络中极大社团挖掘问题是指从模糊社会网络中挖掘 λ 极大社团. 为此, 本章介绍基于模糊形式概念分析 (fuzzy formal concept analysis) 的高效挖掘算法, 并进行实验评估以证明该算法的可行性. 研究并证明最大模糊等势概念与 λ 极大社团之间的等价关系. 基于该等价关系, 本章还设计相应的算法. 实验结果表明, 提出的算法能够有效地实现 λ 极大社团的挖掘. 另外, 确定 λ 与 λ 极大社团数量之间的相关性. 这种相关性揭示出, 随着 λ 的增加, λ 极大社团的规模减小. 最后, 实施一个基于 λ 极大社团的推荐服务的具体应用案例, 从而进一步验证所述问题的可用性和可扩展性.

第 6 章, 粗糙 k 派系理论及其应用. 为了刻画和认知任意子图的拓扑结构, 本章创新性提出一套粗糙 k 派系理论, 该理论的主要思想是将 k 派系作为认识图结构的知识粒度. 在粗糙 k 派系理论的基础上, 定义两个新的近似: 下节点近似和上节点近似, 来描述任意给定子图的边界. 基于所提出的理论, 本章还将给出子图 k 紧致性的一个实用的评价应用, 并发现 k 与 k 紧致性之间的收敛关系. 粗糙 k 派系理论中的下节点近似和上节点近似能够刻画任意子图特征, 该特征可为图相似性度量研究提供一种新的研究思路.

第 7 章, 图相似性度量. 图相似性度量正逐步成为模式搜索、对象跟踪和生物复杂识别领域的一项有前景的技术. 为了度量两个图之间的相似性, 本章介绍一种新颖的基于形式概念分析的图相似性度量方法. 首先, 针对给定的两个图, 利用所提出的方法分别构造其形式背景; 其次, 相应地生成它们的形式概念格; 最后, 本章定义概念格的相似度函数, 以进一步度量图的相似性. 对我国高点击率网站所形成的网络案例研究进行分析, 并对该方法进行性能评估. 结果表明, 本章提出的方法可以有效地表征节点之间的关系, 并通过计算出现在给定图的形式概念格中的节点之间的相似性来进一步获得图之间的相似性. 基于形式概念分析的图相似性度量方法可为图相似性度量或者匹配研究提供一种新的解决思路.

第 8 章, 软计算技术在社会网络分析中的应用. 近年来, 社会网络分析已取得长足发展, 在多个关键领域中得到了应用, 并建立了相应的社会网络分析应用系统. 本章将分别介绍前面涉及的主要软计算技术方法在相关重要领域中的典型应用, 包括移动社会网络中模糊信任推理机制、移动云服务推荐和地理位置敏感的在线社区社会演化.

本书各章内容及其关系如图 1.2 所示.

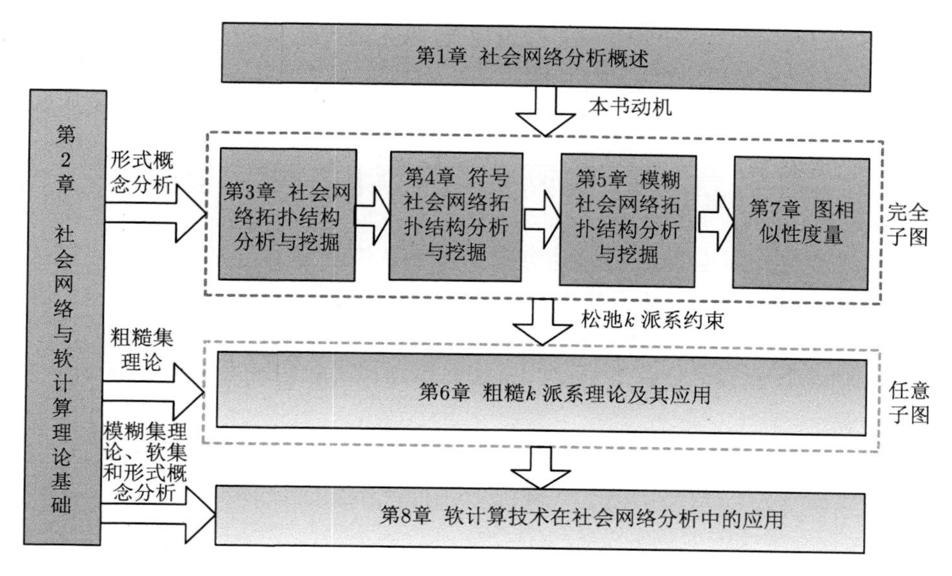

图 1.2　本书各章内容及其关系

第 2 章　社会网络与软计算理论基础

本章主要针对社会网络和软计算理论做系统性介绍. 首先, 简要介绍图论基础知识, 包括图的基本定义及其相应的性质, 给出社会网络的形式化定义. 其次, 进一步给出 k 派系、k 派系社团和极大社团的定义. 最后, 详细阐述几个与本书研究内容相关且重要的软计算理论, 如模糊集理论、粗糙集理论、形式概念分析和软集理论.

2.1　图论基础知识

社会网络通常被定义为一个由用户个体通过一些社会活动相互作用而形成的网络结构. 一般地, 社会网络用图模型来表示.

定义 2.1 (图)　图 (graph) 是由顶点的有穷非空集合和顶点之间边的集合组成, 通常表示为 G=(V, E). 其中, G 表示一个图, V 表示图 G 中顶点的集合, E 表示图 G 中边的集合. 特别地, $|V|$ 和 $|E|$ 分别表示顶点的个数和边的个数.

针对图中顶点和边相邻的描述如下: 当且仅当 e_{uv} 是图的边时, 即两个顶点 u 和 v 才是相邻的, 如果两条边有共同的端点, 则两条边 e_a 和 e_b 是相邻的. 本书中顶点和节点可互换使用.

定义 2.2 (度)　给定一个图 G=(V, E), $v \in V$, 其顶点 v 的度 (degree) 是该节点上相邻边的总数.

定义 2.3 (加权图)　给定一个图 G=(V, E), 对图的每一条边 e 来说, 都对应于一个实数 $W(e)$(可以通俗的理解为边的“长度”, 只是在数学定义中图的权可以为负数), 称其为 e 的“权”. 将这样的图 G 称为“加权图” (weighted graph).

定义 2.4 (子图)　设 G=(V, E), G'=(V', E') 为两个图 (同为无向图或同为有向图), 若 $V' \subseteq V$ 且 $E' \subseteq E$, 则称 G' 是 G 的子图, G 是 G' 的母图, 记作 $G' \subseteq G$, 又若 $V' \subset V$ 且 $E' \subset E$, 则称 G' 是 G 的真子图.

定义 2.5 (派系)　派系 (clique) 是图论中的专业术语. 对于给定图 $G = (V, E)$, 其中, $V = \{1, 2, \cdots, n\}$ 是图 G 的顶点集, E 是图 G 的边集. 图 G 的派系是一个两两之间有边的顶点集合. 简单而言, 派系是 G 的一个完全联通子图.

定义 2.6 (k 派系)　k 派系 (k-clique) 是一类特殊的派系结构. 形式化地, 对于给定图 $G = (V, E)$, 其中, $V = \{1, 2, \cdots, n\}$ 是图 G 的顶点集, 且 $|V|$=k, E 是图 G 的边集.

例 2.1　如图 2.1 所示是一个包含 8 个节点及其关系的无向图 G.

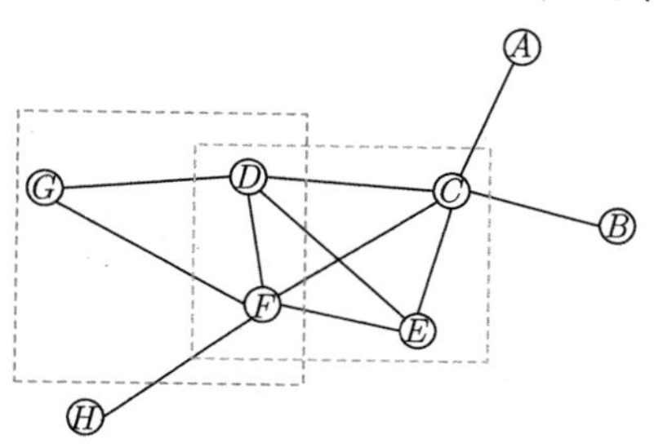

图 2.1　无向图 G 中的 k 派系

显然, 由于节点 C、D、E、F 相互联通的特点, 从而形成了一个 4 派系. 类似地, 节点 D、F、G 形成了一个 3 派系.

定义 2.7 [14](k **派系社团**)　如果两个 k 派系有 $k-1$ 个公共节点, 就称这两个 k 派系相邻. 如果一个 k 派系可以通过若干个相邻的 k 派系到达另一个 k 派系, 就称这两个 k 派系为彼此连通的. 在这个意义上, 网络中的 k 派系社团 (k-clique community) 可以看成是由所有彼此连通的 k 派系构成的集合. 社交网络中派系的“重叠”现象是指某些节点可能是多个 k 派系内的节点, 但是它们所在的这些 k 派系社团又不相邻, 也就是没有 $k-1$ 个公共节点, 那么这些节点就是不同 k 派系的“重叠”部分.

定义 2.8 (极大社团)　极大社团 (maximal clique) 是一个特殊派系, 该派系不能被更大的派系所包含, 换句话说, 再也不存在一个点与该派系中的任意顶点之间存在一条边.

例 2.2　如图 2.2(a) 所示, 该图是由八个节点 $\{v_1, v_2, v_3, v_4, v_5, v_6, v_7, v_8\}$, 八条边 $\{(2,3),(2,4),(2,5),(2,6),(3,4),(3,6),(4,5),(7,8)\}$ 构成的社会网络 G, 图 2.2(b) 则圈出了该网络的所有极大社团. 以派系 $(\{v_2, v_3, v_4\}, \{(2,3),(2,4),(3,4)\})$ 为例, 该社会网络中不存在一个其他节点与 v_2, v_3, v_4 三个节点形成的边, 故其是一个极大社团. 其中值得注意的是, v_1 也是一个极大社团.

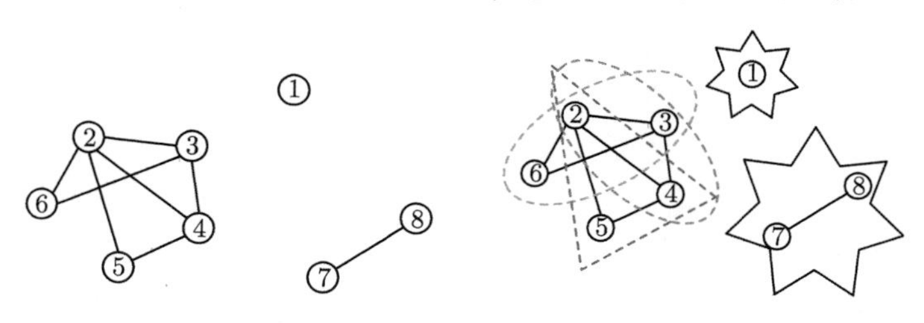

(a) 社会网络 G　　(b) 该社会网络中的所有极大社团

图 2.2　社会网络中的极大社团示例

2.2 社会网络理论

通常来说, 社会网络是一个由个人或社区组成的点状网络拓扑结构. 其中每个节点代表一个个体, 可以是个人, 也可以是一个团队或是一个社区, 个体与个体之间可能存在各种相互依赖的社会关系, 在拓扑网络中该关系以节点与节点之间的边表示. 社会网络分析关注的正是节点与边之间相互依存的社会关系. 随着个体数量的增加, 以及个体间社会关系的复杂化, 最后形成的整个社会网络结构可能会非常复杂.

社会网络理论的直接产物是社会网络分析方法, 而由社会网络中节点和关系的两大基本元素可知, 社会网络分析是从结构要素和关系要素切入. 结构要素是网络结构, 也就是节点在网络中所处的位置, 主要是分析网络中节点所具有的结构特征; 关系要素是节点间的关系, 也就是网络中节点之间所建立的联系, 主要分析节点之间关系的强度、密度与方向等特征. 除此之外, 根据两大分析要素, 社会网络理论体系中还包括如下三大基本理论, 成为后期该理论得以丰富与发展的基础.

(1) 嵌入性理论是基于 Granovetter[15] 提出的强弱连接关系和后来进一步提出的镶嵌问题形成的. Granovetter 认为社会网络的节点之间可以形成一种连接, 并以此产生彼此之间的联系, 可以说连接是社会网络分析中的最小单元. 因此, 他们根据交往频率、亲密度、情感力量和互惠度这四个维度将网络中的连接分为强连接结构和弱连接结构两种. 对于单一群体内部而言, 较多地产生强连接, 而对于不同群体而言, 他们之间较多地发生弱连接. 由于不同强弱程度的连接关系, 会对网络中的信息的传递速率造成影响, 从而引发对网络镶嵌问题的探讨. 此外, Granovetter 认为网络中行动者的行为都是基于所处网络关系做出的, 因而仅仅嵌入在网络结构中, 后来也有学者将社会网络两要素与嵌入性理论结合起来, 提出结构性嵌入和关系性嵌入.

(2) 社会资本理论起源于 Bourdieu 率先提出的 “场” 与 “资本”, “场” 是一切社会要素的集合, 社会上的不同要素根据其在场中的不同位置发挥差异性作用[16]. 他认为社会资本包括社会中的实际资源和潜在资源, 而这些资源与社会个体与组织形成的网络结构有着密切关系, 当占据网络中的不同节点时, 所能获取的社会资源也必然有所差距. 因此一个人的社会资本取决于所处的社会网络结构以及所代表的节点在社会网络中的位置, 同时社会网络从集体性拥有资本的角度为网络中的行动者提供支持. 可以说, 社会资本以关系网络的形式而存在. 基于此, Coleman[17] 对社会资本从宏观与微观两个层面展开较为系统的理论研究, 提出网络结构中的节点间复杂的社会关系是一种社会资源, 该社会资源可以促进某些行为的产生, 从而产生一定的经济效益, 因此又可称为社会资本.

(3) 结构洞理论中, 相关概念最先由美国的 Burt[18] 于 1992 年提出, 结构洞是指网络中两个节点之间的非重复关系, 也就是说当某两个节点不能直接相连, 则可以认为这两个节点存在结构洞. 由此可以看出, 结构洞的概念实际上是根据强弱连接关系进一步深化得来的, 因此 Burt 提出网络之间存在的结构洞中分布着弱连接. 换言之, 若两个节点间是强连接, 则不具有结构洞. 另外, 社会网络的结构洞主要是根据凝聚力和结构等位两方面指标测量.

结构洞的发现与存在对于社会网络理论的发展一直具有很重要的意义. 结构洞作为弱连接节点间的桥梁, 一方面可以促进节点之间的信息流通与知识共享; 另一方面可以促进社会创新主体网络的运行效率. 当然, 结构洞的存在是因为两个节点之间无法直接连接, 所以结构洞也有一定的消极影响. 但是, Burt 也指出鉴于现实社会网络中的节点之间关系存在间断现象, 这就需要结构洞来发挥第三者的中间优势. 因此, 在社会发展过程中, 个体和组织若想加强信息优势和凸显架构优势, 就应争取在网络中的结构洞位置.

2.2.1　社会网络分析

社会网络分析最初是用于帮助人们理解人群中流行性疾病的传播情况并加以抑制. 疾病的传播所强调的关键词为 “接触”, 而现在这种 “接触” 逐渐演化为人与人之间的交流和联络, 在社会网络中这种 “接触” 以边的形式表现出来, 一条边表示两个个体间建立的一种关联. 那么, 究竟什么是社会网络分析, 其主要研究内容包括哪些呢？

社会网络分析是研究一组行动者关系的研究方法. 一组行动者可以是人、社区、群体、组织、国家等, 他们的关系模式反映出的现象或数据是网络分析的焦点. 从社会网络的角度出发, 人在社会环境中的相互作用可以表达为基于关系的一种模式或规则, 而基于这种关系的有规律模式反映了社会结构, 这种结构的量化分析则是社会网络分析的出发点.

下面介绍几个社会网络分析的重要度量参数.

(1) 度: 一个节点有 n 条边, 即度数为 n, 如图 2.1 中 F 节点的度为 5. 假设有两位微博博主 A 和 B, A 有一百个粉丝, B 有一千个粉丝. 如果一个广告主要投一百元一天, 只能投给其中的一个人, 该投给谁? 如果简单按照粉丝数量 (即社会网络节点的度) 等于影响力的假设, 则应该投给 B, 同样的钱前者只有一百人可以看到, 而后者却有一千人可以看到.

(2) 接近度 (closeness): 若一个节点与其他节点的几何距离之和相对较小, 则认为该节点的接近度偏高, 如图 2.1 中的节点 C.

(3) 介数中心度 (betweenness): 整个网络中, 一个点在其他两个节点之间的最短路径上多次出现，那么这样的点具有较高的介数中心度，如图 2.1 中的节点 D.

(4) 中心度 (centrality)：以上三个参数都是用于度量中心性的. 简单来说，中心度是指一个节点对于整个网络的重要程度.

(5) 桥 (bridge)：如果一条边删除后会增加整个网络图中的连通分支数量，则称这种边为桥.

社会网络分析可以解决如下应用问题:

(1) 人际传播问题，发现意见领袖，创新扩散过程;

(2) 小世界理论，六度空间分割理论;

(3) Web 分析，数据挖掘中的关联分析;

(4) 社会资本，产业链与价值链分析;

(5) 文本语义分析，即通过追问调查研究文本的关联和语义;

(6) 竞争情报分析;

(7) 相关矩阵或差异矩阵的统计分析;

(8) 恐怖分子网络分析;

(9) 知识管理与知识的传递;

(10) 引文分析与推荐.

2.2.2 社会网络分析软件

本小节列出了用于社交网络分析的软件[19-39]，具体介绍了几个基于软计算的社会网络分析软件. 表 2.1 和表 2.2 分别归纳总结了常用的社会网络通用软件包和专用软件包[40].

表 2.1 社会网络通用软件包

序号	通用软件包
1	Agna: 图和社会网络关系分析
2	DyNet (SE 和 LS)[19]: 数据驱动的可视化
3	GUESS: 图 Graph 探索系统
4	Pajek[20]: 大规模网络分析程序
5	NodeXL[21]: 网络图的查看与分析
6	igraph (R, Python, C) [22]: 创建和操作图
7	NetVis[23]: 社交网络的动态可视化
8	ORA[24]: 动态网络分析
9	SocNetV: 社交网络分析器
10	UCINET[25]: 综合社交网络分析软件
11	Visone: 社交网络分析与可视化
12	JUNG (Java): Java 通用网络/图框架
13	libSNA (Python): 面向社会网络分析的开源库
14	NetworkX (Python) [26]: 复杂网络程序包

表 2.2　社会网络专用软件包

序号	专用软件包
1	Blanche: 网络动力学
2	CID-ABM: 基于竞争思想扩散代理的模型
3	CFinder[27]: 发现和可视化密集团
4	Commetrix[28]: 动态网络可视化与分析
5	PGRAPH[29]: 亲属关系网络
6	SONIVIS: 虚拟信息空间的分析与可视化
7	E-Net[30]: 自我中心网络分析
8	EgoNet[31]: 自我中心网络
9	KeyPlayer[32]: 识别节点
10	KliqFinder: 内聚子群
11	Network Genie: 网络调查
12	PNet: 指数随机图模型 (ERGMs)
13	SONIVIS: 虚拟信息空间的分析与可视化
14	StOCNET[33]: 统计分析

此外, 本小节还列出了主要的社会网络可视化软件, 如表 2.3 所示.

表 2.3　主要的社会网络可视化软件

序号	软件名称	描述
1	aiSee[34]	图可视化工具
2	Apache Agora[35]	虚拟社区可视化工具
3	Cytoscape[36]	分子交互网络可视化工具
4	Gephi[37]	复杂网络可视化和探索平台
5	Graphviz[38]	图可视化工具
6	KrackPlot[39]	社交网络可视化平台

2.3　软计算理论

本节主要介绍几个主流的软计算理论: 模糊集理论、粗糙集理论、形式概念分析和软集理论. 在阐述软计算理论之前, 先介绍下硬计算这个术语.

硬计算 (hard computing) 首先是由美国加利福尼亚大学的 Zadeh 教授于 1996 年提出, 长久以来被用以解决各种不同的工程应用问题.

解决一个工程问题需要遵循的步骤如下[41]:

(1) 首先辨识与该问题相关的变量, 继而分为两组, 即输入或条件变量和输出或行动变量.

(2) 用数学方程表示输入输出关系.

(3) 用解析方法或数值方法求解方程.

(4) 基于数学方程的解决定控制行动.

上述步骤是硬计算的原理.

对于精度，人们有与生俱来的探究天性，故而人类都在努力运用数学原理来构建问题的模型. 因此，硬计算具有如下特征:

(1) 由于它工作于纯数学的基础上，能产生精确解. 因此，控制行动将是精确的.

(2) 它适用于易于数学建模，并且其稳定性可充分预测的问题.

2.3.1 模糊集理论

模糊集理论是指运用了模糊集合论或者隶属函数概念的理论. 该理论最早是由 Zadeh[42] 提出. 模糊集理论主要用于刻画现实生活中常见的一些模糊不清的概念. 例如，人们在形容速度时用快速、缓慢，形容价格时用昂贵、便宜，这些形容词之间都难以用一个准确的界限进行分隔. 和经典数学相比，模糊性在特定的应用场景下会比精确性更具有优势. 例如，对于“很老”这个概念，一个 50 岁的或者更小的人可能觉得 75 岁属于很高的范围，但是在一个 90 岁的人来看，可能并不会认为 75 岁的人很老，因此对于“很老”这个概念不适合划出一个确切的区间.

随着计算机技术的发展，模糊集理论逐渐广泛应用于智能系统中. 特别是，要使计算机变得更为智能，使得以计算机为基础的复杂系统具备对事物的主动识别和模糊控制的能力，那么如何将现实世界的模糊性转换为计算可以理解的指令成为了问题的关键.

1. 模糊集定义

不同于经典的集合理论，给定全集中的某个元素，该元素要么属于集合 A，要么不属于集合 A，也就是不存在临界状态. 然而在实际应用中，并非总可以对集合进行确切的划分. 因此，为了表达这种模糊线性，模糊集的概念由此被提出.

定义 2.9 设 U 为论域，μ_A 为 U 上的一个映射，有

$$\begin{aligned} \mu_A &: U \to [0,1] \\ x &\mapsto \mu_A(x) \in [0,1] \end{aligned} \tag{2.1}$$

则称 A 是 U 上的一个模糊集，μ_A 为模糊集 A 的隶属函数，$\mu_A(x)$ 代表 x 对 A 的隶属度.

当 $\mu_A(x)$=0.5，称此时的 x 为 A 的过渡点. 另外，当 $\mu_A(x)$ 的值域为 $\{0,1\}$ 时，此隶属函数转换为特征函数，A 也就转换为一个经典集. 由此可见，模糊集是经典集的一种扩展，而经典集则是一种特殊的模糊集. 隶属度的思想是模糊集理论的核心，如同特征函数与经典集互相决定一样，隶属度函数也与模糊集等效.

2. 模糊集表示方法

论域 $U=\{x_1,x_2,\cdots,x_n\}$ 是有限集, A 为有限集 U 上的模糊集, A 的隶属函数为 $\mu_A(x)$. 模糊集可以用以下几种方式表示.

(1) Zadeh 表示法:

$$A=\frac{\mu_A(x_1)}{x_1}+\frac{\mu_A(x_2)}{x_2}+\cdots+\frac{\mu_A(x_n)}{x_n} \tag{2.2}$$

(2) 序偶表示法:

$$A=\{(x_1,\mu_A(x_1)),(x_2,\mu_A(x_2)),\cdots,(x_n,\mu_A(x_n))\} \tag{2.3}$$

(3) 向量表示法:

$$A=\{\mu_A(x_1),\mu_A(x_2),\cdots,\mu_A(x_n)\} \tag{2.4}$$

3. 模糊关系

所谓关系 R, 实际上是 A 和 B 两集合的直积 $A\times B$ 的一个子集. 现在将其扩展到模糊集合中, 定义如下:

$$A\times B=\{(a,b)|a\in A,b\in B\} \tag{2.5}$$

而一个模糊关系 $\widetilde{R}$, 是指以 $A\times B$ 为论域的一个模糊子集, 其序偶 (a,b) 的隶属度为 $\mu_{\widetilde{R}}(a,b)$, 可见 $\widetilde{R}$ 是二元模糊关系.

若论域为 n 个集合的直积, 则 $A_1\times A_2\times\cdots\times A_n$ 称为 n 元模糊关系, 它的隶属函数是 n 个变量的函数.

一个模糊关系 $\widetilde{R}$, 若对 $x\in X$, 必有 $\mu_{\widetilde{R}}(x,x)$=1, 即每个元素 X 与自身隶属于模糊关系的隶属度为 1, 则称这样的关系 $\widetilde{R}$ 为具有自反性的模糊关系.

一个模糊关系 $\widetilde{R}$, 若对 $\forall x,y\in X$, 均有 $\mu_{\widetilde{R}}(x,y)$=$\mu_{\widetilde{R}}(y,x)$, 即 (x,y) 隶属于模糊关系 $\widetilde{R}$ 和 (y,x) 隶属于模糊关系 $\widetilde{R}$ 的隶属度相同, 则称 $\widetilde{R}$ 为具有对称性的模糊关系.

一个模糊关系 $\widetilde{R}$, 若对 $\forall x,y,z\in X$, 均有

$$\mu_{\widetilde{R}}(x,z)>\min[\mu_{\widetilde{R}}(x,y),\mu_{\widetilde{R}}(y,z)] \tag{2.6}$$

则称 $\widetilde{R}$ 为具有传递性的模糊关系.

例 2.3　某家中子女与父母的长相相似的关系为 $\widetilde{R}=\begin{pmatrix}0.8 & 0.2\\ 0.1 & 0.6\end{pmatrix}$, 该家中

父母与祖父母的长相相似的关系 $\widetilde{S}$ 为模糊矩阵 $\widetilde{S}=\begin{pmatrix}0.5 & 0.7\\0.1 & 0\end{pmatrix}$，而模糊矩阵的积 $\widetilde{R}\cdot\widetilde{S}$ 为

$$\widetilde{R}\cdot\widetilde{S}=\begin{pmatrix}(0.8\wedge 0.5)\vee(0.2\wedge 0.1) & (0.8\wedge 0.7)\vee(0.2\wedge 0)\\(0.1\wedge 0.5)\vee(0.6\wedge 0.1) & (0.1\wedge 0.7)\vee(0.6\wedge 0)\end{pmatrix}=\begin{pmatrix}0.5 & 0.7\\0.1 & 0.1\end{pmatrix}$$

将 $\widetilde{R}\cdot\widetilde{S}$ 的模糊矩阵改写为如表 2.4 所示的模糊关系.

表 2.4　$\widetilde{R}\cdot\widetilde{S}$ 的模糊关系

$\widetilde{R}\cdot\widetilde{S}$	祖父	祖母
子	0.5	0.7
女	0.1	0.1

上述例子揭示了模糊矩阵相乘时先取小后取大的运算在实际中的意义.

4. 模糊语言

语言是思维的物质外壳, 思维是语言的内容, 没有思维就没有语言, 没有语言就难以进行思维, 两者是相辅相成的. 但是, 思维和语言都具有模糊性.

1) 语言的模糊性

自然语言的重要特点是其具有模糊性, 带有模糊性的语言称为模糊语言. 在人们平时交谈中, 尽管使用了不少模糊句子来表达自己的思想, 但这并不影响人与人之间的信息交流, 这是由于这些词和句的模糊性使自然语言富有表达力. 在人们通常使用的自然语言里, 包含了大量模糊词句. 例如, “白” 与 “黑”“大” 与 “小”“高” 与 “矮”“长” 与 “短” 以及 “春”“夏”“秋”“冬” 等, 它们之间的界限皆是模糊的. 尤其是形容词、副词和动词等更存在着大量的模糊词. 在对事物进行比较时，这些模糊的副词、形容词也具有浓厚的模糊性, 如 “张三比李四年轻”“王二比张三跑得快”. 也就是说, 当用模糊词对事物进行比较时, 对象不一定具有本特征, 这是由于其都是一些模糊概念, 从而使人们在不同条件、不同时间下会产生不同的理解.

总之, 模糊语言的确切定义很难一语道破, 大致来说, 它是含有意义不清的单词语言, 隶属函数是在 [0,1] 取值.

2) 模糊语言的定量刻画

在语言学中, 给一些单词以数学定义, 使其定量化和数学化, 这就可使电子计算机接受自然语言程序, 是提高计算机 “智能” 的首要前提.

要深入研究模糊语言, 探索模糊语言形式化、定量化的途径, 首先要设法对模糊语言进行定量的刻画. 然而模糊概念和模糊词实际上是某一论域中的一些模糊

集合, 因此, 可以在语言集合描述的基础上再引入模糊算子的概念. 例如, 用 “特别”“极”“较”“比较”“约” 等一类词作为算子, 放在其他词前面, 来加重或削弱其表达程度, 常用的三种算子有语气算子、模糊算子和判定算子. 本小节主要介绍语气算子.

语气算子: 用来表达语言中的肯定程度. 其中加强语气者称为集中化算子; 减弱语气者称为散漫化算子.

语气算子定义如下:

$$(H_\lambda \widetilde{A})(x) = [\widetilde{A}(x)]^\lambda \tag{2.7}$$

其中, $\widetilde{A}(x)$ 为论域 U 的一个模糊子集; H_λ 为语气算子; λ 为一正实数.

如果论域为年龄, 表示单词 “老”, 那么 $(H_\lambda \widetilde{A})(x)$ 随着 λ 取不同值, 就可以表示出 “年老” 的程度.

当 $\lambda > 1$ 时, H_λ 称为集中化算子. 假设 $H_{5/4}$ 为 “相当”, H_2 为 “很”, H_4 为 “极”, 则

$$\text{“相当老”}(x)=\mu_{\text{相当老}}(x)= (H_{5/4}\widetilde{A})(x)=[\widetilde{A}(x)]^{5/4}$$

$$= \begin{cases} 0, & 0 \leqslant x \leqslant 50 \\ \left[1+\left(\dfrac{x-50}{5}\right)^{-2}\right]^{-5/4}, & 50 < x \leqslant 200 \end{cases} \tag{2.8}$$

$$\text{“很老”}(x) = \mu_{\text{很老}}(x) = (H_2\widetilde{A})(x) = [\widetilde{A}(x)]^2$$

$$= \begin{cases} 0, & 0 \leqslant x \leqslant 50 \\ \left[1+\left(\dfrac{x-50}{5}\right)^{-2}\right]^{-2}, & 50 < x \leqslant 200 \end{cases} \tag{2.9}$$

$$\text{“极老”}(x) = \mu_{\text{极老}}(x) = (H_4\widetilde{A})(x)=[\widetilde{A}(x)]^4$$

$$= \begin{cases} 0, & 0 \leqslant x \leqslant 50 \\ \left[1+\left(\dfrac{x-50}{5}\right)^{-2}\right]^{-4}, & 50 < x \leqslant 200 \end{cases} \tag{2.10}$$

当 $\lambda <1$ 时, 称为散漫化算子, 可以适当地减弱语气的肯定程度. 例如, 可称 $H_{1/4}$ 为 “微”, $H_{1/2}$ 为 “略”, $H_{3/4}$ 为 “比较”, 其表达式仿照前述请读者自行推导.

2.3.2　粗糙集理论

粗糙集 (rough sets) 理论是波兰 Pawlak 教授在 20 世纪 80 年代早期首先提出的[43-45]. 粗糙集理论是一种处理不完整性和不确定性问题的软计算工具, 能

根据人们对所获取数据的已有认识，有效地分析和处理各种不完备信息，并从中发现隐含的知识，揭示出其中的潜在规律. 近几年，由于它在机器学习、数据挖掘、决策支持与分析等方面的广泛应用，粗糙集已经逐渐成为智能信息处理研究的热点.

1. 知识与知识库

设 U 为论域，是一个有限非空集合. 同时设 $X \subseteq U$，则称子集 X 为 U 中的概念，为规范化起见，设定空集也是一个概念. 设 R 是 U 上的一个等价关系，U 关于 R 划分成为知识，记作 U/R，设 R 是 U 上的一个等价关系，U 关于 R 的一族划分称为知识库，这样的知识库被称为一个关系系统，知识库可以表示为 $K=(U,R)$.

给定知识库 $K=(U,R)$，由 (U,R) 产生的等价类为

$$U/R = \{[x_i]_R | x_i \in U\} \tag{2.11}$$

其中，$[x_i]_R=\{x_j|(x_i,x_j) \in R\}$.

2. 粗糙集及其近似

等价关系可将对象集分类，从认知的角度来看，人们需要通过分类去认识不能用分类精确表示的对象集，这种集合称为粗糙集.

定义 2.10 [46] 设 U 是对象集，R 是 U 上的等价关系.

(1) 称 (U,R) 为近似空间，由 (U,R) 产生的等价类为 $U/R=\{[x_i]_R|x_i \in U\}$，其中 $[x_i]_R=\{x_j|(x_i,x_j) \in R\}$.

(2) 对于任意 $X \subseteq U$，记

$$\underline{R}(X) = \{x_i | [x_i]_R \subseteq X\} \tag{2.12}$$

$$\overline{R}(X) = \{x_i | [x_i]_R \bigcap X \neq \varnothing\} \tag{2.13}$$

称 $\underline{R}(X)$ 为 X 的下近似 (lower approximation)，$\overline{R}(X)$ 为 X 上近似 (upper approximation).

(3) 若 $\underline{R}(X)=\overline{R}(X)$，则称 X 在知识库 K 为可定义的集合，即清晰集，否则称 X 在知识库 K 不可以精确定义，称为粗糙集.

定义 2.11 [46] 设 (U,R) 为近似空间，对于 $X \subseteq U$，称

$$\mathrm{BN}(X) = \overline{R}(X) - \underline{R}(X) \tag{2.14}$$

为 X 的边界 (boundary).

定义 2.12　*X 的正域和负域形式化定义如下:*

$$\mathrm{pos}_R(X) = \underline{R}(X) \tag{2.15}$$

$$\mathrm{neg}_R(X) = U - \overline{R}(X) \tag{2.16}$$

图 2.3 表示了一个集合 X 的上下近似、正域、负域和边界, 其中每个小矩形代表一个等价类.

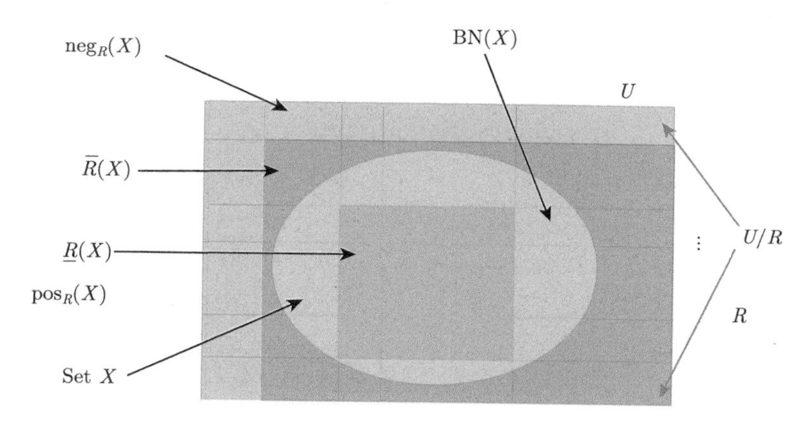

图 2.3　集合 X 的上下近似、正域、负域和边界

由图 2.3可见, $\underline{R}(X)$ 或 $\mathrm{pos}_R(X)$ 是根据知识 R 判断肯定属于 X 的 U 中元素组成的集合; $\overline{R}(X)$ 是根据知识 R 判断可能属于 X 的 U 中元素组成的集合; BN(X) 是根据知识 R 既不能判断肯定属于 X, 又不能判断肯定属于 $\neg X$ 的 U 中的元素组成的集合; $\mathrm{neg}_R(X)$ 是根据 R 判断肯定不属于 X 的 U 中的元素组成的集合.

定理 2.1　*X 与 R 为精确集或者粗糙集分别满足如下条件:*

(1) X 为 R 的精确集当且仅当 $\overline{R}(X)=\underline{R}(X)$;

(2) X 为 R 的粗糙集当且仅当 $\overline{R}(X) \neq \underline{R}(X)$.

也可以将 $\underline{R}(X)$ 描述为包含 X 的最大可定义集, 将 $\overline{R}(X)$ 描述为包含 X 的最小可定义集.

例 2.4　设 (U,R) 为近似空间, 其中 $U/R = \{\{x_1,x_2\},\{x_3,x_4\},\{x_5,x_6\},\{x_7,x_8\}\}$, 对于 $X = \{x_1,x_2,x_3,x_7\}$, $Y = \{x_4,x_5,x_6,x_7\}$, 则有

$$\underline{R}(X) = \{x_1,x_2\}, \overline{R}(X) = \{x_1,x_2,x_3,x_4,x_7,x_8\}$$
$$\underline{R}(Y) = \{x_5,x_6\}, \overline{R}(Y) = \{x_3,x_4,x_5,x_6,x_7,x_8\}$$

从而, BN(X)=$\{x_3,x_4,x_7,x_8\}$=BN(Y).

2.3.3 形式概念分析

形式概念分析 (formal concept analysis, FCA) 作为一种典型的计算智能技术, 在数据分析和挖掘中得到了广泛的应用. FCA 的基本原理是首先通过定义的形式概念 (formal concept) 来刻画和表示某个领域中对象和属性之间的关系. 其次将对象和属性分组并聚类为形式概念. 最后构造形式概念的概念层次结构, 称为概念格 (concept lattice). 因此, 生成概念格的过程实质上是一种概念聚类过程.

定义 2.13 [47] **(形式背景)**　一个形式背景 (formal context) 通常用一个三元组表示, 即 $K=(U,A,I)$, 其中 $U=\{x_1,x_2,\cdots,x_n\}$ 为对象集, $A=\{a_1,a_2,\cdots,a_m\}$ 为属性集, I 为对象集 U 和属性集 A 上的二元关系; $I\subseteq U\otimes A$, $(x,a)\in I$ 表示对象 x 具有属性 a, $(x,a)\notin I$ 表示对象 x 不具有属性 a, 其中 $x\in U, a\in A$.

例 2.5　给定一个形式背景 K=(U,A,I) 如表 2.5 所示, 其中对象集为 U=$\{o_1, o_2, o_3, o_4\}$, 属性集为 A=$\{a,b,c,d,e\}$, 符号 "×" 表示对象和属性上存在二元关系, 否则置空. 也可用 "1" 来表示该二元关系, 否则记为 "0". 本书若无特殊申明, 两种表示方法可互换使用.

表 2.5　一个形式背景 $K=(U,A,I)$

U	A				
	a	b	c	d	e
o_1	×	×		×	×
o_2	×	×	×		
o_3					×
o_4	×	×	×		

显然, 对象 o_2 具有属性 "a""b""c", 而对象 o_3 仅具有属性 "e".

对于形式背景 (U,A,I), 在 $X\subseteq U$ 和 $B\subseteq A$ 上定义如下运算:

$$X^{\uparrow}=\{a|a\in A,\forall x\in X,(x,a)\in I\} \tag{2.17}$$

$$B^{\downarrow}=\{x|x\in U,\forall a\in B,(x,a)\in I\} \tag{2.18}$$

定义 2.14 [47] **(形式概念)**　给定一个形式背景 K=(U,A,I), 如果对 (X,B) 满足 $X^{\uparrow}$=B 且 $B^{\downarrow}$=X, 则称对 (X,B) 为形式概念, 其中 X 是概念的外延 (extent), 而 B 是概念的内涵 (intent). 令 $C(K)$ 为形式背景 K 产生的所有形式概念的集合.

定义 2.15　令 $C(K)$ 为形式背景 K=(U,A,I) 所产生的所有形式概念的集合. 如果 (X_1,B_1), $(X_2,B_2)\in C(K)$, 则存在如下关系:

$$(X_1,B_1)\leqslant(X_2,B_2)\Leftrightarrow X_1\subseteq X_2(\Leftrightarrow B_1\supseteq B_2) \tag{2.19}$$

其中, "$\leqslant$" 描述的是 $C(K)$ 上概念之间的偏序关系.

定义 2.16 [48]**(概念格)**　一个概念格是按照偏序关系"$\leqslant$"组织所有的形式概念 $C(K)$, 形式化记为 $L=(C(K),\leqslant)$. 概念格的可视化结构通常用哈斯图 (Hasse diagram) 表示.

图 2.4 是由表 2.5 中形式背景产生的概念格. 图中每个圆圈节点代表一个形式概念, 由两部分组成: 外延, 即概念所覆盖的实例; 内涵, 即概念的描述, 该概念覆盖实例的共同特征. 不难看出, 由表 2.5 中形式背景产生的概念格包括 6 个形式概念 (表 2.6).

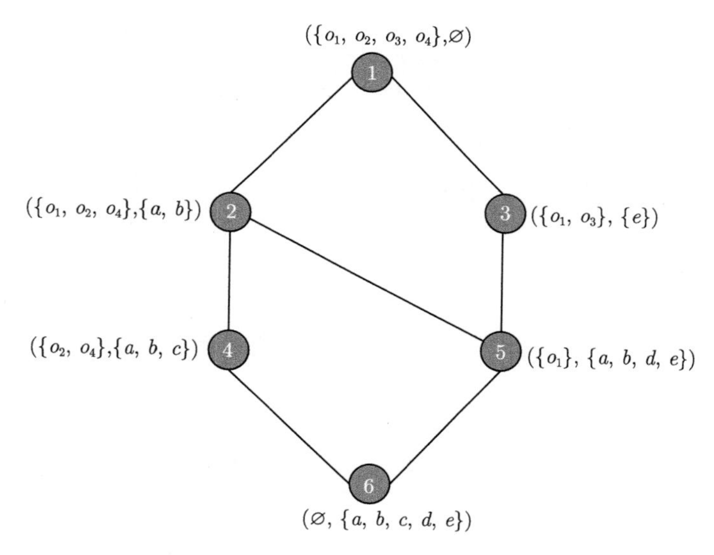

图 2.4　表 2.5 中形式背景产生的概念格

表 2.6　形式概念

概念编号	外延	内涵
1	$\{o_1, o_2, o_3, o_4\}$	$\varnothing$
2	$\{o_1, o_2, o_4\}$	$\{a, b\}$
3	$\{o_1, o_3\}$	$\{e\}$
4	$\{o_2, o_4\}$	$\{a, b, c\}$
5	$\{o_1\}$	$\{a, b, d, e\}$
6	$\varnothing$	$\{a, b, c, d, e\}$

2.3.4 软集理论

针对模糊集的局限性 (参数集描述的不精确性), Molodtsov[49] 在模糊集的基础上进行扩展, 提出了一个全新的概念, 即软集. 相比于传统的概率论、模糊集和粗糙集等方法, 软集在处理不确定性问题上具有特有的优势. Molodtsov 将软集理论和其他数学学科结合, 在软集方面深入开展了一些拓展性研究. 目前, 软集理论已经在工程学、概率论、文本分类、数据分析、医学、决策科学等领域发挥着重要作用.

定义 2.17 设 U 为初始集, E 为参数集, $P(U)$ 为 U 的幂集, 且 $A \subseteq E$. 若映射 $f_A: E \to P(U)$ 满足条件: 对 $\forall x \notin A$, $f_A(x) = \varnothing$, 则称 $f_A = \{(x, f_A(x)): x \in E, f_A(x) \in P(U)\}$ 为 U 上的软集 (soft set).

为了更好地解释上述软集的定义, 给出如下示例.

例 2.6 给定初始集 $U = \{h_1, h_2, h_3, h_4, h_5, h_6\}$ 代表保温杯的集合, 参数集 $E = \{e_1, e_2, e_3, e_4, e_5\}$ 是描述杯子的五个特征的集合, 分别为容积、质量、外观设计、保温性能和品牌知名度. f 为 E 到 U 的幂集的映射, 则软集 (f, E) 描述了保温杯的购买吸引力, 根据收集的数据, 软集 (f, E) 形式化表示如下:

$$\{f, E\} = \{(e_1, \{h_2, h_3, h_4, h_6\}), (e_2, \{h_1, h_3, h_5, h_6\}), (e_4, \{h_1, h_2, h_3, h_5, h_6\})\} \tag{2.20}$$

其中, $f(e_1)=\{h_2, h_3, h_4, h_6\}$; $f(e_2)=\{h_1, h_3, h_5, h_6\}$; $f(e_3)=\varnothing$; $f(e_4)=\{h_1, h_2, h_3, h_5, h_6\}$

为了方便在电脑中存储软集, 用二维表格代表软集 (f, E), 表 2.7 为软集 (f, E) 的表格形式.

表 2.7　软集 (f, E) 的表格形式

U	E					
	e_1	e_2	e_3	e_4	e_5	决策值
h_1	0	1	0	1	0	2
h_2	1	0	0	1	0	2
h_3	1	1	0	1	0	3
h_4	1	0	0	0	0	1
h_5	0	1	0	1	0	2
h_6	1	1	0	1	0	3

2.4 本章小结

社会计算是由社会科学和计算技术交叉融合而成的一个研究领域, 研究如何利用计算系统帮助人们进行沟通与协作, 以及如何利用计算技术分析社会运行的规律与发展趋势, 即以社交网络和社会媒体为研究对象, 从中发现社会关系、社会行为规律. 社会计算的研究理论工具包括图论、社会结构平衡理论等. 本章先介绍了一些与图论相关的基本概念, 这些概念是后续章节与社会网络拓扑结构分析有关问题的形式化基础, 可更好地为社会网络拓扑结构分析奠定理论和技术基础.

软计算是一个新兴的研究领域, 不需要建立问题本身的精确数学或逻辑模型, 以及如硬计算一样产生精确的解. 例如, 模糊集理论于处理不精确性和不确定性问题而言是一个强有力的工具, 而粗糙集理论则是属性约简和规则抽取的重要理论工具. 本章还介绍了一些与后续章节内容紧密相关的软计算理论, 如模糊集理论、粗糙集理论、形式概念分析和软集理论.

第 3 章 社会网络拓扑结构分析与挖掘

3.1 静态社会网络中的 k 派系及 k 派系社团检测

信息物理系统 (cyber-physical systems) 是一个融合计算、网络和物理环境的多维复杂系统, 通过与 3C(computation、communication、control) 技术的有机融合并深度协作, 可实现大型工程系统的实时感知、动态控制和信息服务. 此外, 社会系统随着信息系统和物理系统的发展, 以及在线社会网络的普及而不断发展[50]. 一种新兴的计算范式–信息物理社会系统 (cyber-physical-social systems, CPSSs) 被提出, 融合了网络、物理和社会空间, 正在改变人们看待世界的方式[51]. 在线社会网络是社交空间的主要表现形式, 它在塑造网络用户行为方面发挥着至关重要的作用. 在社会网络中, 由于共同利益和目的, 用户通常会聚集在一起, 在几个社区中进行一些社会互动. 因此, 社会网络中的社区检测是一项很有前景的技术, 不但可以洞察社会网络的结构特征, 还可以获取 CPSSs 中社会用户的计算智能. 在网络中, 社区检测的目的是发现连接密集的顶点组, 并使得这些顶点之间的连接是稀疏的[52,53]. 特别地, 社区结构的认知和计算智能可以帮助人们理解社会网络中用户的行为和组织方式[54,55]. 文献 [56] 讨论了两种类型的社区检测方法: 网络分区和网络覆盖. 这两种方法的主要区别在于前者不允许社区重叠, 而后者则允许. 本节旨在利用第二种社区检测方法, 重点关注 k 派系社团检测.

关于社交网络 k 派系和 k 派系社团的检测, 已经有了一些相关理论和实证研究[27,57-61]. Adamcsek 等[27] 提出了一个快速检测 k 派系的方法 CFinder. Kumpula 等[59] 提出了序列派系渗透算法, 以提高 k 派系检测效率. 然而, 这些改进的方法在社会网络上表现不佳, 是由于在许多真实的社会网络中普遍存在着一种重叠的社团结构. Palla 等[14] 首先定义了 k 派系社团, 并利用 CFinder 获取了一组 k 派系社团. Saito 等[60] 提出了一种称为 k 稠密子网络的新概念, 并提出了一种有效的算法来抽取 k 稠密社区. Duan 等[61] 在动态社会网络中解决了 k 派系聚类问题. Tang 等[62] 旨在揭示有机化学物品的相似结构和功能信息, 并提出了一种基于形式概念分析的化学结构检索方法. 然而, 利用 FCA 检测社会网络中的 k 派系和 k 派系社团的研究目前尚未报道. 实际上, FCA 提供了一个更清晰的视图来理解网络拓扑[63,64]. Snasel 等[64] 在使用 FCA 处理大型社会网络数据的分析和可视化时, 提出了一种可以克服实际问题的新方法. 借助 FCA 对网络拓扑结构的强大分析能力, 本节主要介绍在静态社会网络环境下基于 FCA 的 k 派系和

k 派系社团检测, 也是首次利用 FCA 理论研究 k 派系和 k 派系社团检测问题. 首先, 研究从社会网络到形式背景的转换, 即 FCA 方法的输入, 从而得到一个形式化的概念格. 其次, 证明 k 派系检测的问题等价于查找 k 等势概念的问题. 最后, 利用 k 等势概念和 k 内涵概念设计 k 派系和 k 派系社团的有效检测算法. 本节的主要内容如下.

(1) 形式背景构建: 通过一个修正邻接矩阵, 将社会网络转化为一个形式背景. 首先, 社会网络中的每个顶点均被视为对象和属性. 其次, 根据社会交互关系, 定义社会网络顶点之间的二元关系. 最后, 通过修正邻接矩阵进而生成相应的形式背景.

(2) 基于 FCA 的 k 派系检测方法: 首先, 本节证明 k 派系检测问题等价于在一个社会网络的概念格中查找 k 等势概念 (k-equiconcept). 此外, 一个重要的结论是, 可以从检测到的 k 等势概念中派生额外的 k 派系. 然后, 提出一种利用 FCA 检测社会网络 k 派系的算法.

(3) 基于 FCA 的 k 派系社团检测: 本节证明 k 派系社团检测问题等价于在一个社会网络的概念格中查找 k 内涵概念 (k-intent concept). 然后, 分析 k 派系社团的形成原理, 并发现每个 k 派系社团都可以基于 k 派系骨架 (k 内涵概念) 而形成. 在 k 派系检测的基础上, 设计基于 FCA 的社会网络 k 派系社团检测方法.

(4) 性能评估: 本节将使用 4 个数据集进行评估. 首先, 针对已有的方法, 评估从给定社会网络中检测 k 派系社团结构的效果. 其次, 在效率方面与其他方法相比, 该方法可以更快速检测 k 派系和 k 派系社团. 最后, 对 k 与 k 派系社团数量的相关性进行深入的探讨.

本节的内容如下: 3.1.1 小节给出 k 派系和 k 派系社团检测的问题描述; 3.1.2 小节和 3.1.3 小节分别介绍基于形式概念分析的 k 派系检测和 k 派系社团检测方法及算法; 3.1.4 小节则呈现实验结果及相关分析.

3.1.1　问题描述

本小节主要形式化描述社会网络中 k 派系和 k 派系社团的检测问题.

问题 3.1 (k 派系检测)　给定一个社会网络 $G=(V,E)$, 其中节点集合 V 包含社会网络中的实体, 边集 $E=\{(u,v)|u,v\in V\}$ 表示实体之间的关系. 一旦给定参数 k, k 派系检测问题是从 G 中检测所有规模为 k 的完全连通图, 即 k 派系.

问题 3.2 (k 派系社团检测)　给定一个社会网络 $G=(V,E)$, 其中节点集合 V 包含社会网络中的实体, 边集 $E=\{(u,v)|u,v\in V\}$ 表示实体之间的关系. 一旦给定参数 k, k 派系社团检测问题是从 G 中检测所有 k 派系社团. 为了更好地理解本小节的研究问题, 图 3.1给出一个 3 派系社团检测的例子. 显然, 图 3.1 (a)

是社会网络 G 的拓扑结构可视化. 在 k 派系社团检测后, 如图 3.1 (b) 所示, 在 G 中出现 k 个 $(k=3)$ 分离的派系社团.

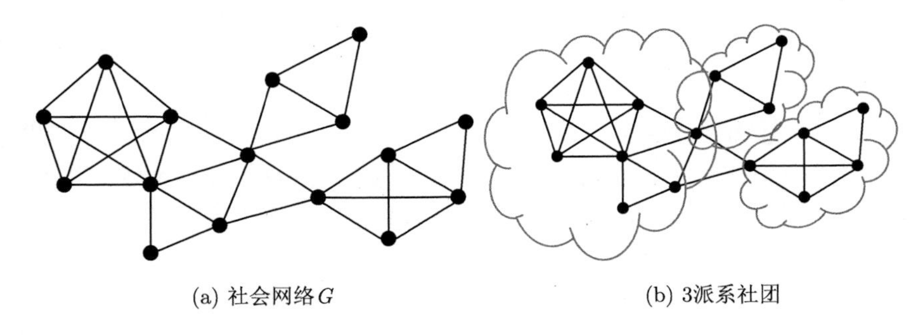

图 3.1 k 派系社团检测问题

3.1.2 基于形式概念分析的 k 派系检测

本小节重点讨论和设计一种基于 FCA 理论的 k 派系检测方法. 为了更清楚地阐述该方法, 针对以下问题分别提出解决方案: ① 为社会网络 G 构造形式背景; ② 研究概念格与 k 派系之间的关系以及 k 派系检测算法.

1. 形式背景的构造

社会网络 G 可以形式化建模为一组实体 (即顶点), 其中一些实体与其他实体之间存在一些二元关系, 即社会关系. 本小节定义修正邻接矩阵 (modified adjacency matrix, MAM), 并用此矩阵表示 G 的形式背景, 即 $\text{FC}(G)=(V,V,I)$, 其中 I 表示顶点之间的二元关系.

定义 3.1 (修正邻接矩阵) 令 G 是由 n 个有序的顶点 v_1 到 v_n 组成的一个无向图. $n\times n$ 规模的矩阵 A' 被称为修正邻接矩阵, 该矩阵表示如下:

$$A'=\begin{cases} a_{ij}=1, & \text{如果}(v_i,v_j)\in E \\ a_{ij}=1, & \text{如果}i=j \\ a_{ij}=0, & \text{否则} \end{cases}$$

因此, $\text{FC}(G)$ 等价于 G 的修正邻接矩阵, 即 $\text{FC}(G)\equiv A'$. 根据 A' 的性质, 容易得到 $\text{FC}(G)$ 也应具有以下性质:

(1) $\text{FC}(G)$ 是对称的.

(2) 与一般邻接矩阵的区别是所有的对角元素都是 1.

例 3.1 图 3.2给出了一个小型社会网络 G, 其顶点表示用户, 边表示用户之间的关系, 并且根据修正邻接矩阵的定义, 表 3.1 构造了 G 所对应的形式背景.

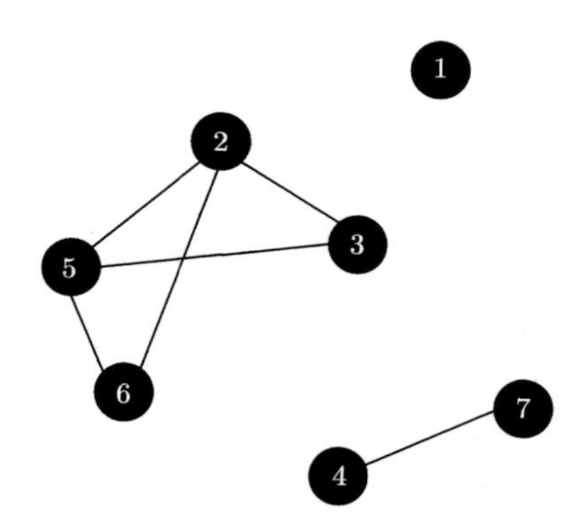

图 3.2　一个小型社会网络 G

表 3.1　社会网络 G 的形式背景

用户	u_1	u_2	u_3	u_4	u_5	u_6	u_7
u_1	1	0	0	0	0	0	0
u_2	0	1	1	0	1	1	0
u_3	0	1	1	0	1	0	0
u_4	0	0	0	1	0	0	1
u_5	0	1	1	0	1	1	0
u_6	0	1	0	0	1	1	0
u_7	0	0	0	1	0	0	1

2. k 派系检测

本小节主要介绍两个特殊的形式概念, 即等势概念 (equiconcept) 和 k 等势概念, 然后进一步给出社会网络 k 派系检测相关的重要定理和性质.

定义 3.2 (**等势概念**)　对于形式背景 $K=(U,A,I)$, 如果一个二元组 (X,B) 满足 $X^{\uparrow}=B$, $B^{\downarrow}=X$ 且 $X=B$, 则称 (X,B) 为一个等势概念, 其中 X 被称为等势概念的外延, B 被称为等势概念的内涵. 此外, 令 $\mathrm{EC}(K)$ 为关于形式背景 K 的所有等势概念的集合.

定义 3.3 (k **等势概念**)　对于形式背景 $K=(U,A,I)$, 如果一个二元组 (X,B) 满足 $X^{\uparrow}=B$, $B^{\downarrow}=X$, $X=B$ 且 $|X|=|B|=k$, 则称为 k 等势概念, 其中 X 被称为 k 等势概念的外延, B 被称为 k 等势概念的内涵. 此外, 令 $\mathrm{KEC}(K)$ 为关于形式背景 K 的所有 k 等势概念的集合.

定理 3.1　给定一个社会网络 G, k 派系检测问题等价于查询 $\mathrm{KEC}(\mathrm{FC}(G))$.

证明　令 $P_{k\text{-clique}}$ 为 k 派系检测问题, 而 $P_{\mathrm{KEC(FC}(G))}$ 是查询 $\mathrm{KEC}(\mathrm{FC}(G))$ 的问题. 定理 3.1 被形式化描述为 $P_{k\text{-clique}} \equiv P_{\mathrm{KEC(FC}(G))}$. 因此, 需要从两个方向证明: $P_{k\text{-clique}} \Rightarrow P_{\mathrm{KEC(FC}(G))}$ 和 $P_{k\text{-clique}} \Leftarrow P_{\mathrm{KEC(FC}(G))}$.

(1) $P_{k\text{-clique}} \Rightarrow P_{\mathrm{KEC(FC}(G))}$: 给定一个社会网络 G, k 派系包含顶点 $\{v_1, v_2, \cdots, v_k\}$, 对于任意两个顶点 v_i 和 v_j, 它们之间存在边. 由于 k 派系是一个

子图, 则可以利用修正邻接矩阵构造其形式背景. 显然, k 派系的形式背景是全 1 矩阵. 在此基础上, 可以从该形式背景中提取一类特殊概念 $(\{v_1, v_2, \cdots, v_k\}, \{v_1, v_2, \cdots, v_k\})$, 它满足 $X = B$, X 是该特殊概念的外延, B 是该特殊概念的内涵, 该特殊概念实际上是一个 k 等势概念. 因此, $P_{k\text{-clique}} \Rightarrow P_{\text{KEC(FC}(G))}$ 成立.

(2) $P_{k\text{-clique}} \Leftarrow P_{\text{KEC(FC}(G))}$: 根据定义 3.3, 所有提取的 k 等势概念 KEC$(\text{FC}(G)) = \{(X_i, B_i)|i = 1, 2, \cdots, r\}$, 并且 r 是关于形式背景 FC(G) 的 k 等势概念的数目. 这里, (X_i, B_i) 是第 i 个 k 等势概念, X_i 是第 i 个 k 等势概念的外延, B_i 是第 i 个 k 等势概念的内涵, 并且 $|X_i| = |B_i|=k$. 在社会网络 G 的形式背景 FC(G) 中, X_i 和 B_i 都是由顶点的子集组成, 即 $X_i = \{v_1, v_2, \cdots, v_k\}$. 由于 X_i 和 B_i 是其中一个 k 等势概念, 意味着 X_i 中的顶点与 B_i 中的顶点相连. 因此, 可以根据 X_i 和 B_i 之间的关联获得一个子图 (k 派系). 对于 $i = 1, 2, \cdots, r$, 可以得到相应的 k 派系, 因此 $P_{k\text{-clique}} \Leftarrow P_{\text{KEC(FC}(G))}$.

至此, 已经证明了 $P_{k\text{-clique}} \Rightarrow P_{\text{KEC(FC}(G))}$ 和 $P_{k\text{-clique}} \Leftarrow P_{\text{KEC(FC}(G))}$, 故 $P_{k\text{-clique}} \equiv P_{\text{KEC(FC}(G))}$ 得证.

引理 3.1 令 (X, B) 是一个 k 等势概念, 由 (X, B) 导出的 $(k-1)$ 派系的数量等于 C_k^{k-1}.

证明 由于 (X, B) 是一个 k 等势概念, X 中的所有顶点均与 B 中的顶点连接. 令 $X' \subseteq X$ 或 $B' \subseteq B$, 并且 $|X| = |B|=k-1$, 则该问题被转化为选择 X' 的一个组合问题. 因此对于 X', 很容易得到 C_k^{k-1} 种情况, 即可以从 (X, B) 得到 $(k-1)$ 派系.

例 3.2 在例 3.1 的基础上, 根据定义 2.16 建立社会网络 G 的概念格, 表示为 $L(C(\text{FC}(G)), \leqslant)$, 其对应的哈斯图如图 3.3所示.

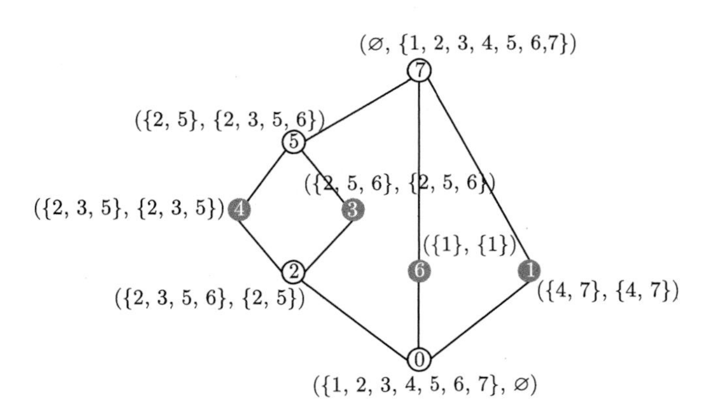

图 3.3 社会网络 G 的概念格哈斯图表示

格节点❶, ❸, ❹, ❻ 表示等势概念

显然，不难找出格节点❶，❸，❹，❻对应的四个等势概念，$(\{4,7\},\{4,7\})$, $(\{2,5,6\},\{2,5,6\})$, $(\{2,3,5\},\{2,3,5\})$ 和 $(\{1\},\{1\})$. 事实上，在社会网络 G 中，这些等势概念分别对应于 2 派系，3 派系，3 派系和 1 派系. 此外，还可以从 $(\{2,5,6\},\{2,5,6\})$ 和 $(\{2,3,5\},\{2,3,5\})$ 中派生更多的 2 派系，如 $(\{2,3\},\{2,3\})$, $(\{2,5\},\{2,5\})$, $(\{2,6\},\{2,6\})$, $(\{3,5\},\{3,5\})$ 和 $(\{5,6\},\{5,6\})$. 但是，它们并不是概念且不存在于社会网络 G 的概念格中.

定理 3.2 给定一个社会网络 G, 检测网络中的全部 k 派系由如下几个部分共同完成: ① 显性派系由 k 等势概念生成; ② 剩余的隐形派系则从 $(k+1)$ 等势概念, $(k+2)$ 等势概念, $\cdots$, M 等势概念派生 $(M > k)$. 这里, M 是具有最大外延或内涵数量的等势概念外延或内涵集合的势.

根据定理 3.2, 基于 FCA 的 k 派系检测算法流程如算法 3.1所示.

算法 3.1 基于 FCA 的 k 派系检测算法

输入: 社会网络：$G=(V,E)$; 参数：k;

输出: k 派系集合 Γ.

1: 初始化 $\Gamma = \varnothing$
2: **begin**
3: 根据定义 3.1构建形式背景 FC(G)
4: 调用子算法 CLBuilder 构建概念格 $C(\text{FC}(G))$
5: **end**
6: **for** 每个概念 $(X,B) \in C(\text{FC}(G))$
7: **begin**
8:     **if** $X = B$ 且 $|X| = |B| = k$
9:         $\Gamma \leftarrow \Gamma \bigcup (X,B)$
10: **end**
11:     **if** $X = B$ 且 $|X| = |B| > k$
12: **for** $i = k+1$ **to** M **do**
13: **begin**
14:     $\Gamma \leftarrow \Gamma \bigcup \text{Derived}((X^i, B^i))$
15: **end**

首先，社会网络 G 和参数 k 是整个算法的输入；然后，利用 Γ 初始化一组 k 派系 (第 1 行). 算法初始化后，进入形式背景构造和概念格生成代码部分 (第 2~5 行), 第 6~10 行将检测到的 k 等势概念 (X,B) 插入到 Γ 中，其余的 k 派系是从其高阶等势概念派生而来，并插入 Γ(第 11~15 行). 在 CLBuilder 算法

中 (参见算法 3.2), 首先将概念集合初始化为空集 (第 1 行), 第 3 行调用算法 BasicConcept(C)(参见算法 3.3) 以获得初始概念. 然后, AddConcept(C)(参见算法 3.4) 将获得剩余的全部概念 (第 4 行), 算法利用先进先出 (FIFO) 的队列数据结构存储所有获得的概念 (第 5 行), 第 6~16 行以迭代的方式构造概念格.

其中, FindSubNodes 的算法已经在文献 [65] 中提出, 本小节不再赘述.

算法 3.2 CLBuilder

输入: 形式背景 K;

输出: 形式概念集合 conceptset.

1: 初始化 conceptset← $\varnothing$
2: **begin**
3: conceptset ← **BasicConcept**(C);
4: **AddConcept**(C);
5: Enter(queue,conceptset);
6: **while** queue $\neq \varnothing$ **do**
7: **begin**
8: $(X, X^{\uparrow}) \leftarrow$ queue.concept;
9: SubNodes ← **FindSubNodes** $(X, X^{\uparrow})$
10: **if** SubNodes$\neq \varnothing$ **then**
11: **for** $(Y, Y^{\uparrow}) \in$ SubNodes **do**
12: $(X, X^{\uparrow})$.Edge ← $(Y, Y^{\uparrow})$
13: **if** SubNodes$= \varnothing$ **then**
14: $(X, X^{\uparrow})$.Edge ← $(\varnothing, D)$
15: **end**
16: **end**

算法 3.3 BasicConcept(C)

1: Initialize conceptset ← $\varnothing$
2: **begin**
3: **for** $i = 1$ **to** $|V|$ **do**
4: **for** $j = 1$ **to** $|V|$ **do**
5: **if** $(c_{ij}^{\downarrow}, c_{ij})$ is not in conceptset **then**
6: conceptset ← conceptset $\bigcup (c_{ij}^{\downarrow}, c_{ij})$
7: **return** conceptset
8: **end**

算法 3.4 AddConcept(C)

```
1: conceptset′ ← conceptset
2: conceptset″ ← ∅
3: do
4: begin
5:    for (X1, Y1), (X2, Y2) in conceptset′ do
6:       begin
7:          Y ← (Y1 ⋂ Y2)
8:          if (Y↓, Y) is not in conceptset then
9:          begin
10:            conceptset ← conceptset ⋃(Y↓, Y)
11:            conceptset″ ← conceptset″ ⋃(Y↓, Y)
12:         end
13:   end
14:   conceptset′ ← conceptset″
15: conceptset″ ← ∅
16: end
17: until conceptset′ ← ∅
18: end
```

针对提出的基于 FCA 的 k 派系检测算法, 时间复杂度分析如下:

(1) 构造形式背景时存在矩阵运算, 时间复杂度为 $\Theta(|V|^3)$.

(2) 获得所有基本概念的时间复杂度: 基本概念的数量为 L_1, 而获取基本概念的时间复杂度为 $\Theta(|V|^2)$. 因此, 获得所有基本概念的时间复杂度为 $\Theta(|V|^2 \times L_1)$.

(3) 获得新增概念的时间复杂度: 新增概念可以被视为由两个基本概念的交集产生的概念. 因此, 获得新增概念的时间复杂度是 $\Theta(r \times C_{|V|}^2)$, 其中 r 是迭代次数. 鉴于 L_2 是新增概念的数量, 因此获得新增概念的时间复杂度是 $\Theta(r \times C_{|V|}^2 \leqslant r \times |V|^2 \times |L_2|)$.

因此, 该算法的时间复杂度为 $\Theta(|V|^3 + |V|^2(L_1 + L_2))$. 由于 $L = L_1 + L_2$, 所以时间复杂度为 $\Theta(|V|^3 + |V|^2 L)$.

3.1.3 基于形式概念分析的 k 派系社团检测

本小节针对基于已检测到的 k 派系结果, 重点探讨如何实现 k 派系社团检测. 首先, 介绍现有的检测 k 派系社团的方法, 然后进一步提出基于 FCA 的 k 派系社团检测算法. 给定 k 值后, k 派系社团等效于其中相邻的团体至少有 $k-1$ 个共同顶点相互连接的社团结构.

图 3.4 (a) 所示的是一个从社会网络 G 中检测 2 派系的过程. 首先, 该方法构建一个派系重叠矩阵 (clique-clique overlap matrix). 其次, 进一步生成一个合并

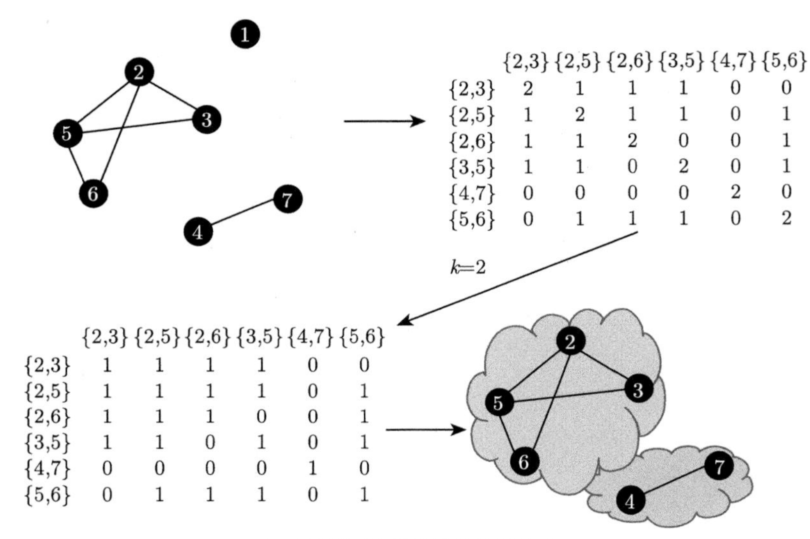

(a) 基于派系重叠矩阵的检测方法

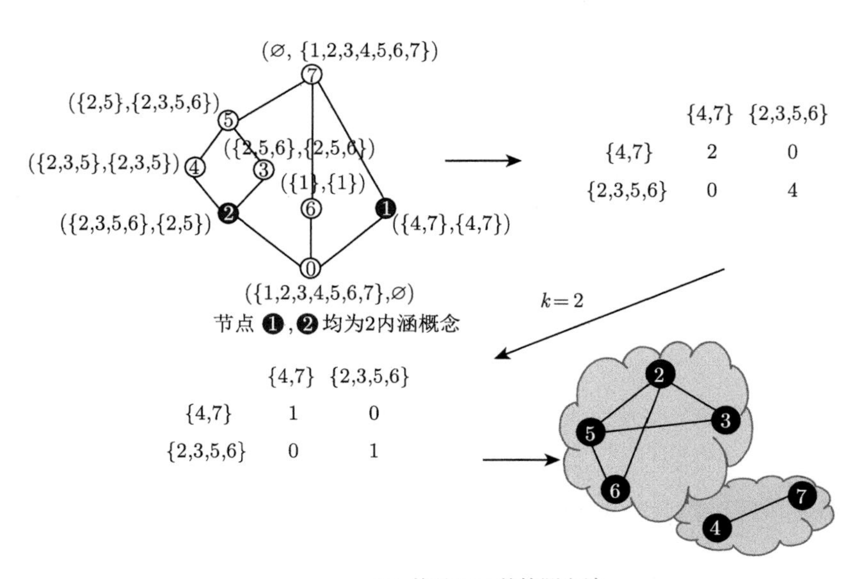

(b) 基于FCA的检测方法

图 3.4　2 派系社团的检测过程

的派系矩阵. 该矩阵中元素 "1" 表示两个独立的 2 派系之间的连接关系. 最后, 获得两个 2 派系社团为 $\{2,3,5,6\}$ 和 $\{4,7\}$.

上述方法的优点在于派系重叠矩阵可以高效地对获得任意 k 值的社区所需的所有信息进行编码; 因此, 一旦构建了派系重叠矩阵, 就可以很快获得 k 个所有候选 k 派系. 但是, 这种方法的可扩展性非常低. 从 FCA 的角度来看, 可以重新设计一种更有效的算法来发现所有 k 派系社团.

在介绍基于 FCA 的 k 派系社团检测算法之前, k 内涵概念定义如下.

定义 3.4 (k **内涵概念**) 对于形式背景 $K=(U,A,I)$, 如果二元组 (X,B) 满足 $X^{\uparrow}=B$, $B^{\downarrow}=X$, 并且 $|B|=k$, 那么二元组 (X,B) 是一个 k 内涵概念, 其中 X 为 k 内涵概念的外延, B 为 k 内涵概念的内涵. 此外, 令 $\mathrm{KIC}(K)$ 表示关于形式背景 K 的所有 k 内涵概念的集合.

定理 3.3 k 派系社团检测的问题等价于寻找 k 内涵概念, 并且使得每个 k 内涵概念的外延至少共享 $k-1$ 个顶点.

证明 鉴于 k 派系社团是由 k 派系生成的, k 派系是 k 派系社团的形成基元 (skeleton). 因此, k 派系社团的基元被视为某个概念的内涵. 为了保证每个 k 派系社团彼此分离, 给出每个 k 内涵概念的外延约束, 它们仅共享至少 $k-1$ 个顶点以将 k 内涵概念彼此分开.

如图 3.4 (a) 所示, 2 派系社团 $\{2,3,5,6\}$ 的内涵是 $\{2,5\}$. 换言之, 该社团是基于具有外延 $\{2,3,5,6\}$ 的骨架 2 派系 $\{2,5\}$ 生成的.

基于定理 3.3, 基于 FCA 的 k 派系社团检测算法步骤如下:

(1) 给定一个社会网络 G, 生成一个形式背景 $\mathrm{FC}(G)$;

(2) 建立关于形式背景 $\mathrm{FC}(G)$ 的概念格 $C(\mathrm{FC}(G))$;

(3) 根据形式背景 $\mathrm{FC}(G)$, 获取所有 k 内涵概念 $\mathrm{KIC}(\mathrm{FC}(G))$;

(4) 构建外延–外延重叠矩阵 (外延在 k 内涵概念中指 X);

(5) 给定 k 值的 k 派系社团结构等价于 k 内涵概念中的外延分量且邻接派系由至少 $k-1$ 个共同顶点相互连接. 将小于 $k-1$ 的非对角线元素置为 0, 小于 k 的对角线元素置为 1, 得到 k 派系连接矩阵, 每个连通部分构成了一个 k 派系社团.

如图 3.4 (b) 所示, 首先建立一个社会网络 G 的概念格, 然后提取两个 2 内涵概念 (实心节点)$(\{4,7\},\{4,7\})$ 和 $(\{2,3,5,6\},\{2,5\})$. 接下来, 生成外延–外延重叠矩阵. 通过约束条件, 外延–外延重叠矩阵被修改为 "0-1" 矩阵. 最后, 该方法检测到两个 2 派系社团.

通过比较图 3.4 (b) 和 (a), 可归结该算法的优点: 其能够显著减少重叠矩阵的维数和降低矩阵中重叠元素的计算成本. 这是由于不需要选择所有的 k 派系, 而只是需要提取 k 内涵概念的外延. 因此, 执行步骤显著减少.

根据上述 k 派系社团检测定理 3.3 及方法，设计如下基于 FCA 的 k 派系社团检测算法 (如算法 3.5所示). 算法 3.5的执行过程描述如下：首先，社会网络 G 和参数 k 是整个算法的输入. 其次，该算法利用 Ω 和 Υ(第 1 行) 分别初始化 k 派系社团集合和 k 内涵概念集合. 算法初始化后，开始执行形式背景的构造和概念格生成代码部分 (第 2~5 行)，第 6~10 行是将检测到的 k 内涵概念 (X, B) 插入到 Υ 中. 最后，利用 X 进一步构造外延–外延重叠矩阵 H(第 11~14 行). 当 $H_{ij} > k-1$ 时，该算法将这些外延合并且存储到 Ω 中 (第 15~18 行).

算法 3.5 基于 FCA 的 k 派系社团检测算法

输入: 社会网络：$G = (V, E)$; 参数：k;

输出: k 派系社团集合 Ω.

1: 初始化 $\Omega = \varnothing, \Upsilon = \varnothing$
2: **begin**
3: 根据定义 3.1构建形式背景 $\mathrm{FC}(G)$
4: 调用子算法 CLBuilder 构建概念格 $C(\mathrm{FC}(G))$
5: **end**
6: **for** each concept $(X, B) \in C(\mathrm{FC}(G))$
7: **begin**
8:     **if** $|B| = k$
9:         $\Upsilon \leftarrow \Upsilon \bigcup (X, B)$
10: **end**
11: **for** 每个概念 $(X, B) \in \Upsilon$
12: **begin**
13: 利用 X 构建外延–外延重叠矩阵 H
14: **end**
15: **if** $(H_{ij} > k-1)$
16: **begin**
17:     $\Omega \leftarrow \Omega \bigcup ((X^i) \bigcup X^j)$
18: **end**

3.1.4 实验评估

本小节主要针对四个真实社会网络进行实验仿真，以评估所提出的方法，实验目的是验证所提出的方法在检测 k 派系和 k 派系社团的有效性.

1. 实验设置

实验采用如下四个社会网络数据集对所提出的方法进行评价. 数据集的一些关键统计数据如表 3.2 所示.

表 3.2　四个社会网络数据集的关键统计数据

编号	数据集名称	节点数	边数	平均度
数据集 I	圣扎迦利空手道俱乐部网络 (Karate)	34	78	2.29
数据集 II	海豚社会网络 (Dolphin)	62	159	5.2
数据集 III	爵士音乐家网络 (Jazz)	198	5484	2.38
数据集 IV	酵母蛋白互作用网络 (Yeast)	1486	4406	2.4

数据集 I 是 20 世纪 70 年代美国一所大学中 34 名空手道俱乐部成员之间的经典社交网络[66].

数据集 II 是一个小型的数据集, 建立在一个社会网络上, 在新西兰的社区中, 62 只海豚经常会用可疑的声音相互联系[67].

数据集 III 是从 Red Hot Jazz Archive 数据库中获得的, 它是一个爵士音乐家的社会网络[68].

数据集 IV 是一个相对较大的数据集, 是关于酵母蛋白之间相互作用的网络, 其中 1486 个节点表示蛋白质, 而 4406 条边表示蛋白质之间的相互作用[69].

图 3.5分别给出了四个数据集的度分布, 可以很清楚地看出这些数据基本遵循幂律分布 (power-law distribution).

2. 实验结果

本小节所有的实验是在 2G 内存的 2.83GHz 的四核机器上运行的. 将实验结果与现有的算法 CPM[27]、GN[70]、CDPM[71] 相比, 进而评价 k 派系检测和 k 派系社团检测的时效性和有效性.

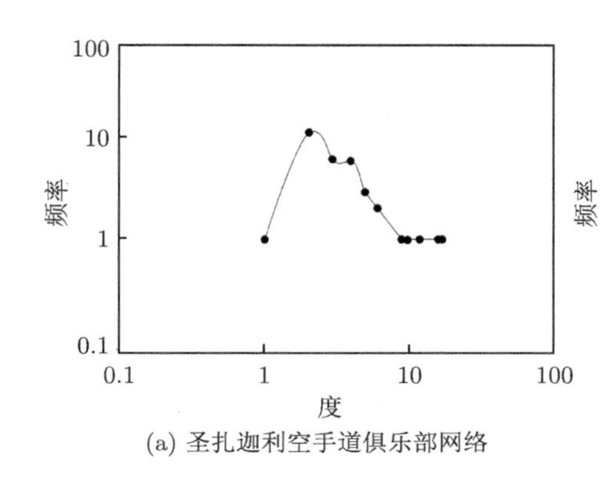

(a) 圣扎迦利空手道俱乐部网络

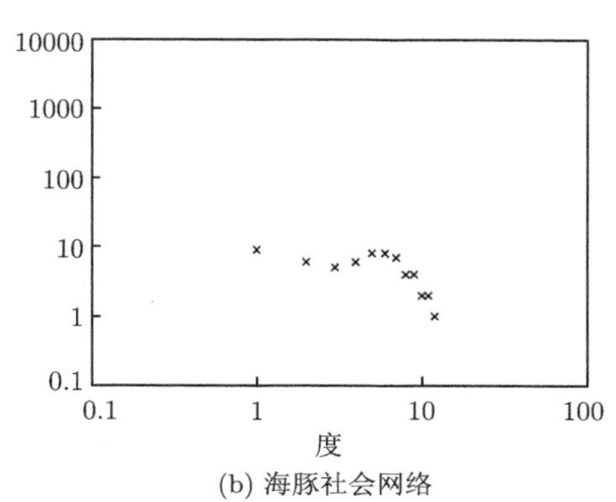

(b) 海豚社会网络

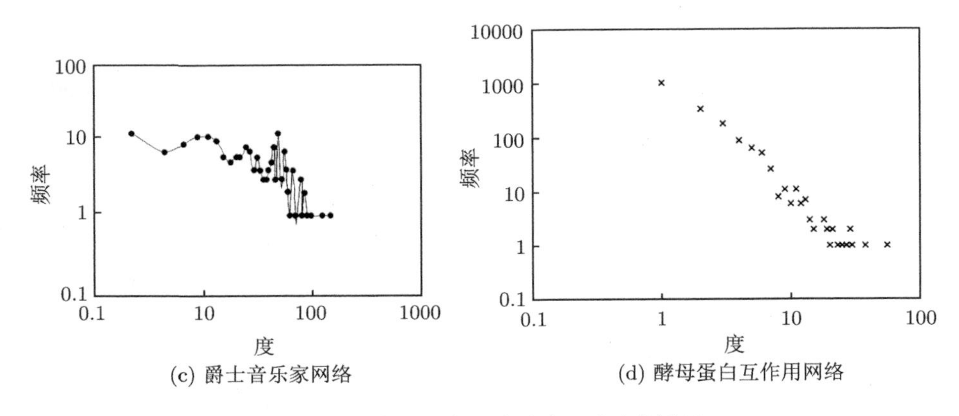

(c) 爵士音乐家网络 (d) 酵母蛋白互作用网络

图 3.5 四个数据集的度分布 (重对数图尺)

(1) 概念格的构建时间: 一个社会网络作为算法的输入, 它是一个包含任意两个顶点的信息和它们之间的边的无向图. 为了适配和使用 FCA 理论, 必须使用修正邻接矩阵将其转换为相应的形式背景. 四个数据集所对应概念格的构建时间如图 3.6 (a) 所示. 显然, 随着社交网络规模的增加, 概念格的构建时间将急剧增加.

(2) 有效性评估结果: F1 分数 (F1-score) 评估指标用于衡量每个算法从社会网络中检测 k 派系社团结构的有效性. F1 分数的计算公式如下:

$$\text{F1-score} = \frac{2 \times \text{recall} \times \text{precision}}{\text{recall} + \text{precision}} \tag{3.1}$$

其中, recall 即召回率表示属于同一个 k 派系社团的顶点对的比例, 它们也在同一个聚类中; precision 即精确率是同一个聚类中顶点对的比例, 它们也在同一个 k 派系社团中.

图 3.6 (b) 显示了各种算法的 F1 分数. 显然, 与其他已有算法相比, 本小节提出的方法具有最大的 F1 分数. 如前所述, 一个较高的 F1 分数可以评估算法从社会网络中找到 k 派系社团结构的优劣程度. 换言之, 提出的基于形式概念分析的方法在社会网络中可以有效地检测到 k 派系社团结构.

(3) 检测时间: 主要评估不同算法所需的 k 派系社团检测时间. 鉴于系统过程的不稳定性影响, 该实验对其进行五次模拟, 并用提出的检测算法计算每个数据集的平均检测时间. 图 3.7表示随着参数 k 增加, 运行时间改变. 特别是, 当检测更大规模的 k 派系社团时, 其检测时间比较小的 k 派系社团少. 另外, 随着数据集规模的增加, 运行时间也在增加. 特别地, 酵母蛋白互作用网络数据集的 k 派系社团的平均检测时间大约是其他数据集的两倍.

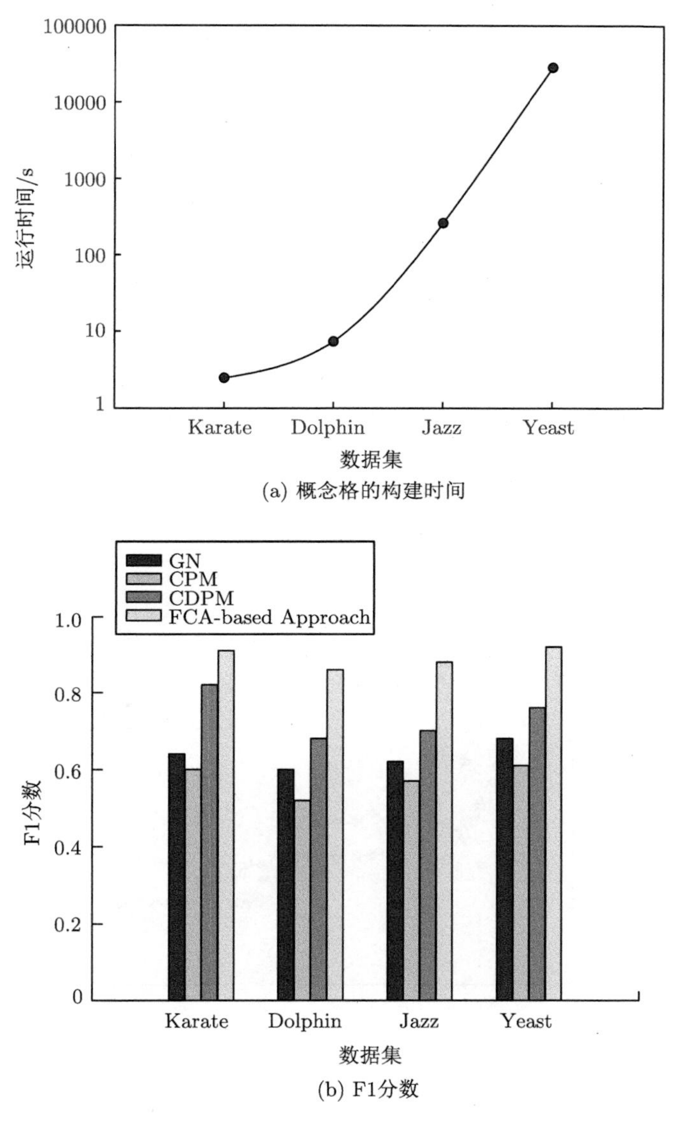

(a) 概念格的构建时间

(b) F1分数

图 3.6　四个数据集所对应概念格的构建时间效率及有效性评估

(4) k 值与 k 派系社团数量之间的相关性: 本小节同时给出了 k 值与 k 派系社团数量之间的相关性. 特别地, 实验还增加了一个更大的数据集, 即作者之间的协作网络 NetHEP, 可以更清楚地观察相关结果. 它包含 15233 个作者及 58891 个作者之间的协作关系. 实验数据集的 k 值与 k 派系社团数量之间的相关性如图 3.8所示. 显然, k 派系社团的数量会随着 k 的增加而减少.

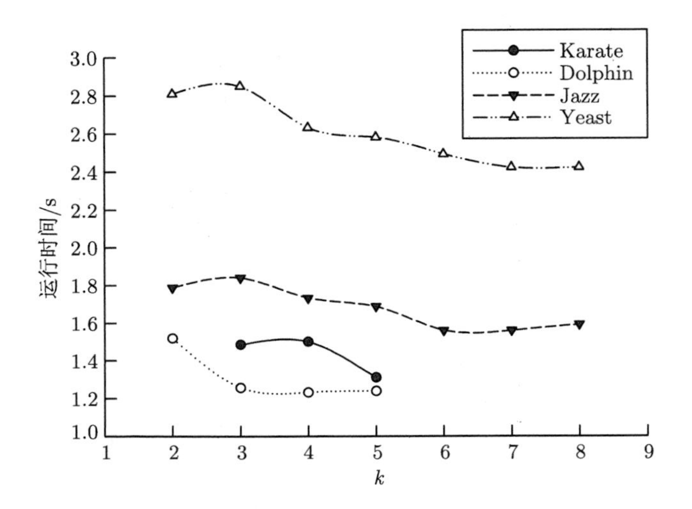

图 3.7　不同数据集所对应的 k 派系社团检测时间

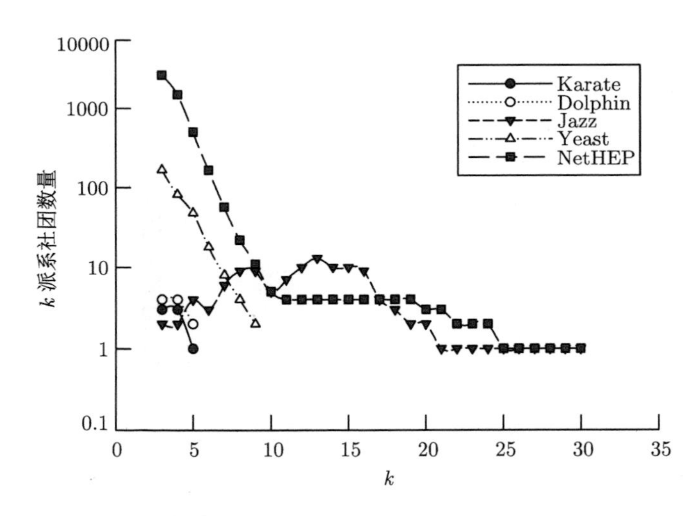

图 3.8　不同数据集所对应的 k 派系社团数量与 k 值之间的相关性

3.2　动态社会网络中的 k 派系检测

无线网络技术的快速发展和移动设备的广泛应用, 使得静态的基于 Web 的社会网络逐渐转变为动态的移动社会网络 (mobile social networks, MSNs). 然而, 从动态社会网络中发现感兴趣或有用的顶点或子图结构面临着巨大挑战. 为此, 许多研究人员试图研究动态社会网络的拓扑结构. Bron 等[72] 率先提出了一种在无向图中检测所有派系的算法. Stix[73] 提出了一种跟踪完全动态图中所有极大社团的算法. Palla 等 [14] 利用局部约束方法在连续的时间步长中找到了预定大小的重叠社团. Falkowski 等[74] 提出了一种直观的方法, 即首先使用 Girvan-Newman 算法[75] 识别每个快照中的静态社区, 然后将这些内容合并到社区图中, 再次应用 Girvan-Newman 算法来查找动态社区的过程. Tantipathananandh 等[76] 通过使用社会成本模型 (social cost model) 检测动态社区, 提出一种经典的两步算法, 首先应用算法推断静态社区以获得组中的分区, 然后获得动态社区. Takaffoli 等[77] 提出了一个用于建模和检测社会网络中社区演化的框架, 其中为每个社区定义了一系列重要事件. 他们还提出了社区匹配算法, 以便有效地识别和跟踪类似的社区. 与现有的 k 派系社团检测算法不同, 本节采用三元形式概念分析 (triadic formal concept analysis, TFCA) 方法在动态社会网络中挖掘 k 派系, 并探索子图结构的动态特征. 本节的主要内容如下.

(1) 三元形式背景构造: 鉴于社会网络的动态特征, 首先将三元形式概念分析的优势融入社会网络分析中, 其次把动态社会图谱描述为三元形式背景. 将社会网络中的每个顶点视为对象 (object) 和属性 (attribute), 时间戳视为条件 (condition). 从而, 根据 t 时刻的社会交互, 定义对象和属性之间的二元关系. 最后利用修正邻接矩阵为动态社会网络构造其三元形式背景. 形式上, 动态社会网络的三元形式背景可以表示为四元组 $\mathrm{TFC}(G_t) = (V, V, T, I), t = 1, 2, \cdots, T$.

(2) 基于 TFCA 的 k 派系动态检测: 提出一种基于 TFCA 的 k 派系动态检测方法. 首先, 证明 k 派系检测问题等同于查找 k 三元等势概念产生的显式 k 派系, 以及从其高阶三元等势概念诱导得到的隐式 k 派系. 基于所提出的定理, 本节设计并提出对应的 k 派系动态检测算法.

(3) 方法性能评估: 通过在真实的社会网络数据集上进行实验, 以验证本节所提算法的有效性. 实验结果表明, 本节所提算法能够实现动态社会网络中 k 派系的检测, 并具有较高的精确率及召回率. 此外, 还发现一些实用的子图结构, 称为恒定 k 派系和频繁 k 派系, 并且评估频繁 k 派系检测的性能. 实验结果表明, 该算法能够从动态社会网络中获得更频繁的 k 派系.

3.2.1　问题描述

问题 3.3 (**动态社会网络中的 k 派系检测**)　*给定动态社会网络 $G_t = (V, E_t)$ $(t = 1, 2, \cdots, T)$, 其中节点集 V 表示社会网络中的实体, 边集 $E_t = \{(u, v)|u, v \in V\}$ 表示实体之间在时刻 t 的关系. 当给定参数 k, k 派系检测问题是在不同时刻 t 下挖掘所有 k 派系.*

为了清楚地理解上述研究问题, 在动态社会网络 $G_t = \langle G_{t_1}, G_{t_2}, G_{t_3}\rangle$ 中给出 3 派系检测, 如图 3.9所示.

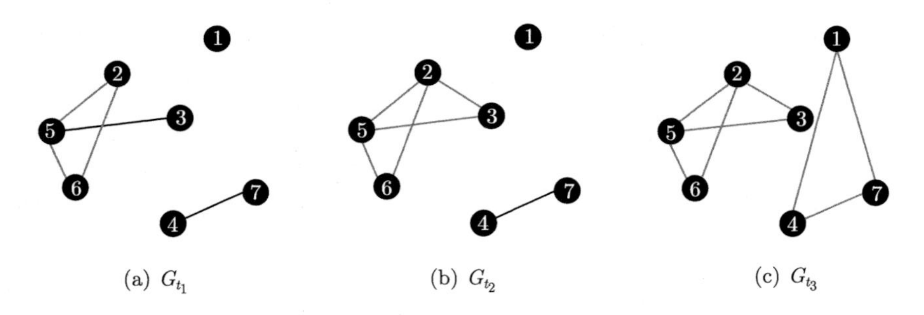

图 3.9　动态社会网络 $G_t = \langle G_{t_1}, G_{t_2}, G_{t_3} \rangle$

图 3.9揭示了一个包含 7 个用户的社会网络的动态演化过程. 图 3.9 (a) 是社会网络 G_{t_1} 的拓扑结构. 在 t_1 时刻, 仅存在一个 3 派系结构 $(\{2,5,6\},\{2,5,6\})$. 在 t_2 时刻, 从 G_{t_2} 中检测到两个 3 派系结构 $(\{2,5,6\},\{2,5,6\})$ 和 $(\{2,3,5\},\{2,3,5\})$. 类似地, 在 t_3 时刻, 可以检测到三个 3 派系结构 $(\{2,5,6\},\{2,5,6\})$, $(\{2,3,5\},\{2,3,5\})$, $(\{1,4,7\},\{1,4,7\})$.

本小节旨在从动态社会网络中检测 k 派系, 并将动态社会网络与三元形式概念分析联系起来, 动态社会网络中 k 派系检测框架如图 3.10所示.

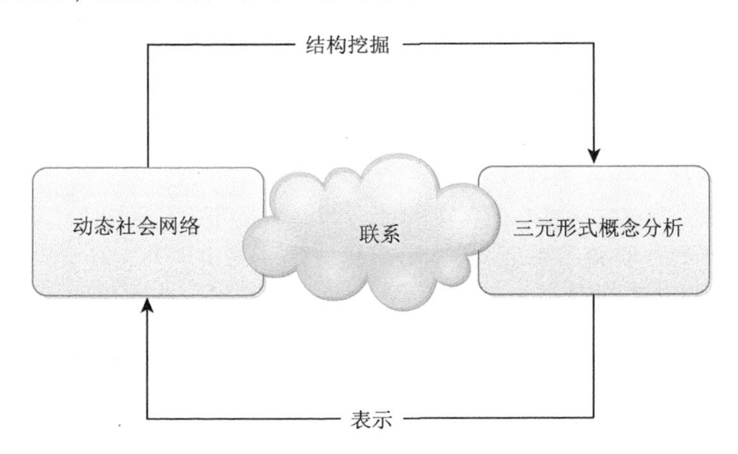

图 3.10　动态社会网络中 k 派系检测框架

图 3.10表明动态社会网络的拓扑结构可以用三元形式概念分析中的三元形式背景表示. 此外, 三元形式概念的特征可以有效地刻画给定社会网络的子结构 (如 k 派系). 因此, 该检测方法的新颖性在于动态社会网络中的派系检测等价于检测三元形式概念. 本小节提出的解决方案包含如下三个关键技术步骤:

(1) 给定一个社会网络图, 构建其三元形式背景;

(2) 检测由三元等势概念产生的显式 k 派系和从高阶三元等势概念诱导得到

的隐式 k 派系;

(3) 将显式 k 派系和隐式 k 派系合并到查询输出中.

3.2.2 三元形式概念分析

为了实现 3.2.1 小节中提到的解决方案框架, 本小节重点介绍三元形式概念分析基础理论知识. 首先, 形式化定义三元形式背景. 其次, 给出三个三元概念形成算子的定义. 最后, 通过给定一个医疗系统的案例来揭示三元概念的生成过程.

定义 3.5 (**三元形式背景**) 三元形式背景是一个四元组 $\langle O, A, C, I\rangle$, 其中 O、A 和 C 是非空集, I 是 O、A 和 C 之间的三元关系, 即 $I \subseteq O \times A \times C$. 这里, O、A 和 C 分别表示对象集、属性集和条件集; I 是共同存在的关系. 因此, $\langle o, a, c\rangle \subseteq I$ 可以解释如下: 对象 o 在条件 c 下具有属性 a.

与二元形式背景类似, 三元形式背景也可以通过一个取值为 0 或 1 的表格来表示. 为了引入三元概念, 可以将给定的三元形式背景 $\langle O, A, C, I\rangle$ 投影到三个二维空间中 (即分别固定对象集 O, 属性集 A, 条件集 C), 得到三个二元形式背景: (A, C, I_X), (O, C, I_B), (O, A, I_D). 其中, $(a, c) \subseteq I_x$ 表示对于任意 $x \subseteq X$, 有 $(x, a, c) \in I$; $(x, c) \in I_B$ 表示对于任意 $a \in B$, 有 $(x, a, c) \in I$; $(x, a) \in I_D$ 表示对于任意 $c \in D$, 有 $(x, a, c) \in I$. 类似于二元形式背景, 也可以在各个投影后形成的形式背景下定义概念诱导算子.

定义 3.6 设 (O, A, C, I) 为一个三元形式背景, $X \subseteq O$, 在投影形式背景 (A, C, I_X) 下, 对于 $B \subseteq A$, $D \subseteq C$, 定义

$$
\begin{aligned}
B^{(X,.,.)} &= \{c \in C | \forall a \in B, (a, c) \in I_X\} \\
D^{(X,.,.)} &= \{a \in A | \forall c \in D, (a, c) \in I_X\}
\end{aligned}
\tag{3.2}
$$

定义 3.7 设 (O, A, C, I) 为一个三元形式背景, $B \subseteq A$, 在投影形式背景 (O, C, I_B) 下, 对于 $X \subseteq O$, $D \subseteq C$, 定义

$$
\begin{aligned}
X^{(.,B,.)} &= \{c \in C | \forall x \in X, (x, c) \in I_B\} \\
D^{(.,B,.)} &= \{x \in O | \forall c \in D, (x, c) \in I_B\}
\end{aligned}
\tag{3.3}
$$

定义 3.8 设 (O, A, C, I) 为一个三元形式背景, $D \subseteq C$, 在投影形式背景 (O, A, I_D) 下, 对于 $X \subseteq O$, $B \subseteq A$, 定义

$$
\begin{aligned}
X^{(.,.,D)} &= \{a \in A | \forall x \in X, (x, a) \in I_D\} \\
B^{(.,.,D)} &= \{x \in O | \forall a \in B, (x, a) \in I_D\}
\end{aligned}
\tag{3.4}
$$

定义 3.9 (**三元概念**) 设 (O, A, C, I) 为一个三元形式背景. 对于 $X \subseteq O$, $B \subseteq A$, $D \subseteq C$, 如果 $B = D^{(X,.,.)}$, $D = B^{(X,.,.)}$,$X = D^{(.,B,.)}$, $D = X^{(.,B,.)}$,

$X = B^{(\cdot,\cdot,D)}$, $B = X^{(\cdot,\cdot,D)}$, 则称三元组 (X, B, D) 为三元形式背景 (O, A, C, I) 的一个三元概念. 其中, X、B 和 D 分别称为三元概念 (X, B, D) 的外延、内涵和条件.

下面通过一个例子来说明如何从三元形式背景中提取所有三元概念.

例 3.3 表 3.3 描述了一个三元形式背景 (O, A, C, I), 其中 x_1、x_2 和 x_3 为三个对象, 分别代表病人甲、病人乙和病人丙; a_1、a_2 和 a_3 为三个属性, 分别代表呼吸功能、肝功能和肾功能; c_1、c_2 和 c_3 为三个条件, 分别代表医院一、医院二和医院三. 其中, "1" 表示病人在某医院体检的该项功能正常, "0" 表示病人在某医院体检的该项功能不正常.

表 3.3　一个三元形式背景 (O, A, C, I)

O	c_1			c_2			c_3		
	a_1	a_2	a_3	a_1	a_2	a_3	a_1	a_2	a_3
x_1	0	1	1	0	1	1	0	1	1
x_2	1	0	1	1	0	1	1	1	1
x_3	1	1	0	1	1	1	0	1	0

根据定义 3.9, 可以得到如下 13 个三元概念:

$\mathrm{TC}_1 = (\{x_1, x_2, x_3\}, \{a_2\}, \{c_3\})$, $\mathrm{TC}_2 = (\{x_1, x_2, x_3\}, \{a_3\}, \{c_2\})$,

$\mathrm{TC}_3 = (\{x_2\}, \{a_1, a_2, a_3\}, \{c_3\})$, $\mathrm{TC}_4 = (\{x_3\}, \{a_1, a_2, a_3\}, \{c_2\})$,

$\mathrm{TC}_5 = (\{x_1\}, \{a_2, a_3\}, \{c_1, c_2, c_3\})$, $\mathrm{TC}_6 = (\{x_1, x_3\}, \{a_2\}, \{c_1, c_2, c_3\})$,

$\mathrm{TC}_7 = (\{x_1, x_2\}, \{a_3\}, \{c_1, c_2, c_3\})$, $\mathrm{TC}_8 = (\{x_2\}, \{a_1, a_3\}, \{c_1, c_2, c_3\})$,

$\mathrm{TC}_9 = (\{x_2, x_3\}, \{a_1\}, \{c_1, c_2\})$, $\mathrm{TC}_{10} = (\{x_3\}, \{a_1, a_2\}, \{c_1, c_2\})$,

$\mathrm{TC}_{11} = (\varnothing, \{a_1, a_2, a_3\}, \{c_1, c_2, c_3\})$, $\mathrm{TC}_{12} = (\{x_1, x_2, x_3\}, \varnothing, \{c_1, c_2, c_3\})$,

$\mathrm{TC}_{13} = (\{x_1, x_2, x_3\}, \{a_1, a_2, a_3\}, \varnothing)$.

事实上, 每个三元概念都反映了其自身的语义 (semantics), 如三元概念 TC_2 可以解释为 "病人甲、乙和丙在医院三体检的肾功能是正常的".

3.2.3　基于三元形式概念分析的 k 派系检测

本小节使用三元形式概念分析设计一种新颖的社会网络 k 派系动态检测方法. 受三元形式概念分析和社会网络动态特征良好特性的启发, 首先, 构建一个动态社会网络 G_t 的三元形式背景; 其次, 形式化定义 "三元等势概念"(概念的外延和内涵相同); 最后, 提出一种基于 TFCA 的社会网络 k 派系通用的动态检测算法.

1. 三元形式背景的构建

对于给定的动态社会网络 G_t, 针对每个时刻 t, 可以根据 3.2.2 小节中提到的构造二元形式背景的方法构建每个时刻下的二元形式背景, 最终形成带有时间戳的三元形式背景, 表示为 $\text{TFC}(G_t) = (V, V, T, I)$. 其中, I 表示两个顶点之间的二元关系, 即对于任意两个顶点 $v_i, v_j \in V$, $I(v_i, v_j) = 1$; 否则, $I(v_i, v_j) = 0$. 注意, 限定在 T 个时刻下的顶点之间二元关系 $I_t(v_i, v_i) = 1$ $(i \in \{1, 2, \cdots, n\}, t \in \{1, 2, \cdots, T\})$. 显然, $\text{TFC}(G) = (V, V, T, I)$ 是一个特殊的三元形式背景, 这是由于其对象集和属性集是相同的. 换言之, $G_t(t = 1, 2, \cdots, T)$ 中的顶点被同时认为是对象和属性, $G_t(t = 1, 2, \cdots, T)$ 中的边是指对象和属性之间的二元关系, 时刻 t 是一个条件.

例 3.4 针对图 3.9中的动态社会网络 $G_t = (G_{t_1}, G_{t_2}, G_{t_3})$, 其对应的三元形式背景可以根据上述表示方法构建, 如表 3.4 所示.

表 3.4　动态社会网络 G_t 的三元形式背景

时刻	t_1							t_2							t_3						
顶点	v_1	v_2	v_3	v_4	v_5	v_6	v_7	v_1	v_2	v_3	v_4	v_5	v_6	v_7	v_1	v_2	v_3	v_4	v_5	v_6	v_7
v_1	1	0	0	0	0	0	0	1	0	0	0	0	0	0	1	0	0	1	0	0	1
v_2	0	1	0	0	1	1	0	0	1	1	0	1	1	0	0	1	1	0	1	1	0
v_3	0	0	1	0	1	0	0	0	1	1	0	1	0	0	0	1	1	0	1	0	0
v_4	0	0	0	1	0	0	1	0	0	0	1	0	0	1	1	0	0	1	0	0	1
v_5	0	1	1	0	1	1	0	0	1	1	0	1	1	0	0	1	1	0	1	1	0
v_6	0	1	0	0	1	1	0	0	1	0	0	1	1	0	0	1	0	0	1	1	0
v_7	0	0	0	1	0	0	1	0	0	0	1	0	0	1	1	0	0	1	0	0	1

2. 三元等势概念

本小节将扩展概念格中等势概念与社会网络 k 派系的等价关系理论及其检测定理, 并提出一个全新的概念: 三元等势概念 (triadic equiconcept), 研究三元等势概念的特性以及与社会网络拓扑结构的关系, 从而有效识别社会网络中的派系结构.

定义 3.10 (三元等势概念) 对于一个三元形式背景 $\Gamma = (O, A, C, I)$, $X \subseteq O, B \subseteq A, D \subseteq C$, 若 $B = D^{(X,\cdot,\cdot)}, D = B^{(X,\cdot,\cdot)}, X = B^{(\cdot,\cdot,D)}, B = X^{(\cdot,\cdot,D)}$ 且 $X = B$, 则三元组 (X, B, D) 称为三元等势概念, 其中 X 为三元等势概念的外延, B 为三元等势概念的内涵, D 为三元等势概念的条件. 记 $\text{TE}(\Gamma)$ 为三元形式背景 Γ 的所有三元等势概念的集合.

定义 3.11 (k 三元等势概念) 对于一个三元形式背景 $\Gamma = (O, A, C, I)$, $X \subseteq O$, $B \subseteq A, D \subseteq C$, 若 $B = D^{(X,\cdot,\cdot)}, D = B^{(X,\cdot,\cdot)}, X = B^{(\cdot,\cdot,D)}, B = X^{(\cdot,\cdot,D)}$ 且 $X = B$ 和 $|X| = |B| = k$, 则三元组 (X, B, D) 被称为 k 三元等势概念 (k-triadic equiconcept), 其中 X 为 k 三元等势概念的外延, B 为 k 三元等势概念的内涵, D 为 k 三元等势概念的条件. 记 $\text{KTE}(\Gamma)$ 为三元形式背景 Γ 的所有 k 三元等势概

念的集合. 此外, 记 $\mathrm{K}^i\mathrm{TE}(\Gamma)$ 为三元形式背景 Γ 的所有 $(k+i)$ 三元等势概念的集合 $(i=1,2,\cdots,n)$.

3. 基于 TFCA 的 k 派系动态检测理论

本小节重点探讨动态社会网络中的 k 派系与三元概念之间的等价关系, 并在此基础上给出基于 TFCA 的 k 派系动态检测理论.

定理 3.4 在动态社会网络 $G_t=\langle G_1,G_2,\cdots,G_T\rangle$ 中, k 派系检测问题 $P_{k\text{-clique}(G_t)}$ 等价于查询 k 三元等势概念 $\mathrm{KTE}(\mathrm{TFC}(G_t))$ 以及从其高阶三元等势概念 (这里, 高阶三元等势概念是比当前三元等势概念具备更多节点的一组三元等势概念) 诱导出的其余 k 三元等势概念, 即 $(k+1)$ 三元等势概念, $(k+2)$ 三元等势概念, $\cdots$, M 三元等势概念 $(M>K)$. M 是具有最大外延或内涵数量的三元等势概念的外延或内涵集合的势. 因此, 该定理形式化如下:

$$P_{k\text{-clique}(G_t)}\equiv\bigcup_{t=1}^{T}\mathrm{KTE}(\mathrm{TFC}(G_t))\bigcup\mathrm{Derived}(\mathrm{K}^i\mathrm{TE}(\mathrm{TFC}(G_t)))\tag{3.5}$$

证明 根据定理 3.4, 动态社会网络中的 k 派系检测问题 $P_{k\text{-clique}(G_t)}$ 等价于查询 k 三元等势概念问题 $P_{\mathrm{KTE}(\mathrm{TFC}(G_t))}$. 从如下两个方面证明其等价性.

(1) $P_{k\text{-clique}(G_t)}\Rightarrow P_{\mathrm{KTE}(\mathrm{TFC}(G_t))}$: 给定一个动态社会网络 $G_t=\langle G_1,G_2,\cdots,G_T\rangle$, 其中 k 派系包含节点 $v_1,v_2,\cdots,v_k$, 并且任意两个节点相互连接. 因为 k 派系本身也是一个子图结构, 所以其对应的三元形式背景可以通过修正邻接矩阵构造得到. 显然, k 派系的三元形式背景是一个全“1”的矩阵. 从而, 可以从中提取一类特殊的概念 $(\{v_1,v_2,\cdots,v_k\},\{v_1,v_2,\cdots,v_k\})$ 满足 $X=B$ (X 是该特殊概念的外延, B 是该特殊概念的内涵). 事实上, 该特殊概念是 k 三元等势概念. 另外, 诱导得到的 k 三元等势概念同样满足外延和内涵相等的特性. 随着时间的推移, 可以获取所有 k 三元等势概念. 因此, $P_{k\text{-clique}(G_t)}\Rightarrow P_{\mathrm{KTE}(\mathrm{TFC}(G_t))}$ 成立.

(2) $P_{k\text{-clique}(G_t)}\Leftarrow P_{\mathrm{KTE}(\mathrm{TFC}(G_t))}$: 根据定义 3.11, 所有的 k 三元等势概念可表示为 $\mathrm{KTE}(\mathrm{TFC}(G_t))=\{(X_i^t,B_i^t)|i=1,2,\cdots,r;t=1,2,\cdots,T\}$, r 是在时刻 t 下相对于三元形式背景 $\mathrm{TFC}(G_t)$ 的 k 三元等势概念的数量; 这里, (X_i^t,B_i^t) 表示在时刻 t 第 i 个 k 三元等势概念, X_i^t 和 B_i^t 分别表示在时刻 t 第 i 个 k 三元等势概念的外延和内涵, 且 $|X|=|B|=k$. 在动态社会网络 G_t 的三元形式背景中, X_i^t 和 B_i^t 均是由一些节点子集组成, 即 $X_i^t=\{v_1,v_2,\cdots,v_k\}$. 由于 (X_i^t,B_i^t) 是一个 k 三元等势概念, 也就说在时刻 t, X_i^t 中的节点和 B_i^t 中的节点相互连接, 因此可以根据 X_i^t 与 B_i^t 之间的关联关系来获得子图 (k 派系子图). 对于 $i=1,2,\cdots,r$ 和 $t=1,2,\cdots,T$, 可以获得所有 G_t 中的 k 派系. 因此, $P_{k\text{-clique}(G_t)}\Leftarrow P_{\mathrm{KTE}(\mathrm{TFC}(G_t))}$ 成立.

至此，上述已经证明了 $P_{k\text{-clique}(G_t)} \Rightarrow P_{\text{KTE(TFC}(G_t))}$ 和 $P_{k-\text{clique}(G_t)} \Leftarrow P_{\text{KTE(TFC}(G_t))}$，因此，$P_{k\text{-clique}(G_t)} \equiv P_{\text{KTE(TFC}(G_t))}$ 成立.

例 3.5　给定一个动态社会网络 $G_t = \langle G_{t_1}, G_{t_2}, G_{t_3} \rangle$，如图 3.9所示. 从如下两个方面很容易检测到 2 派系.

(1) 根据 2 三元等势概念检测显性 2 派系，即 $(\{3,5\},\{3,5\},t_1),(\{4,7\},\{4,7\},t_1),(\{4,7\},\{4,7\},t_2)$;

(2) 从高阶三元等势概念 $(\{2,5,6\},\{2,5,6\},t_1)$,$(\{2,5,6\},\{2,5,6\},t_2)$,$(\{2,3,5\},\{2,3,5\},t_2)$, $(\{2,5,6\},\{2,5,6\},t_3)$,$(\{2,3,5\},\{2,3,5\},t_3)$,$(\{1,4,7\},\{1,4,7\},t_3)$ 获取隐性 2 派系.

根据定理 3.4, 所有 2 派系检测结果如下:
$(\{2,5\},\{2,5\},t_1)$, $(\{2,6\},\{2,6\},t_1)$, $(\{5,6\},\{5,6\},t_1)$, $(\{2,5\},\{2,5\},t_2)$, $(\{2,6\},\{2,6\},t_2)$, $(\{5,6\},\{5,6\},t_2)$, $(\{2,3\},\{2,3\},t_2)$, $(\{2,5\},\{2,5\},t_2)$, $(\{3,5\},\{3,5\},t_2)$, $(\{2,5\},\{2,5\},t_3)$, $(\{2,6\},\{2,6\},t_3)$, $(\{5,6\},\{5,6\},t_3)$, $(\{2,3\},\{2,3\},t_3)$, $(\{2,5\},\{2,5\},t_3)$, $(\{3,5\},\{3,5\},t_3)$, $(\{1,4\},\{1,4\},t_3)$, $(\{1,7\},\{1,7\},t_3)$, $(\{4,7\},\{4,7\},t_3)$.

总之，对于动态社会网络的 2 派系检测问题，其检测结果是显性和隐性 2 派系的并集.

从社会网络的动力学观点来看，在动态社会网络中检测 k 派系的关键目的不只是识别 k 派系子图结构，而且能够揭示 k 派系的演化特征.

推论 3.1　对于一个动态社会网络 G_t 的三元形式背景 $\text{TFC}(G_t) = (V, V, T, I)|(t = 1, 2, \cdots, T)$，给定阈值 $\theta \in [1, T]$，如果满足 $\sum_{t=1}^{T} \text{sign}(t) \geqslant \theta$(当 $X_i^t = B_i^t = X = B$，符号函数 $\text{sign}(t)$=1，否则为 0)，则通过算法检测得到的 k 派系 (X, B) 称为频繁 k 派系.

基于推论 3.1 和参数 θ 的极端情况下的设定值，在此引入以下性质.

性质 3.1　在推论 3.1中，当阈值 $\theta = |T|$ 时，这类 k 派系存在于动态社会网络整个演化过程中. 这类特殊的 k 派系称为恒定 k 派系.

例 3.6　续例 3.5，如果 $\theta = 2$ 且 $k = 3$，则很容易获得 2 个频繁 3 派系，即 $(\{2,3,5\},\{2,3,5\}),(\{2,5,6\},\{2,5,6\})$. 特别地，如果 $\theta = 3$ 且 $k = 2$，则存在 5 个恒定 2 派系，即 $(\{2,5\},\{2,5\}),(\{2,6\},\{2,6\}),(\{5,6\},\{5,6\}),(\{3,5\},\{3,5\}),(\{4,7\},\{4,7\})$.

频繁 k 派系和恒定 k 派系的语义对于理解动态社会网络中的社交互动行为和社区特征具有非常重要的意义. 例如，移动社会网络中的恒定 k 派系结构反映了稳定的社会关系. 也就是说，k 派系内部的移动用户有经常性的社交互动. 因此，社会网络上的推荐服务、信息传播和社会营销均可以通过这种特殊结构实现.

4. 算法描述

本小节主要描述动态社会网络中 k 派系检测算法, 如算法 3.6所示.

算法 3.6 k 派系动态检测算法

输入: 动态社会网络: $G_t = \langle G_{t_1}, G_{t_2}, \cdots, G_T \rangle$; 参数: k;
输出: k 派系集合 Q.

```
1: 初始化 Q = ∅
2: begin
3: 利用 3.2.3 小节中的技术来构建三元形式背景 TFC(G_t)|t = 1, 2, ··· , T
4: 挖掘所有的三元概念 TC(TFC(G_t))
5: end
6: for 每一个概念 (X, B, D) ∈ TC(TFC(G_t))
7: begin
8:    if |X| = |B| = k
9:       Q ← Q ⋃(X, B)
10:      for i = k + 1 to M do
11:      begin
12:   Q ← Q ⋃ Derived((X_i, B_i))
13:      end
14: end
```

算法 3.6的工作原理如下: 首先, 将动态社会网络 G_t 和参数 k 作为算法的输入; 其次, 算法利用 Q 初始化 k 派系集合; 最后, 在算法初始化结束后, 构造三元形式背景及生成三元概念 (第 2~5 行), 第 6~9 行通过将 k 三元等势概念 (X, B) 插入 Q 中, 并找到显性 k 派系. 隐性 k 派系则通过高阶 k 三元等势概念诱导得到 (第 10~14 行).

3.2.4 实验评估

本小节将展示一个动态社会网络中 k 派系检测的实际应用. 所有算法均以 JAVA 语言实现, 并在 Intel 内核 i7-2600K 处理器, 3.4GHz、8GB RAM 的计算机上执行.

1. 数据集和配置

实验采用海豚社会网络数据集[67]. 它是一个社会网络上的经典数据集, 描述的是生活在新西兰一个可疑声音之外的社区中, 62 只海豚之间频繁联系. 图 3.11中的社会网络图包含 62 个节点和 159 条边. 为了表征该图的动态, 时间戳以月为单位逐个标记. 换言之, 此动态社会网络图反映了海豚之间的动态交互关系. 例如, 一只海豚 D_i 在 3 月份与 D_j 没有关系, 但它们通过频繁的社交互动逐渐建立了关系. 然而, 5 月份海豚 D_m 和 D_n 之间的存在的关系也可能在 10 月份消失.

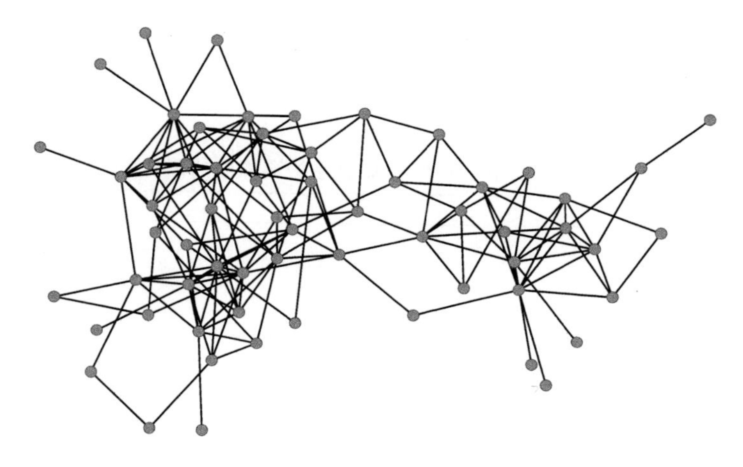

图 3.11　海豚社会网络

在时刻 t_1 和 t_2, 海豚社会网络的概念格如图 3.12所示. 在该动态社会网络中, 通过设置不同的 k 值以及从 $t_1 \sim t_5$ 的阈值 θ, 在相应的社会网络图上执行提出的 k 派系检测算法. 不失一般性, 选择不同 k 值, 即 $k = \{3, 4, 5\}$ 以及不同的 $\theta = \{0.02, 0.04, 0.06, 0.08, 0.1\}$ 来评估频繁 k 派系的挖掘性能.

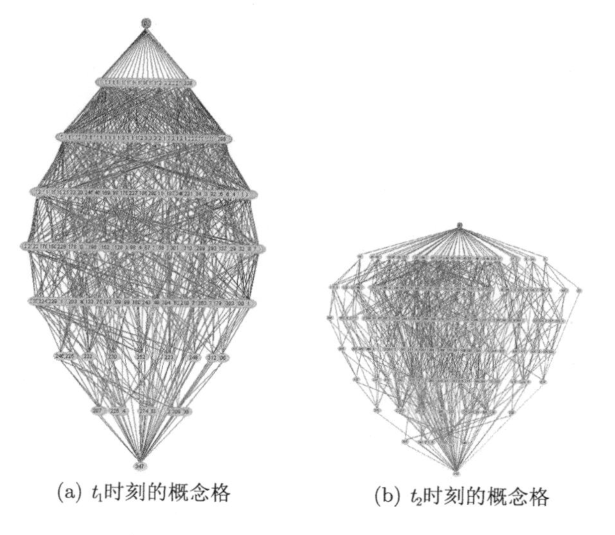

(a) t_1时刻的概念格　(b) t_2时刻的概念格

图 3.12　不同时刻下海豚社会网络的概念格

2. 实验结果

和静态社会网络中的 k 派系检测性能评估一样, 本小节主要通过三个重要指标评估提出的方法: k 派系检测算法的精确率、召回率和 F1 分数. 在实验数据集中的不同时间戳上执行实验并对于给定参数 k 和时间 t, 可以获得一组 k 派系.

针对不同时刻 t 和不同 k 值, 本小节所提 k 派系检测算法的精确率如表 3.5 和图 3.13 (a) 所示.

表 3.5　不同时刻 t 下 k 派系检测算法的精确率

k	t				
	t_1	t_2	t_3	t_4	t_5
3	31/78	26/71	28/88	35/70	31/89
4	16/22	11/14	17/24	8/10	17/24
5	3/3	3/3	1/1	2/2	1/1

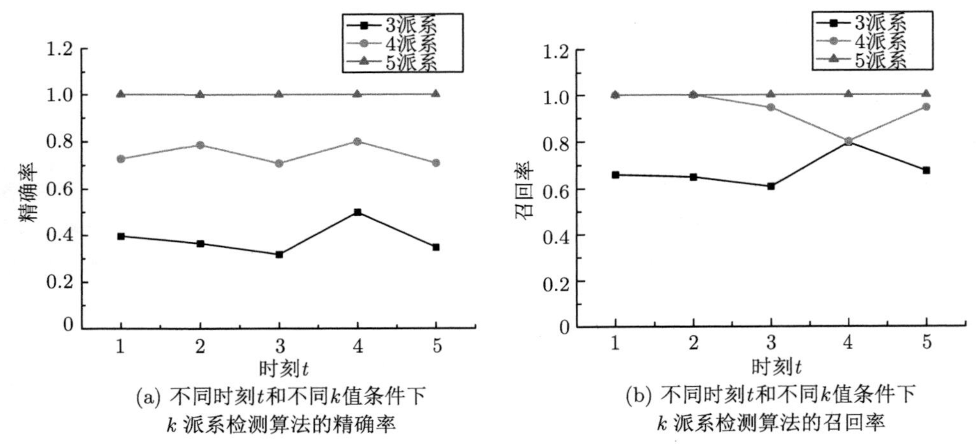

(a) 不同时刻t和不同k值条件下 k 派系检测算法的精确率

(b) 不同时刻t和不同k值条件下 k 派系检测算法的召回率

图 3.13　k 派系检测算法的精确率和召回率

显然, 随着 k 值的增加, k 派系检测算法的精确率也会增加. 特别是, 当利用算法检测 5 派系时, 所提算法的精确率达到 100%. 类似地, 针对不同时刻 t 和不同 k 值, 本小节所提算法的召回率如表 3.6 和图 3.13 (b) 所示. 同样, 当算法试图检测 5 派系时, 所提算法的召回率达到 100%.

表 3.6　不同时刻下 k 派系检测算法的召回率

k	t				
	t_1	t_2	t_3	t_4	t_5
3	31/47	26/40	28/46	35/44	31/46
4	16/16	11/11	17/18	8/10	17/18
5	3/3	3/3	1/1	2/2	1/1

此外, 根据 F1 分数并通过设置不同的 k 值评估所提算法在动态社会网络中检测 k 派系的性能. 图 3.14表明所提算法在检测大规模 k 派系的性能上更具优势.

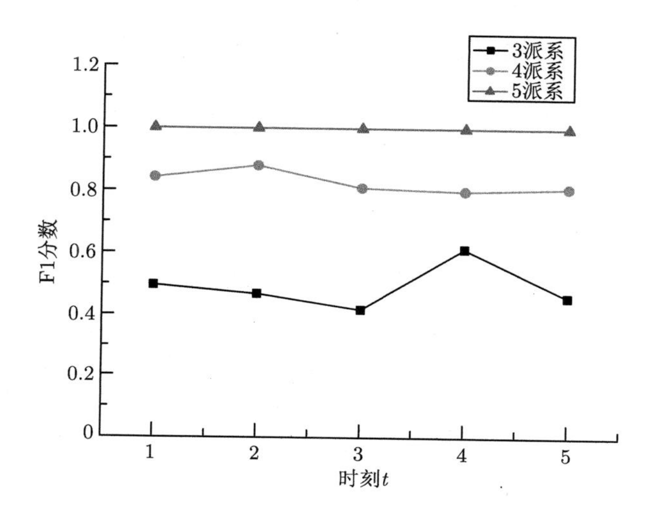

图 3.14　不同时刻 t 和不同 k 值条件下 k 派系检测算法的 F1 分数

3. 结果讨论及创新发现

根据上述实验评估和分析, 很明显有如下结论: 基于 TFCA 的 k 派系检测方法的独特之处在于其可以通过构建的查询索引 (query index), 即通过 k 三元等势概念挖掘 k 派系. 同时, 验证提出算法的可行性 (feasibility) 和鲁棒性 (robustness).

在 k 派系动态检测过程中, 发现动态社会网络中存在一些特殊的子图结构, 如恒定 k 派系和频繁 k 派系. 通过比较在不同时间检测得到的 k 派系, 可以分别获得 26 个恒定 3 派系, 8 个恒定 4 派系和 1 个恒定 5 派系. 换言之, 这些 k 派系的拓扑结构在社会网络的演变过程中从未发生变化, 海豚之间的社会关系也相当稳定.

在多数实际应用中, 如目标性社会营销 (targeted social marketing) 和社会协作 (social collaboration), 恒定 k 派系的限制过于苛刻. 因此, 设计灵活的 k 派系挖掘机制显得尤为重要. 为此, 受文献 [78] 思想的启发, 实验分别从检测精确率、召回率和 F1 分数三个方面评估频繁 k 派系的挖掘性能.

类似地, 表 3.7 和图 3.15 (a) 评估了所提算法在不同时刻 t 和不同阈值 θ 条件下的精确率. 如图 3.15 (a) 所示, 随着阈值 θ 的增加, 频繁 k 派系检测算法的精确率在逐渐降低. 也就是说, 频繁 k 派系的约束越高, 算法的精确率越低. 与此同时, 频繁 k 派系的召回率 (表 3.8 和图 3.15 (b)) 随着阈值 θ 的增加而减小. 其中, 表 3.7 和表 3.8 最右边列的值均为 0, 说明 k 派系 ($k \geqslant 6$) 并未发现.

表 3.7　不同时刻 t 和不同阈值 θ 条件下频繁 k 派系检测算法的精确率

t	θ				
	0.02	0.04	0.06	0.08	0.1
t_1	75/245	40/245	11/245	1/245	0
t_2	74/236	38/236	9/236	2/236	0
t_3	84/258	44/258	18/258	1/258	0
t_4	80/253	40/253	8/253	2/253	0
t_5	84/259	44/259	17/259	1/259	0

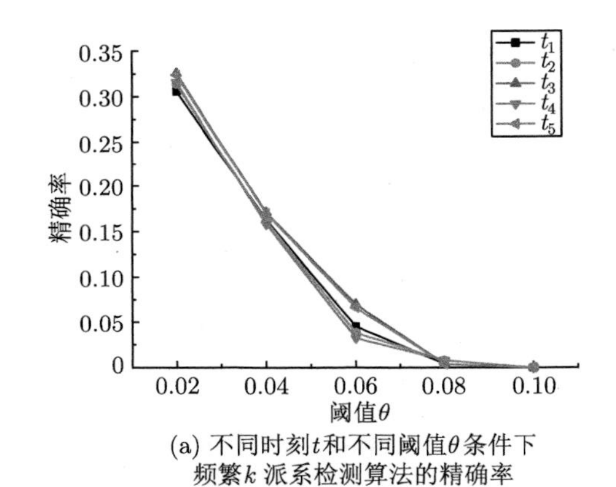

(a) 不同时刻t和不同阈值θ条件下频繁k派系检测算法的精确率

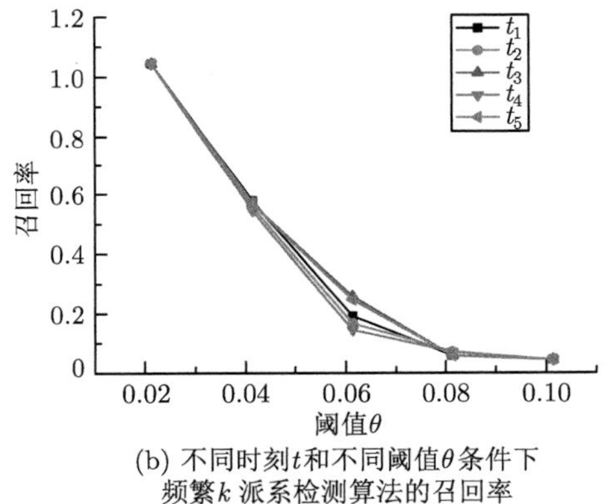

(b) 不同时刻t和不同阈值θ条件下频繁k派系检测算法的召回率

图 3.15　频繁 k 派系检测算法的精确率和召回率

表 3.8　不同时刻 t 和不同阈值 θ 条件下频繁 k 派系检测算法的召回率

t	θ				
	0.02	0.04	0.06	0.08	0.1
t_1	75/75	40/75	11/75	1/75	0
t_2	74/74	38/74	9/74	2/74	0
t_3	84/84	44/84	18/84	1/84	0
t_4	80/80	40/80	8/80	2/80	0
t_5	84/84	44/84	17/84	1/84	0

图 3.16为不同时刻 t 和不同阈值 θ 条件下的频繁 k 派系检测算法的 F1 分数, 可以看出随着阈值 θ 的增加, 该算法的 F1 分数在逐渐降低. 也就是说, 频繁 k 派系的约束越高, 频繁 k 派系检测算法的精确率越低.

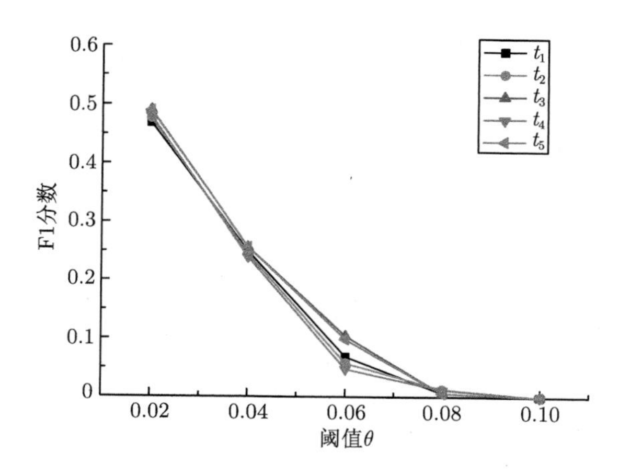

图 3.16　不同时刻 t 和不同阈值 θ 条件下的频繁 k 派系检测算法的 F1 分数

3.3　冰山派系查询

本节试图放松派系的输出约束限制, 介绍在一个社会网络中的冰山派系查询问题 (iceberg clique query, IC query), 又称 IC 查询问题[79]. 特别是当给定用户指定的阈值 θ, IC 查询返回的是顶点数量超过 $\lfloor\theta|V|\rfloor$ 的派系集合. 为此, 本节将提出一个 IC 查询理论并证明该理论的可行性. 利用提出的冰山派系查询理论, 首先, 通过修正邻接矩阵构建输入图拓扑构的形式背景并生成其对应的冰山概念格; 其次, 证明 IC 查询问题等价于查询元素数量超过 $\lfloor\theta|V|\rfloor$ 的冰山等势概念 (iceberg equiconcept); 最后, 理论分析和实验结果表明, 所提出的 IC 查询算法对于从社会网络中寻找冰山派系是可行有效的. 众所周知, 社会网络中的派系检测具有诸多重要的应用价值, 如社会推荐[80-82]、网络路由[83,84] 和社区检测[85,86]. 然而, 真实社会网络中的派系查询只是从给定的网络结构中抽取满足一定顶点数量的派系结构. 例如, 在学术协作网络中, 寻找具有所需数量的学者协作团队完成给定的项目.

给定一个社会网络, 如何从中找到有意义的节点或者子图结构? 为此, 本节给出冰山派系的基本概念: 冰山派系是一种特殊的派系, 冰山派系中的节点个数满足 $\{v|v\in V,|v|\geqslant\lfloor\theta|V|\rfloor\}$, 其中 θ 是由用户给定的阈值参数, $\theta\in(0,1]$, $|V|$ 是社会网络的节点总数. 一个关键的科学术语 "Iceberg" 起源于数据库理论兴起的冰山查询[87], 冰山查询得到数据的聚集值超过了预定的阈值. 冰山派系查询适用于目标营销、推荐系统、网络路由、垃圾邮件检测等.

由于本节内容涉及派系检测和冰山查询两方面的研究, 将从如下两方面给出相关工作的总结与归纳分析.

派系检测相关研究: 目前, 社会网络/复杂网络中的派系检测方面受到广泛的关注和研究. 这些研究工作大致分为两类: k 派系检测和 k 派系社团检测[14,57,88,89]. 关于 k 派系社团检测的经典方法是派系过滤方法 (clique percolation method, CPM), 该方法首先搜索所有具有 k 个节点的完全子图. 其次建立以 k-clique 为节点的新图, 该图中如果两个 k-clique 有 $(k-1)$ 个公共节点, 则在新图中为代表它们的节点间建立一条边. 最后在新图中, 每个连通子图为一个社团[14]. 遗憾的是 CPM 模型并没有提出对象函数来定量验证聚类结果. Kumpula 等[59] 提出了一种有效的序列派系渗透 (sequential clique percolation, SCP) 用于 k 派系社团检测. 虽然 SCP 可以检测加权网络上的社区, 但它不能在单次执行中为每个可能的 k 生成 k 派系社团. Traag 等[90] 采用模块化概念来检测具有正负链接的复杂社交网络中的社区. Hao 等[47] 解决了符号社会网络中的 k 平衡可信派系检测问题.

冰山查询相关研究: 近年来, 从事数据库领域研究的人员对冰山查询尤为关注. 冰山查询适用于许多实际应用, 如数据仓库和市场篮子分析[91]. 本节介绍了近年来冰山查询问题的研究. He 等[92] 提出了一种使用压缩位图索引有效执行冰山查询的方法. 该方法消除了扫描和处理数据集的时间, 以加快查询处理速度. Bae 等[93] 提出了一种用于计算平均冰山查询的分区算法. 该算法的基本思想是逻辑化分区关系并推迟分区以有效地使用内存, 直到所有桶 (buckets) 都被候选者占用. Zhao 等[94] 通过使用概要图实现全局冰山查询处理. 实际上, 一些现有的研究工作试图使用冰山查询解决关于图查询的一些科学问题[95,96]. Li 等[97] 定义了一个全新的概念——图冰山 (graph iceberg), 将冰山问题扩展到图中并使用聚合分数估算和识别接近属性的顶点. 此外, 他们提出了一个查询框架 gIceberg, 即通过不同的兴趣水平对顶点进行评分, 并找到满足用户指定阈值的关键顶点.

3.3.1 问题描述

问题 3.4 (冰山派系查询) *对于社会网络 $G=(V,E)$ 和用户指定的阈值 $\theta \in (0,1)$, 冰山派系查询问题是检测 k 派系并使得 $k \geqslant \lfloor \theta|V| \rfloor$, 形式化表示为 $\mathbb{Q}=(G,\theta)$.*

方便起见, 表 3.9 列出了本小节使用的重要变量及其含义.

为了清楚地理解冰山派系查询问题, 在社会网络 G 中给定阈值 $\theta=0.25$ 的冰山派系查询 $\mathbb{Q}=(G,0.25)$, 如图 3.17所示.

图 3.17 (a) 为社会网络 G 的拓扑结构. 经过冰山派系查询后, 获得如图 3.17(b) 所示的冰山派系: $\{A,B,C,D\}$, $\{A,B,C,E\}$, $\{A,C,D,E\}$, $\{A,B,D,E\}$, $\{L,M,N,P\}$ 和 $\{A,B,C,D,E\}$.

图 3.18是针对上述研究问题的解决方案框架. 该框架包含 4 个技术步骤: ① 构造输入社会网络的形式背景; ② 构建冰山概念格; ③ 分别从冰山等势概念产生显性冰山派系 (explicit iceberg cliques) 和从其高阶冰山等势概念诱导隐性冰山派系 (implicit iceberg cliques); ④ 合并显性和隐性冰山派系并输出得到查询结果.

表 3.9　重要变量及其含义

变量	含义
$G=(V,E)$	社会网络
θ	用户预定阈值
k	k 派系的规模 (节点数)
$\mathbb{Q}=(G,\theta)$	社会网络 G 的冰山派系查询
T	形式背景
$\mathrm{FC}(G)$	社会网络 G 的形式背景
$\widehat{C}(T)$	T 的所有频繁概念集
$L=(\widehat{C}(T),\leqslant)$	T 的冰山概念格
$\mathrm{IC}(T)$	T 的冰山等势概念集
$\mathrm{KIC}(T)$	T 的 k 冰山等势概念集

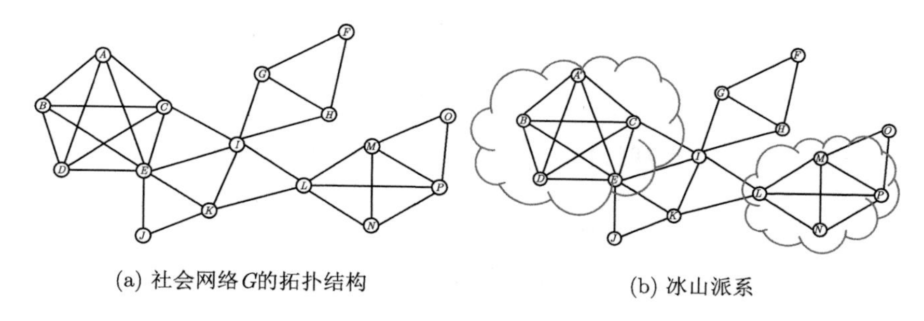

图 3.17　冰山派系查询示例

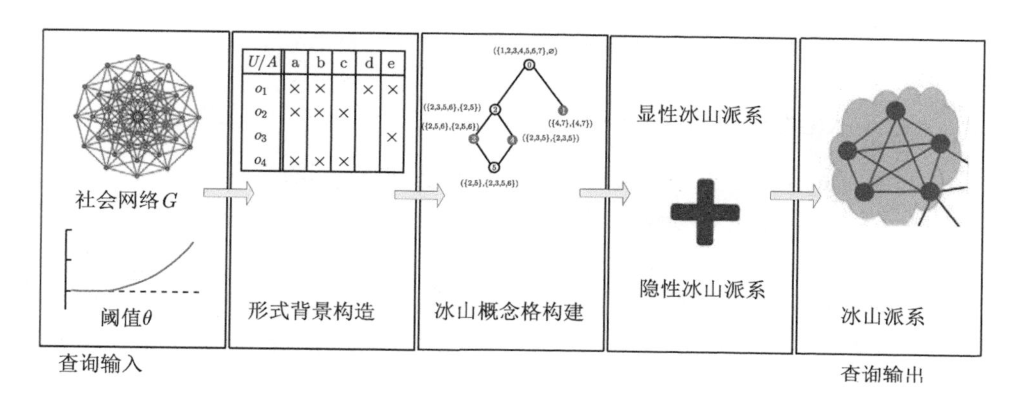

图 3.18　冰山派系查询方案框架

3.3.2　冰山概念分析

冰山概念格是在一定支持度下由频繁概念形成的偏序格, 清楚地描述了频繁概念之间的相关性. 因此, 本小节重点研究冰山概念格挖掘以及格中概念之间的相互关系. 通过揭示概念之间的相关性, 可在给定的社会网络中查询到满足用户需求的冰山派系.

定义 3.12 (**频繁概念**)　对于一个概念 C, 设 $\text{supp}(C) = \dfrac{|X|}{|O|}$ 作为概念 C 的支持度, 如果 $\text{supp}(C) \geqslant \text{minsupp}$, 那么 C 被称为具有支持度的频繁概念, 即 $\text{supp}(B)$. 此外, 记 $C(T)$ 表示关于形式背景 T 的所有频繁概念的集合.

定义 3.13 (**冰山概念格**)　冰山概念格 $L{=}(C(T), \leqslant)$ 可以通过具有偏序 $\leqslant$ 的形式背景 T 的所有频繁概念 $C(T)$ 获得. 它的图形化表示也是哈斯图.

例 3.7　续例 3.1, 构建社会网络 G 的冰山概念格, 表示为 $L{=}(C(\text{FC}(G)), \leqslant)$. 图 3.19显示了图 3.3 中提取的冰山概念格 (minsupp=25%).

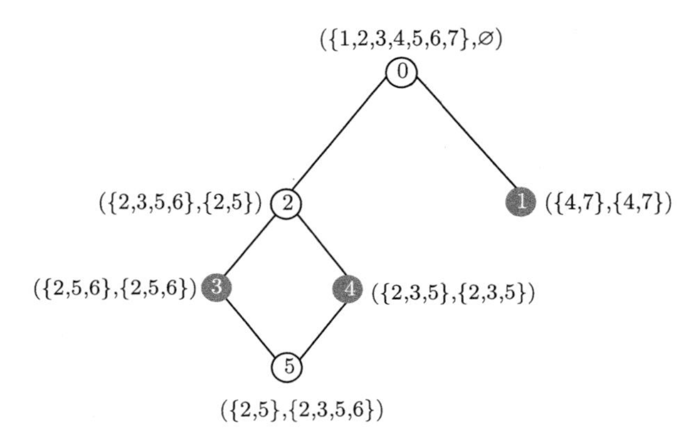

图 3.19　冰山概念格 (其中格节点 ❶, ❸, ❹ 表示派系)

3.3.3　基于冰山概念格的冰山派系查询

本小节首先介绍冰山等势概念和 k 冰山等势概念 (k-iceberg equiconcept) 基本定义, 然后以 k 冰山等势概念作为查询索引提供有关冰山派系查询的相关定理和特性.

定义 3.14 (**冰山等势概念**)　对于形式背景 $T{=}(O, A, R)$, 如果二元组 (X, B) 满足 $X^{\uparrow}{=}B$, $B^{\downarrow}{=}X$, $X{=}B$ 且 $\dfrac{|X|}{|O|} \geqslant \theta$, 那么二元组 (X, B) 是一个冰山等势概念, 其中 X 被称为冰山等势概念的外延, B 被称为冰山等势概念的内涵. 此外, 记 $\text{IC}(T)$ 表示关于形式背景 T 的冰山等势概念集合.

定义 3.15 (k **冰山等势概念**)　对于形式背景 $T = (O, A, R)$, 如果二元组 (X, B) 满足 $X^{\uparrow}{=}B$, $B^{\downarrow}{=}X$, $X{=}B$ 且 $|X| = |B| = k \geqslant \theta$, 那么二元组 (X, B) 是一个 k 冰山等势概念, 其中 X 被称为 k 冰山等势概念的外延, B 被称为 k 冰山等势概念的内涵. 此外, 记 $\text{KIC}(T)$ 表示关于形式背景 T 的 k 冰山等势概念集合.

根据定义 3.15, 可以看出冰山派系查询的过程和 k 冰山等势概念的识别过程相似. 因此, 基于冰山概念分析的冰山派系查询理论给定如下.

定理 3.5　给定社会网络 G 及阈值 θ, 冰山派系查询等价于挖掘两种类型的冰山等势概念: ① 由 k 冰山等势概念生成显性的冰山派系; ② 隐性的冰山派系可以由 $(k+1)$ 冰山等势概念, $(k+2)$ 冰山等势概念, $\cdots$, M 冰山等势概念 $(M > k)$ 诱导获取. M 是具有最大外延或内涵的冰山等势概念的外延或者内涵集合的势.

证明　在社会网络 G 中, 对于阈值 $\theta \in (0,1)$ 的冰山派系查询, 该查询期望所有获得的派系满足一个关键条件: 派系上节点的数量等于或大于 $\lfloor\theta|V|\rfloor$. 换言之, 所有冰山概念格中的冰山等势概念均需满足这一条件, 这些冰山等势概念被视为显性的冰山派系. 此外, 一些隐含的隐性冰山派系可以从其相应的高阶冰山等势概念 $(k+1)$ 冰山等势概念, $(k+2)$ 冰山等势概念, $\cdots$, M 冰山等势概念 $(M > k)$ 中诱导产生. 例如, 对于冰山派系查询 $\mathbb{Q}=(G,0.25)$, 显性冰山派系获取如下: $(\{4,7\},\{4,7\}),(\{2,5,6\},\{2,5,6\}),(\{2,3,5\},\{2,3,5\})$. 同时, 其余的隐性冰山派系从 $(\{2,5,6\},\{2,5,6\}),(\{2,3,5\},\{2,3,5\})$ 诱导如下:$(\{2,3\},\{2,3\}),(\{2,5\},\{2,5\}),(\{2,6\},\{2,6\})$ 和 $(\{5,,6\},\{5,6\})$. 但是, 这些并不是形式概念, 也没有出现在冰山概念格中. 因此, 对于冰山派系查询 $\mathbb{Q}=(G,0.25)$, 冰山派系的查询是显性和隐性冰山派系的组合: $(\{4,7\},\{4,7\})$, $(\{2,5,6\},\{2,5,6\})$, $(\{2,3,5\},\{2,3,5\})$, $(\{2,3\},\{2,3\})$, $(\{2,5\},\{2,5\})$, $(\{2,6\},\{2,6\})$, $(\{3,5\},\{3,5\})$ 和 $(\{5,6\},\{5,6\})$.

在上述基于冰山概念格分析的冰山派系查询理论基础上, 冰山派系查询算法 3.7 设计如下.

算法 3.7 基于冰山概念格分析的冰山派系查询算法

输入:　社会网络: $G=(V,E)$; 参数: $\theta \in (0,1]$;
输出:　冰山派系集 Q.

1: 初始化 $Q=\varnothing$
2: **begin**
3: 根据定义 3.1构造社会网络 G 的形式背景 FC(G)
4: 构建冰山概念格 $L=(\widehat{C}(\mathrm{FC}(G)),\leqslant)$
5: **end**
6: **for** 每个概念 $(X,B)\in\widehat{C}(\mathrm{FC}(G))$
7: **begin**
8: 　**if** $|X|=|B|\geqslant\lfloor\theta|V|\rfloor$
9: 　　$Q\leftarrow Q\bigcup(X,B)$
10: 　　$k\leftarrow\lfloor\theta|V|\rfloor$
11: 　　**for** $i=k+1$ **to** M **do**
12: 　　**begin**
13: 　$Q\leftarrow Q\bigcup\mathrm{Derived}((X^i,B^i))$
14: 　　**end**
15: **end**

算法 3.7的工作原理如下: 首先, 社会网络 G 和参数 θ 是整个算法的输入; 然后, 算法利用 Q(第 1 行) 初始化一组冰山派系. 算法初始化之后, 构造形式背景和生成冰山概念格 (第 2~5 行), 第 6~9 行则通过将 k 冰山等势概念 (X, B) 插入 Q 中以找到显性的冰山派系. 隐性的冰山派系则来自其他高阶 k 冰山等势概念并被插入 Q(第 10~14 行).

3.3.4 实验评估

针对社会网络中基于冰山概念格的冰山派系查询方法, 本小节主要构造了一个有效的查询索引——冰山概念格, 以获得更好的查询效率. 针对不同的性能评估指标, 评估所提算法的性能. 所有算法均以 JAVA 语言实现, 并在 Intel 内核 i5-3740 处理器, 3.6GHz、8GB RAM 的计算机上执行.

1. 数据集

本小节采用表 3.2 介绍的三组数据集, 即圣扎迦利空手道俱乐部网络 (Karate)、海豚社会网络 (Dolphin) 和爵士音乐家网络 (Jazz).

实验通过设置不同的阈值 θ 对上述每个社会网络执行一系列查询. 在不失一般性的情况下, 实验选择的 θ 值范围在 0.02~0.2 且步长为 0.02, 即 $\theta=\{0.02, 0.04, 0.06, 0.08, 0.1, 0.12, 0.14, 0.16, 0.18, 0.2\}$.

2. 性能评估

所提方法的性能评估指标包括查询操作的精确率 (precision)、召回率 (recall) 和 F1 分数 (F1-score). 本小节中冰山派系查询的精确率、召回率和 F1 分数分别定义如下:

(1) 精确率是冰山派系查询结果中相关冰山派系数量的存在比率;

(2) 召回率是冰山派系查询结果中相关冰山集团数量与相关冰山派系总数的比率;

(3) F1 分数用于评估每种算法通过拟合精确率和召回率, 从社会网络中找到冰山派系的程度, 表示为

$$\mathrm{F1} = \frac{2 * \mathrm{precision} * \mathrm{recall}}{\mathrm{precision} + \mathrm{recall}} \tag{3.6}$$

针对图 3.20中的冰山派系查询精确率评估, 分别绘制所有数据集的精确率曲线. 如图 3.20所示, 随着阈值 θ 增加, 每个数据集的冰山派系查询的精确率增加. 特别是, 当查询满足顶点数量超过 11 的冰山派系时, 对于相对规模较大的数据集 Jazz 的冰山派系查询精确率达到了 100%. 同样, 随着阈值 θ 的增加, 召回率也随之增加, 如图 3.21所示. 针对数据集 Jazz, 当 $\theta \geqslant 0.06$ 时, 冰山派系查询的召回率

为 100%. 此外, 实验还根据 F1 分数, 分别在 3 个数据集上评估了所提算法能够查询到冰山派系的程度. 如图 3.22 所示, 所提算法可以有效地识别冰山派系.

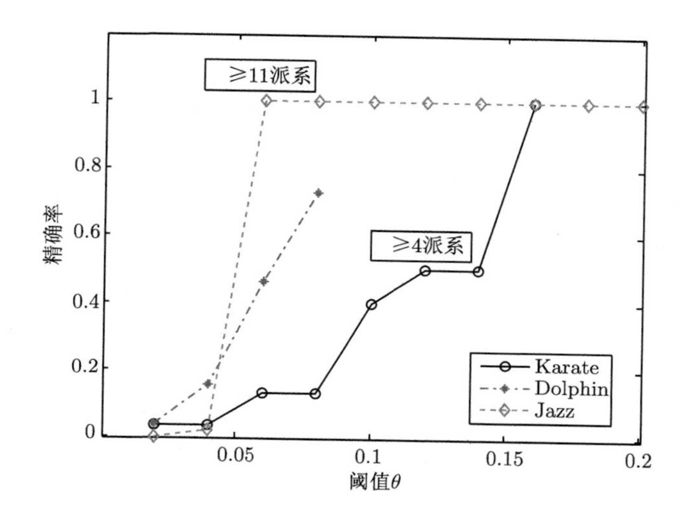

图 3.20　数据集的冰山派系查询精确率评估

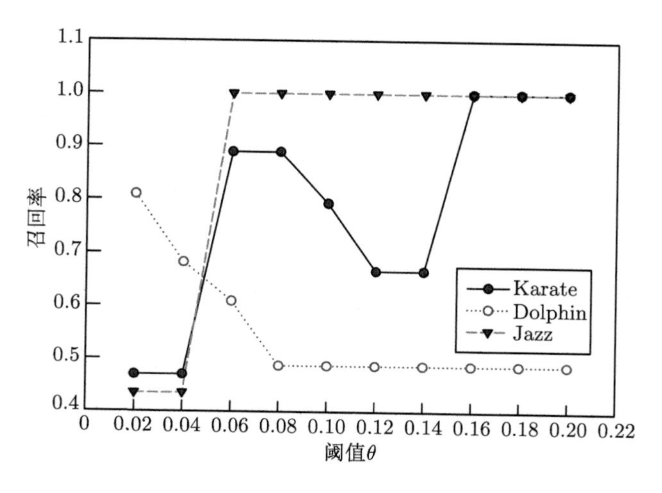

图 3.21　数据集的冰山派系查询召回率评估

基于冰山概念格的冰山派系查询方法的独特之处在于, 它可以通过构建的查询索引, 即 k 冰山等势概念, 从社会网络中高效地挖掘冰山派系. 根据上述性能分析, 可知提出的算法具有很强的高鲁棒性和可伸缩性.

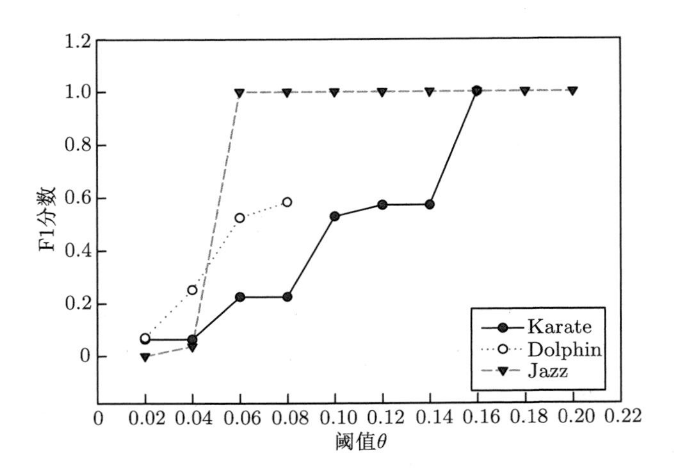

图 3.22　数据集的冰山派系查询 F1 分数评估

3.4　社会网络极大社团基检测

社交网络分析中的极大社团枚举 (maximal cliques enumeration, MCE) 问题在社会网络和复杂生物科学等许多领域得到了广泛的研究. 因此, 对极大社团形成原理的研究有助于快速高效地检测来自社交网络中的极大社团. 本节旨在探索社会网络中极大社团的形成原理, 开创性地提出一个关于社会网络极大社团基的检测问题. 进而, 给出一种基于形式概念分析的极大社团基检测理论. 该理论可为复杂网络系统中的拓扑结构分析提供新的研究解决方案和思路[98,99]. 近年来, 大规模图数据建模及其应用蓬勃发展. 在诸多工程实践中的大部分应用, 如社交网络和蛋白质互作用网络等均可以用图数据建模表示[100,101]. 因此, 从图中分析和挖掘有用的知识是非常有意义的. 特别是, 极大社团枚举问题是图论分析领域中基本且重要的研究问题, 已被许多研究人员广泛研究. 这些研究工作主要专注于设计一个近似算法 (这是由于极大社团枚举是一个 NP 难问题), 用于提取所有极大社团. 目前, 针对极大社团枚举的算法有三类: ① 顺序内存算法[102,103]; ② 顺序 I/O 高效算法[104,105], 其专注于降低随机磁盘 I/O 的高成本, 以应对不适合在主存中处理的图数据[101]; ③ 并行分布式算法[106,107], 该类方法旨在降低运行时间. 然而, 这些研究算法通常忽略了极大社团的形成原理. 事实上, 极大社团的形成原理恰恰是一种有益于解决极大社团枚举问题的有用信息.

如本章所述, 图论中的许多问题可以通过利用形式概念分析进行建模和处理. 例如, 动态社会网络中基于形式概念分析的 k 派系挖掘研究[48,108]. 从形式概念分析的角度来看, 如果将图转换为形式背景, 则可以使用形式概念分析表达和解决图论中的一些问题. 社会网络图可以用特殊形式背景 $K=(V,V,I)$ 来表示[48,108],

其中 V 表示图的顶点集合, I 表示两个顶点之间的边集合. 因此, 社会网络的 k 派系问题可由 $K=(V,V,I)$ 所产生的形式概念表达. 在理论层面, 形式概念分析相关研究已经提出了许多有用的概念及挖掘方法, 如频繁项集、封闭频繁项集、最大频繁项集、表达广义项集和析取闭项集挖掘[109-112]. 先验启发式算法和频繁的模式增长启发式算法[113-120] 可用于多种项集的快速挖掘. Pei 等[121] 提出了一种基于形式背景属性拓扑的方法来生成形式概念格, 并且属性拓扑由属性集上的自反和传递关系引起; 通过定义属性拓扑的等价关系, 证明了形式概念格和由等价关系决定的属性的商拓扑是同构的.

3.4.1 问题描述

依据 3.1 节中的理论可知 k 派系社团是由骨架子图 (skeleton sub-graphs) 形成. 类似地, 极大社团基的检测有助于从社会网络中快速检测极大社团. 这里的极大社团基是指在所有极大社团中的公共子图 (可以是一条边, 也可以是其他子图).

问题 3.5 给定一个社会网络 $G=(V,E)$, 社会网络中极大社团基的检测是从 G 中找出极大社团的基 (basis), 形式化表示为 $B(\text{maximal.clique}(G))$.

为了更好地理解上述问题描述, 示例如下.

例 3.8 图 3.23 (a) 是上述问题的输入 (即社会网络 G, 由七个顶点组成). 使用现有算法可以从 G 中获得极大社团 $\{2,3,5\}$, $\{2,5,6\}$,$\{4,7\}$, $\{1\}$. 然而, 很容易发现极大社团 $\{2,3,5\}$ 和 $\{2,5,6\}$ 之间的公共边 $\{2,5\}$, 如图 3.23 (b) 所示. 实际上, 边 $\{2,5\}$ 是极大社团 $\{2,3,5\}$ 和 $\{2,5,6\}$ 的形成基元, 是由于它们可以通过简单地添加顶点 3 或 6 来形成.

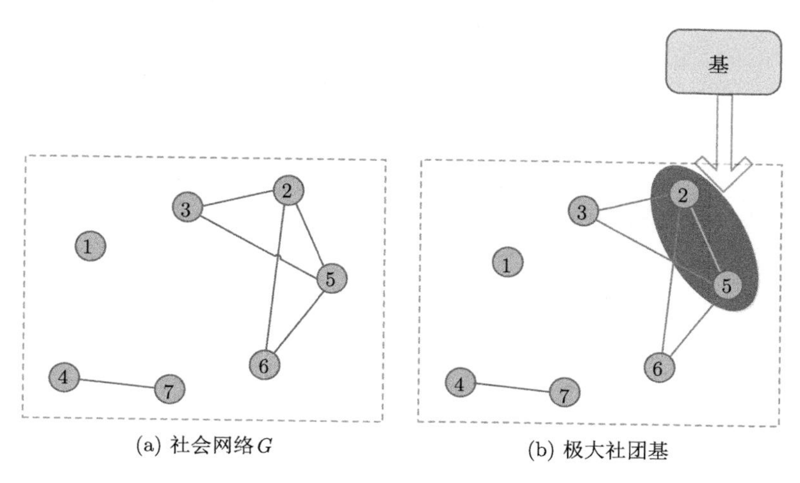

(a) 社会网络 G　　(b) 极大社团基

图 3.23　极大社团基检测示例

3.4.2 基于形式概念分析的社会网络极大社团基检测

针对问题 3.5, 本小节重点介绍基于形式概念分析的社会网络极大社团基的检测方法. 具体而言, 首先, 分析和解释如何使用极大社团基形成极大社团. 其次, 通过聚合具有共同对象的属性生成形式背景及其概念格. 最后, 从极大社团相关概念和新构造的形式概念格中提取概念的外延, 再进行交集运算. 同时, 本小节形式化给出社会网络的拓扑结构分析及其基于形式概念分析的社会网络极大社团基的检测理论.

1. 检测方法

假设 G 为一个社会网络, 表示为 $G=(V,E)$. 首先, 利用修正邻接矩阵构造其形式背景 $K=(V,V,I)$. 显然, $K=(V,V,I)$ 是一个特殊的形式背景: 对象和属性均为 G 中的顶点, 若两个顶点之间有关系, 则是 G 中的边. 鉴于 $K=(V,V,I)$ 的特殊性, 对其具有属性的顶点进行粒化; 顶点的粒化可以通过 V 上的关系 I 得到的等价关系 R 完成. 也就是说, 顶点的粒化形式化描述如下: 对于任意 $i\in V$,

$$i^{\uparrow}=\{j\in V|(i,j)\in I\},j^{\downarrow}=\{i\in V|(i,j)\in I\} \tag{3.7}$$

其中, $(i,j)\in I$ 表示在顶点 i 和 j 之间存在边. 基于式 (3.7), V 上的等价关系 R 由如下公式诱导:

$$\forall j_1,j_2\in V, j_1Rj_2 \quad \text{iff} \quad j_1^{\downarrow}=j_2^{\downarrow} \tag{3.8}$$

很容易证明 V 上的关系 R 具有对称性、自反性和传递性; 即由式 (3.8) 导出的 R 是一个等价关系, 对于任意顶点 $j\in V$, 用 R 对该顶点进行粒化:

$$[j]_R=\{j'\in V|jRj'\} \tag{3.9}$$

设定 $V_R=\{[j]_R|j\in V\}$, 并由形式背景 $K=(V,V,I)$ 获得一个新的形式背景 $K'=(V, V_R, I_R)$, 其中 $I_R=\{(i,[j]_R)\in V\times V_R|\exists j'\in[j]_R,(i,j')\in I\}$. 显然, K' 具有与原始形式背景 $K=(V,V,I)$ 相同的对象, 但是属性不同. 例如, 图 3.23 (a) 中的输入是社会网络 G, 构造后的形式背景及其诱导形式背景如表 3.10 和表 3.11 所示.

表 3.10　社会网络 G 的形式背景 K

V	1	2	3	4	5	6	7
1	×						
2		×	×		×	×	
3		×	×		×		
4				×			×
5		×	×		×	×	
6		×			×	×	
7				×			×

表 3.11　社会网络 G 的诱导形式背景 K'

V	V_R				
	1	[2, 5]	3	[4, 7]	6
1	×				
2		×	×		×
3		×	×		
4				×	
5		×	×		×
6		×			×
7				×	

通过已有的概念格生成算法生成相应的概念格. 原始形式背景 K 产生的概念格 $C(K)$ 和诱导形式背景 K' 产生的概念格 $C(K')$ 之间的关系如图 3.24所示. 依据作者前期对等势概念和派系间等价性理论的研究成果[48, 108] 可知, G 中的极大社团结构有 $\{2,3,5\}$, $\{2,5,6\}$, $\{4,7\}$,$\{1\}$. 一个有趣的现象是这些极大社团可以被聚合并表示为图 3.24中的相关概念. 例如, 极大社团 $\{2,3,5\}$ 和 $\{2,5,6\}$ 的共有属性是 $\{2,5\}$; 也就是说, $\{2,5\}$ 是极大社团 $\{2,3,5\}$ 和 $\{2,5,6\}$ 的形成基元.

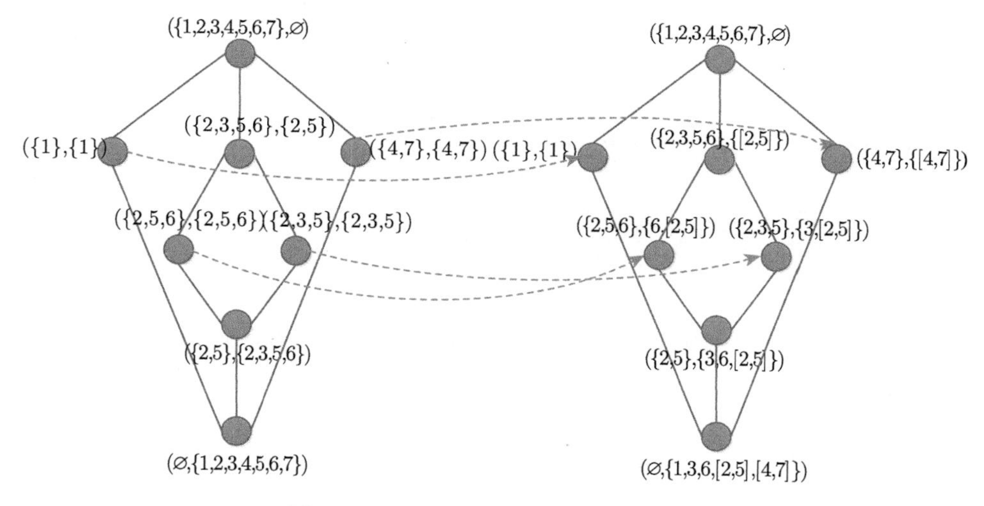

图 3.24　$C(K)$ 和 $C(K')$ 之间的关系

2. 社会网络拓扑结构分析

基于社会网络 G=(V, E) 中节点集 V 上的自反和传递特性的关系 R, 本小节着重构造顶点集 V 的拓扑空间. 形式化, 一个在集合上的自反和传递关系可用于诱导覆盖近似空间[122-124]. 集合上的自反和传递关系分别用于构造形式背景属性的近似空间和拓扑, 并且可以采用拓扑基来生成形式概念的内涵并构建形式概念格. 受文献 [121] 启发, 顶点集 V 的拓扑空间是通过使用反射和传递关系 R 来构造. 该关系 R 用于刻画社会网络 G=(V, E) 的社交关系及层次结构.

性质 3.2 在社会网络 G=(V, E) 构造的形式背景 K=(V, V, I) 中, 对于任意 $v_i \in V$, $S_\uparrow(v_i)$ 是 G 中的一个 $|S_\uparrow(v_i)|$ 派系.

定义 3.16 在社会网络 G=(V, E) 构造的形式背景 K=(V, V, I) 中, 对于任意子图 $V_1 \in V$, V_1 的下节点近似 (lower vertices approximation) 表示如下:

$$\underline{R}(V_1) = \{i \in V | R(i, *) \subseteq V_1\} \tag{3.10}$$

根据 $R(i,*)$=$\{j \in V | R(i,j) = 1\}$=$S_\uparrow(i)$, $\underline{R}(V_1)$ 重写如下:

$$\begin{aligned}\underline{R}(V_1) &= \{i \in V | R(i, *) \subseteq V_1\} \\ &= \{i \in V | S_\uparrow(i) \subseteq V_1\} \\ &= \bigcup_{S_\uparrow(i) \subseteq V_1} S_\uparrow(i)\end{aligned} \tag{3.11}$$

定理 3.6[121] 对于任意一个关于社会网络 G=(V, E) 的形式背景 $\mathrm{FC}(G) = (V, V, I)$, 有如下两个结论:

(1) $T_R = \{\underline{R}(V_1) | \forall V_1 \subseteq V\}$ 是 V 的拓扑 (topology), 且 (V, T_R) 是 V 的拓扑空间 (topology space);

(2) $B_R = \{S_\uparrow(v_i) | i \in V\}$ 是拓扑 T_R 的基.

定理 3.6说明了任意一个社会网络 $G = (V, E)$ 均可用其拓扑 $T_R = \{\underline{R}(V_1) | \forall V_1 \subseteq V\}$ 表示, 该拓扑可以由式 (3.8) 决定的二元关系诱导得到. 因此, V 的拓扑 $T_R = \{\underline{R}(V_1) | \forall V_1 \subseteq V\}$ 可以由基 $B_R = \{S_\uparrow(i) | i \in V\}$ 生成, 而该拓扑基可以由 V 中的每个节点获得.

推论 3.2 对于任何两个节点 $i,j \in V$, 如果 $j \in S_\uparrow(i)$ 且 $i \in S_\uparrow(j)$, 则 $S_\uparrow(i) = S_\uparrow(j)$.

依据性质 3.2, 可知 $S_\uparrow(j)$ 是一个 $|S_\uparrow(i)|$ 派系, 而推论 3.2说明 i 和 j 可以在社会网络 $G = (V, E)$ 中生成相同 k 派系.

推论 3.3 如果 i 和 j 在社会网络 $G = (V, E)$ 的 k 派系中, 那么 $S_\uparrow(i) = S_\uparrow(j)$ 并且它们是社会网络 $G = (V, E)$ 的 k 派系.

根据定理 3.6和推论 3.2, 可以得到如下推论.

推论 3.4 任意一个社会网络 $G = (V, E)$ 都可以通过该网络中的所有 k 派系生成, 其中 $1 \leqslant k \leqslant |V|$.

3. 检测理论

根据上述检测方法, 给定基于形式概念分析的极大社团基的检测理论如下.

定理 3.7　给定一个社会网络 $G=(V,E)$, G 的形式背景为 K, K 的概念格表示为 $C(K)$, 社会网络的极大社团基 $B(\text{maximal.clique}(G))$ 可以从概念格 $C(K')$ 中和极大社团相关的形式概念中获得, 其中 K' 是基于属性上的等价关系 R 诱导的形式背景.

4. 实用性

基于上述检测定理 3.7, 本小节的内容可以为以下几个方面带来更多深入研究的机遇: ① 各种复杂网络系统中的拓扑结构分析; ② 通过极大社团基识别信任/情感支配者, 这是由于支配者在社会网络中的信任/情感管理和传播中以及物联网大数据聚类中发挥着桥梁作用[125-129]; ③ 为推荐系统提供新的解决方案, 具体而言, 可以利用极大社团基来检测极大社团, 再采用传统的推荐方法, 如协同过滤或矩阵分解进行推荐[130]; ④ 此外, 本小节的研究内容也有利于从蛋白质互作用网络中鉴定蛋白质复合物[131].

3.4.3　案例分析

本小节介绍一个关于科学家协作网络的真实案例研究. 为了验证所提方法的可行性, 将重点关注最大社团 (即包含节点个数最多的极大社团) 的检测问题.

1. 数据集

案例研究的数据集源于在线 "网络" 上工作的科学家之间的协作网络[132]. 该数据集的统计数据如下: 该协作社会网络包含 1589 个科学家 (图中的顶点) 和 2742 个协作关系 (图中的边).

2. 实验结果

检测上述网络中的最大社团, 关键在于找到最大社团的基并探讨它们的形成原理. 通过实验, 仅检测到一个由 20 位科学家组成的最大社团. 具体地, 实验还识别出了对应这些极大社团的基 {Hilgetag.C, Burns.G, Oneill.M, Young.M}, {Kashtan.N, Milo.R, Alon.U, Itzkovitz.S},{Pastorsatorras.R, Vespignani.A, Moreno.Y, Vazquez.A}.

实验验证了最大社团可以由它的极大社团基逐渐融合而成. 该演化现象对于后续其他类型复杂网络的拓扑结构挖掘和分析具有重要指导意义. 例如, 某公司想要借助社会网络推广其新产品, 检测方法会建议该公司在极大社团的基 (即目标种子客户) 中植入其产品广告并提供相应的激励机制, 进一步促使其新产品在社会网络中传播, 最终实现公司盈利. 从应用的角度, 本研究成果适用于各种社会网络服务, 如社会营销 (social marketing)、社会广告 (social advertising) 和社会推荐 (social recommendation).

3.5 社会网络多元化 top-k 极大社团挖掘

社团检测是社会网络拓扑结构分析中的一个重要研究方向. 在网络中, 社团检测的目的是发现连接密集的顶点组, 并使得这些顶点之间的连接是稀疏的[52,53]. 由于社会网络中社团检测是一项耗时耗力的工作, 而通常情况下, 只要求检测一个社会网络中最大的 k 个极大社团, 即 top-k 极大社团. 然而, 社会网络中的极大社团通常是高度重叠的[133], 导致计算机会返回大量的重复信息, 而这些缺乏多样性的信息通常价值比较低. 因此, 本节将在此基础上, 搜寻 k 个极大社团, 使得其网络规模尽可能大, 且尽可能覆盖网络中更多的顶点 (等价于 k 个重叠率低的极大社团), 即多元化 top-k 极大社团 (diversified top-k maximal cliques).

关于社会网络多元化 top-k 社团的检测, 目前已经存在一些相关的理论和实证研究. Adamcsek 等[27] 提出了 CFinder 算法以更快地查找 k 派系. Kumpula 等[59] 提出了序列 clique 渗透算法, 以提高检测效率. Yuan 等[134] 提出了一个保留 k 个候选项的多元化 top-k 社团搜索算法. Tang 等[62] 在揭示有机化学品的相似结构和功能信息时, 提出了一种基于形式概念分析的化学结构检索方法. Snasel 等[63] 在使用 FCA 处理大型社交网络数据的分析和可视化时, 提出了一种克服实际问题的新方法. 但是在此之前, 形式概念分析方法并未在多元化 top-k 社团检测问题中使用. 实际上, 形式概念分析可以提供一个更清晰的视图来理解网络拓扑[64]. 因此, 基于形式概念分析对网络拓扑结构的强大分析能力, 本节将介绍一种基于 FCA 的社会网络多元化 top-k 极大社团检测算法[135].

多元化 top-k 极大社团检测问题的应用领域非常广泛, 如下所述.

(1) 分子生物学中的基因表达检测: 基因共表达网络中, 共表达基群 (co-expression groups, CEG) 则表现为极大社团[136]. 然而分子生物学中的主题发现需要检测出具有低重叠率的共表达基群, 因此, 分子生物学的基因表达检测问题可以抽象为一个多元化 top-k 极大社团检测问题.

(2) 复杂网络中的异常检测: 在此问题中, 极大社团被视作罕见事件的信号, 而异常检测问题需要找到一组低重叠率的极大社团[137], 因此, 可以将其建模为多元化的 top-k 极大社团检测问题.

(3) 社会网络中的社区搜索: 在社会网络中, 人们会根据共同的爱好和行为不断地进行信息交换. 一组相似的人可以作为一个极大社团. 因此, 在社会网络中找到不同的爱好群体, 可以将其抽象为一个多元化 top-k 极大社团检测问题.

3.5.1 问题描述

问题描述前, 首先给出派系覆盖度的定义如下.

定义 3.17 (派系覆盖度) 给定派系集合 $C=\{c_1, c_2, \cdots, c_m\}$ 是一个无向图 $G=(V, E)$, C 的派系覆盖度表示为 $\mathrm{Cov}(C)$, 该覆盖度刻画的是由 C 中的派系能否覆盖的社会网络 G 中的节点的个数:

$$\mathrm{Cov}(C) = \bigcup_{c_i \in C} c_i \tag{3.12}$$

社会网络多元化 top-k 极大社团挖掘问题形式化描述如下.

输入: 社会网络 G 和正整数 k

$$\begin{aligned} \max \quad & \mathrm{Cov}(C) \\ \text{s.t.} \quad & |C| \leqslant k \end{aligned}$$

输出: 极大社团集合 C

显然, 给定一个社会网络 $G(V, E)$ 和正整数 k 后, 即可求得 k 个极大社团, 使之包含的节点数最多, 即派系覆盖度最大, 即可求得多元化 top-k 极大社团.

定理 3.8 社会网络多元化 top-k 极大社团挖掘问题是 NP 完全问题.

证明 为证明该问题的计算难度, 可以简化当前问题为一个存在的 NP 完全问题, 即集合覆盖问题[138, 139]. 社会网络多元化 top-k 极大社团挖掘可以通过如下两个步骤实现: ① 从社会网络 G 中枚举所有的极大社团; ② 多元化 top-k 极大社团挖掘问题可以被转换为集合覆盖问题. 相应地, 这里的集合对应不同的极大社团的组合. 因为存在的集合覆盖问题是 NP 完全问题, 所以社会网络多元化 top-k 极大社团挖掘问题是 NP 完全问题.

例 3.9 图 3.25所示是一个包含 16 个顶点, 31 条边的社会网络 G.

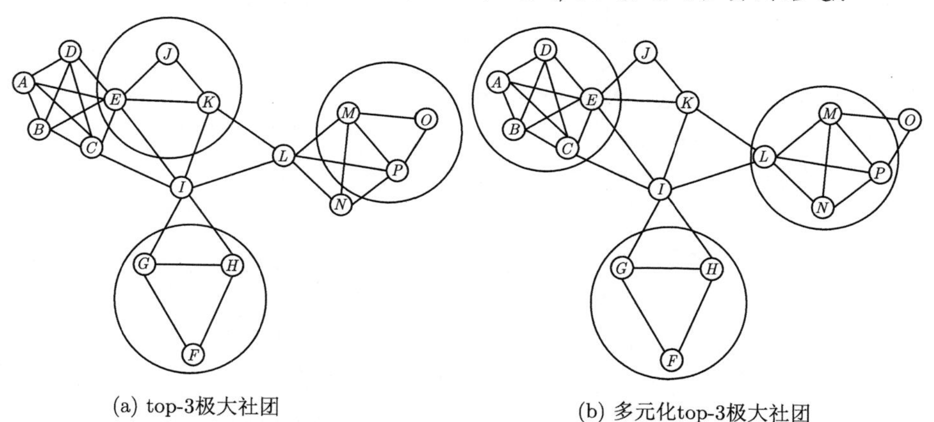

图 3.25　社会网络中的 top-3 极大社团和多元化 top-3 极大社团

利用 R 语言中的命令 maximal.cliques(G), 可以得到 9 个极大社团. 然而, 图 3.25(a) 是 top-3 极大社团: $c_1=\{E, J, K\}$, $c_2=\{G, H, F\}$, $c_3=\{M, O, P\}$, top-3

极大社团表示为 $C_{\rm a}=\{c_1, c_2, c_3\}$. 因此, 其派系覆盖度 $\text{Cov}(C_{\rm a})=|C_{\rm a}|=9$; 图 3.25(b) 是多元化 top-3 极大社团: $c_4=\{A, B, C, D, E\}$, $c_2=\{G, H, F\}$, $c_5=\{L, M, N, P\}$, 多元化 top-3 极大社团表示为 $C_{\rm b}=\{c_4, c_2, c_5\}$. 因此, 其派系覆盖度 $\text{Cov}(C_{\rm b})=|C_{\rm b}|=12$.

3.5.2 极大社团与等势概念的等价理论

本小节重点阐述社会网络中的极大社团与由该社会网络产生的概念格中等势概念的等价理论.

定理 3.9 (**极大社团与等势概念的等价理论**) 给定一个社会网络 $G=(V, E)$, 该网络中的极大社团与由该社会网络产生的概念格中的等势概念一一对应. 该等价关系形式化描述如下:

$$\text{maximal.cliques}(G) \equiv \text{EC}(K) \tag{3.13}$$

其中, K 是社会网络 G 的形式背景; maximal.cliques(G) 返回的是极大社团集; EC (K) 是针对形式背景 K 而产生的等势概念集.

证明 为了验证极大社团与等势概念的等价关系存在性, 从如下两方面做双向证明: ① maximal.cliques(G) $\Rightarrow$ EC(K); ② EC(K) $\Rightarrow$ maximal.cliques(G).

(1) maximal.cliques(G) $\Rightarrow$ EC(K): 给定一个社会网络 G, 一个极大社团是一个特殊的派系. 假设一个极大社团 $\widehat{C}$ 包含节点 $v_1, v_2, \cdots, v_k$, 对于任意两个节点 v_i, v_j, 它们是互联通的. 由于一个极大社团也是一个子图, 因此也很容易通过修正邻接矩阵构造其形式背景. 显然, 极大社团的形式背景是一个全 "1" 的矩阵 (即矩阵元素全为 1). 在该全 "1" 矩阵的基础上, 构建对应的概念格并可以获得一个特殊的概念 $(\{v_1, 1_2, \cdots, v_k\}, \{v_1, 1_2, \cdots, v_k\})$, 且满足外延 A 和内涵 B 相等. 该特殊概念同时也是等势概念. 因此, maximal.cliques(G) $\Rightarrow$ EC(K) 成立.

(2) EC(K) $\Rightarrow$ maximal.cliques(G): 根据定义 3.2 中等势概念的定义, 记所有由给定社会网络 G 而产生的概念格中的等势概念集合为 $\text{EC}(K)=\{(A_i, B_i)|i=1, 2, \cdots, r\}$. 其中 (A_i, B_i) 表示第 i 个等势概念, 且 $A_i=B_i$. 假设从该等势概念 (A_i, B_i) 中删除或者增加一个节点 v_k, 即 $(A_i \bigcup\{v_k\}, B_i \bigcup\{v_k\})$ 和 $(A_i-\{v_k\}, B_i-\{v_k\})$. 显然, 概念 (A_i, B_i) 的父概念或子概念满足性质: 若 $A_i \bigcup\{v_k\} \supseteq A_i$, 则有 $B_i \bigcup\{v_k\} \subseteq B_i$. 换言之, 无法找到满足外延和内涵相等的父概念. 类似地, 若 $A_i-\{v_k\} \subseteq A_i$, 则有 $B_i-\{v_k\} \supseteq B_i$, 同样无法找到满足外延和内涵相等的子概念. 总之, 从等势概念中增加或删除节点都无法找到该等势概念的父概念或子概念满足等势概念的特性, 即不是一个完全连通图. 因此, EC(K) $\Rightarrow$ maximal.cliques(G) 成立.

至此, 已经证明了 maximal.cliques(G) $\Rightarrow$ EC(K) 和 EC(K) $\Rightarrow$ maximal. cliques(G), 也就是说, 社会网络中的极大社团与等势概念等价, 即 maximal.

cliques$(G) \equiv \mathrm{EC}(K)$.

事实上, 一个形式概念可以刻画为一个关于外延和内涵的极大对[140, 141]. 与上述证明得到的结论一致.

引理 3.2　社会网络 G 中的极大社团数目等于社会网络 G 生成的概念格中的等势概念数目:

$$N(\text{maximal.cliques}(G)) \equiv N(\mathrm{EC}(K)) \tag{3.14}$$

其中, $N(\cdot)$ 是统计对象个数的函数.

证明　根据定理 3.9, 该证明是显而易见的.

例 3.10　本例延续例 3.9 来帮助读者更好理解上述提出的等价关系理论. 一方面, 执行 R 编译器中的命令 “maximal.cliques(G)”, 最终获得 9 个极大社团, 如图 3.26中的深色元素集合所示; 另一方面, 给定的社会网络 G=(V, E), 根据修正邻接矩阵构造的形式背景为 K=FC(G)=(V, V, I). 相应的概念格构建且等势概念如图 3.26中格节点⑪, ⑫, $\cdots$, ⑲ 所示. 如图 3.26所示, 从等势概念到极大社团之间存在等价关系. 换言之, 存在由检测获取得到的 9 个等势概念到 9 个极大社团之间的一一映射关系.

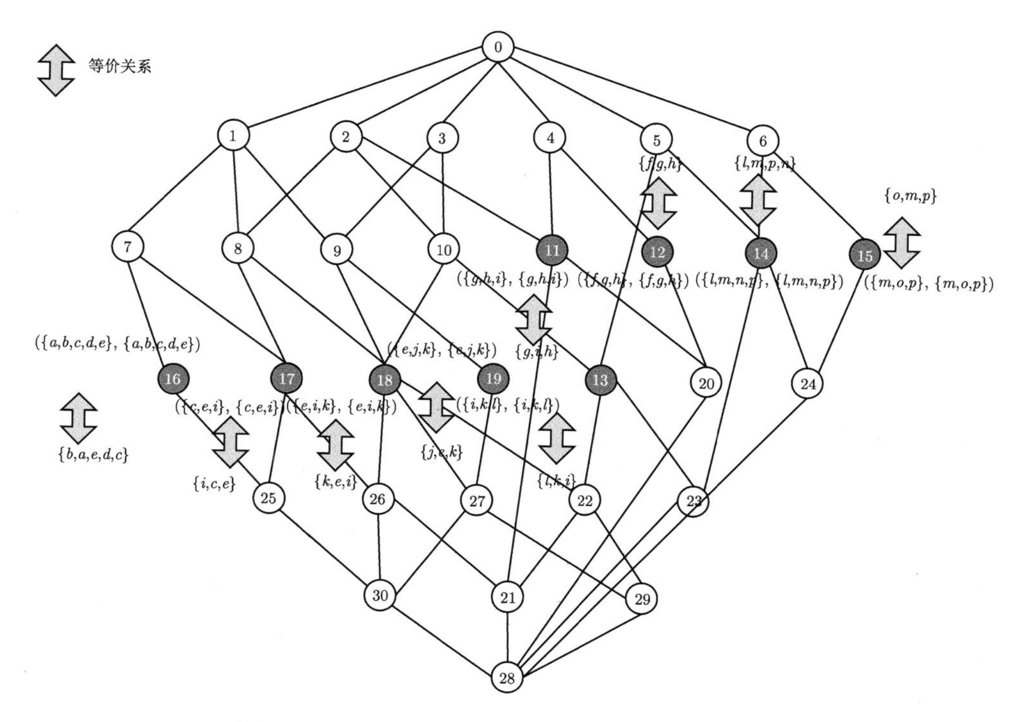

图 3.26　社会网络极大社团与等势概念的等价关系

3.5.3 基于形式概念分析的社会网络多元化 top-k 极大社团挖掘

本小节旨在利用形式概念分析从社会网络中挖掘多元化的 top-k 极大社团. 不同于已有的挖掘方法, 本小节提出的方法首先利用上述等价关系理论深入探讨等势概念 (即极大社团) 之间的关系. 进一步, 设计一种聪颖贪婪算法 (wise-greedy algorithm) 用于挖掘给定社会网络中的多元化 top-k 极大社团. 下面将详细阐述相应的挖掘方法及其算法.

1. 挖掘方法

基于形式概念分析的多元化 top-k 极大社团挖掘包含如下三个步骤.

步骤 1: 抽取极大社团. 鉴于社会网络中等势概念与极大社团存在的一一映射关系, 极大社团的抽取过程可以转换为从社会网络 G 中抽取等势概念的过程.

步骤 2: 将最大社团压栈. 在等势概念集合 EC(K) 中, 首先将最大社团 (即等势概念满足其外延/内涵的集合势最大) 压栈. 如果令 S 为一个用于存储极大社团的栈 (stack), 本步骤的过程可形式化刻画如下:

$$S.\text{push}(\arg\max_{H_i\in \text{EC}(K)} |A_i|) \tag{3.15}$$

其中, $H_i = (A_i, B_i)$.

假设 k=3, 本步骤的过程如图 3.27所示. 获取到 9 个等势概念, 步骤 2 将等势概念中满足其外延/内涵的集合势最大的概念压栈到 S 中. 因此, 等势概念 $\{(a,b,c,d,e),(a,b,c,d,e)\}$ 被压栈到 S 中.

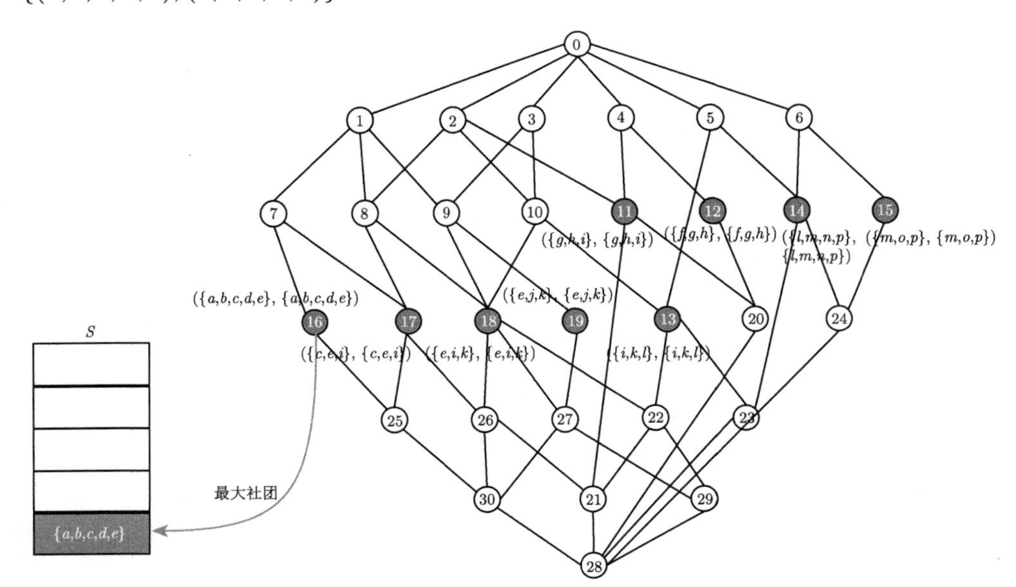

图 3.27 将最大社团压栈到 S 中

步骤 3: 将第 i 个非重叠最大社团压栈. 为保证 top-k 派系的多元特性, 该步骤需尽可能避免在第 i 步压栈的极大社团与第 $i-1$ 步压栈的极大社团的重叠性.

定义 3.18 (**兄弟等势概念**)　给定一个形式背景 $K=(G,M,I)$, 针对其三个等势 $H_1=(A_1,B_1)$, $H_2=(A_2,B_2)$, $H_3=(A_3,B_3)\in \mathrm{EC}(K)$, 定义如下关系 $H_1\leqslant H_3 \Leftrightarrow A_1\subseteq A_3 \Leftrightarrow B_1\supseteq B_3$, 则 H_3 是 H_1 的父概念, 记作 $\mathrm{father}(H_3,H_1)$; $H_2\leqslant H_3 \Leftrightarrow A_2\subseteq A_3 \Leftrightarrow B_2\supseteq B_3$, 则 H_3 是 H_2 的父概念, 记作 $\mathrm{father}(H_3,H_2)$. 因此, H_3 是 H_1 和 H_2 的共同父概念, H_1 是 H_2 的兄弟等势概念, 记作 $\mathrm{brother}(H_1,H_2)$ 或者 $\mathrm{brother}(H_2,H_1)$.

令 H_{i-1} 为第 $i-1$ 个压栈到 S 的非重叠最大社团. 步骤 3 迭代地消除 H_{i-1} 的兄弟等势概念, 使得被消除的等势概念共享父概念之父概念. 因此, 保留下来的等势概念可作为第 i 个非重叠最大社团的候选概念. 最终, 通过调用步骤 2 将第 i 个非重叠最大社团压栈到 S 中.

以图 3.27为例, 如果 k=3, 步骤 3 用于找到可以最大化派系覆盖度的其他两个极大社团和一个最大社团 (top-3 多元化派系). 图 3.28为将次大社团 (the 2nd largest maximal clique) 压栈到 S 的过程. 该步骤在技术上可以最大程度地避免最大社团 $\{a,b,c,d,e\}$ 的兄弟等势概念与之重叠的情况. 显然, 通过步骤 1 将次大社团 $\{l,m,n,p\}$ 压栈到 S 中.

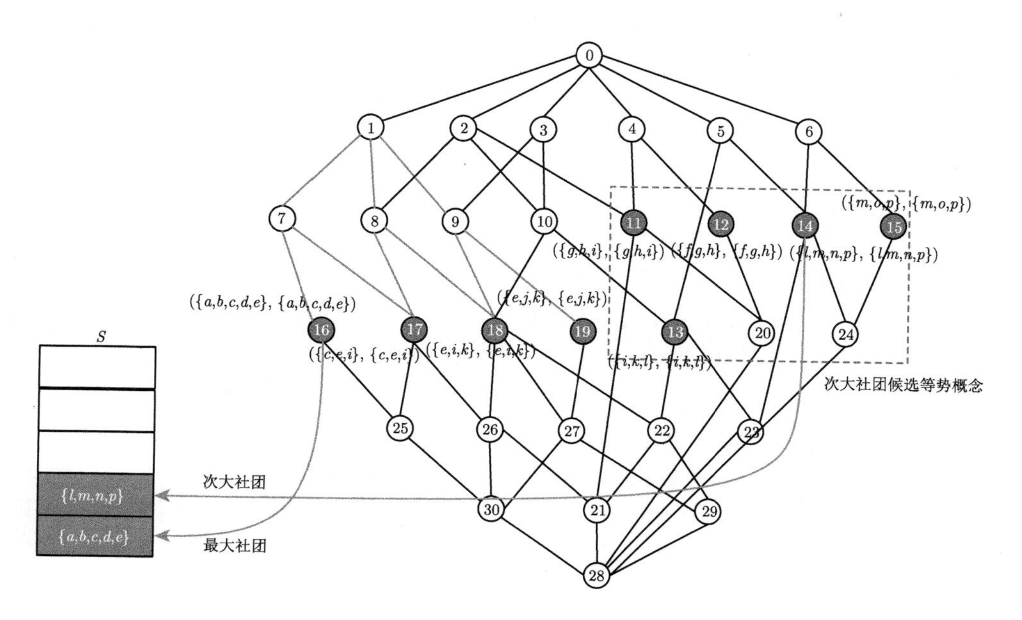

图 3.28　将次大社团压栈到 S 中

类似地, 步骤 3 继续寻找下一个可以最大化派系覆盖度的极大社团如图 3.29所示. 显然, 两个极大社团 $\{g,h,i\}$ 和 $\{f,g,h\}$ 可以最大化派系覆盖度. 因此, 将 $\{g,h,i\}$ 和 $\{f,g,h\}$ 压栈至 S 中. 从而获得多元化 top-3 派系: $C_1=(\{a,b,c,d,e\},\{l,n,m,p\},\{g,h,i\})$ 和 $C_2=(\{a,b,c,d,e\},\{l,n,m,p\},\{f,g,h\})$. 派系覆盖度计算如下: Cov($C_1$)=Cov($C_2$)=12.

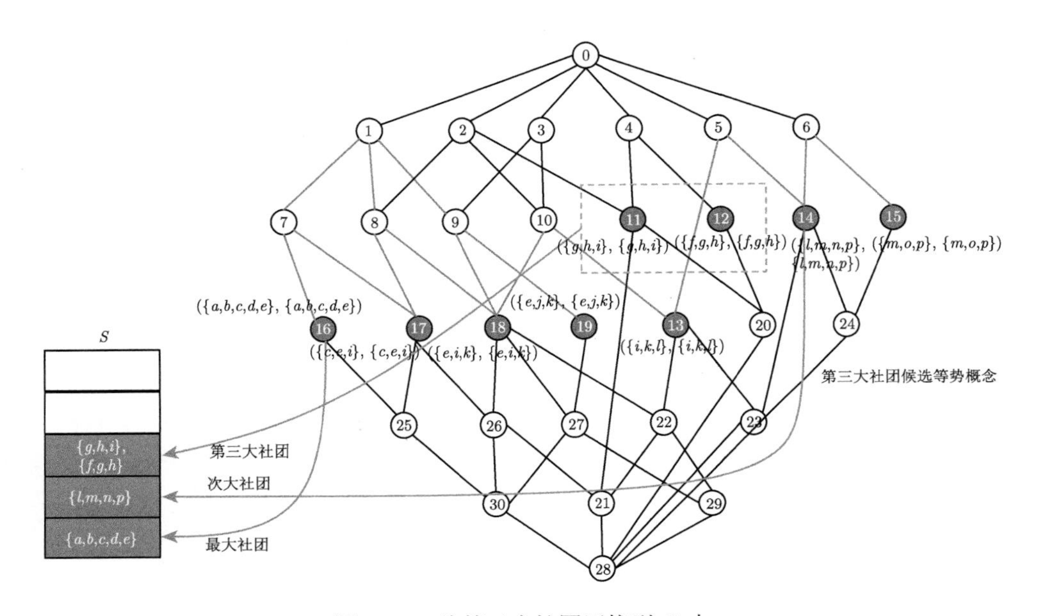

图 3.29　将第三大社团压栈到 S 中

2. 算法描述

基于上述提出的社会网络多元化 top-k 极大社团挖掘方法, 本小节设计了相应的挖掘算法如算法 3.8所示, 其调用了等势概念抽取算法 3.9.

算法 3.8的工作原理如下: 首先, 将社会网络 G 和参数 k 作为该算法的输入; 在初始化阶段, 算法初始化一组极大社团集合 C、一个等势概念集合 EC 和一个栈 S(第 1 行). 其次, 该算法调用算法 3.9 Equiconcepts(G) 搜索所有的等势概念 (第 3 行). 根据定理 3.9, 所有的等势概念都将赋给 C(第 4 行), 第 5~8 行代码负责将等势概念压栈到 S 中. 最后, 所有被压栈的元素弹出栈并插入到极大社团集合 C 中 (第 9~11 行). 算法 3.9是算法 3.8的一个子算法, 其详细的工作原理及步骤请参照作者前期的研究工作[48].

算法 3.8 社会网络多元化 top-k 极大社团挖掘: 一种聪颖贪婪算法

输入: 社会网络: $G=(V,E)$; 参数: k;

输出: 极大社团集合: C; 等势概念集合: EC; 栈: S.

1: 初始化 $C=\varnothing$, EC $=\varnothing$ and S;
2: **begin**
3: EC ← **Equiconcepts**(G)
4: $C \Leftrightarrow$ EC /* 依据定理 3.9*/
5: S.push(arg $\max\limits_{H_i \in \mathrm{EC}(K)} |A_i|$) where $H_i=(A_i,B_i)$
6: **for** i=2 **to** k **do**
7: 　**if** $A_i \bigcap A_{i-1}=\varnothing$
8: 　　S.push(A_i)
9: **for** i=1 **to** k **do**
10: 　$C \leftarrow C \bigcup S$.pop(i)
11: **end**

算法 3.9 Equiconcepts(G): 等势概念抽取算法

输入: 社会网络: $G=(V,E)$;

输出: 等势概念集合: Γ.

1: 初始化 $\Gamma=\varnothing$
2: **begin**
3: 根据修正邻接矩阵构造 G 的形式背景 FC(G)
4: 构建概念格 C(FC(G))
5: **end**
6: **for** 每一个概念 $(X,B) \in C(\mathrm{FC}(G))$
7: **begin**
8: 　**if** $X=B$ and $|X|=|B|$
9: 　　$\Gamma \leftarrow \Gamma \bigcup (X,B)$
10: **end**

3.5.4 实验评估

本小节着重通过实验评估基于 FCA 的社会网络多元化 top-k 极大社团检测方法的可行性, 以及其在最大化派系覆盖度方面的有效性.

1. 实验设置

本小节采用 3.1.2 小节中两个典型社会网络数据集, 即数据集 I-圣扎迦利空手道俱乐部网络和数据集 III-爵士音乐家网络, 对提出的算法进行评估. 其关键统计数据如表 3.2 所示.

在一个社会网络中, 度是判断该网络中的各个节点是否重要的指标. 一个节点和其他节点的连接次数被称为该节点的度. 表 3.2 中的平均度可以很好地展现社会网络的中心性指标.

2. 实验结果

本小节主要将提出的算法同如下几个存在的算法进行性能比较.

(1) 随机算法 (random algorithm, Random): 该算法的主要思想是从给定的社会网络中随机选取 k 个极大社团. 为了保证派系覆盖度的稳定性, 本实验环节执行了 10 次仿真实验并取平均派系覆盖度.

(2) 贪婪算法 (greedy algorithm, Greedy): 该算法的思想是每次均以贪婪算法方式选择可以覆盖更多网络节点的极大社团, 其缺点是不能保证全局最优.

(3) 聪颖贪婪算法 (wise-greedy algorithm, Wise-greedy): 该算法是本小节提出的算法, 与其他算法的主要区别在于采用了软计算理论–形式概念分析技术. 具体来说, 首先采用极大社团和等势概念的等价关系理论; 然后, 通过压栈出栈的方式从给定的社会网络中抽取多元化 top-k 极大社团.

图 3.30(a) 是关于数据集 I 的性能评估结果. 显然, 相比于其他两种算法, 提出的聪颖贪婪算法可以获得更大的派系覆盖度. 特别地, 随着 k 值的增加, 各派系覆盖度显著提高. 类似地, 图 3.30 (b) 是关于数据集 III 的性能评估结果. 可以看出提出的聪颖贪婪算法与其他两种算法相比, 可以大幅度提高派系覆盖度. 特别是, 随着 k 值的增加, 派系覆盖度显著提升.

在时效性评估层面, 比较了不同实验数据集产生概念格的运行时间, 如表 3.12 所示. 由表 3.12 可知, 随着数据集规模的增加, 用于产生概念格的时间也会相应地增加. 此外, 形式概念的数量也在增加.

本小节创新性地研究了多元化 top-k 极大社团检测问题, 在理论上严格证明了该问题是 NP 完全问题. 因此, 有必要设计一种有效的近似算法以解决此问题. 为此, 首先证明了关于极大社团和等势概念的等价关系理论. 进而, 提出一种聪颖贪婪算法以降低多元化 top-k 极大社团检测难度. 然而, 社会网络的拓扑结构随着时间的推移通常是动态变化的. 例如, 某些智能对象 (smart objects) 可能会随时加入或退出社会网络. 因此, 动态特性将给解决和实施多元化 top-k 极大社团检测及应用问题带来更大的挑战. 为此, 在后续的工作中, 作者拟提出一个增量算

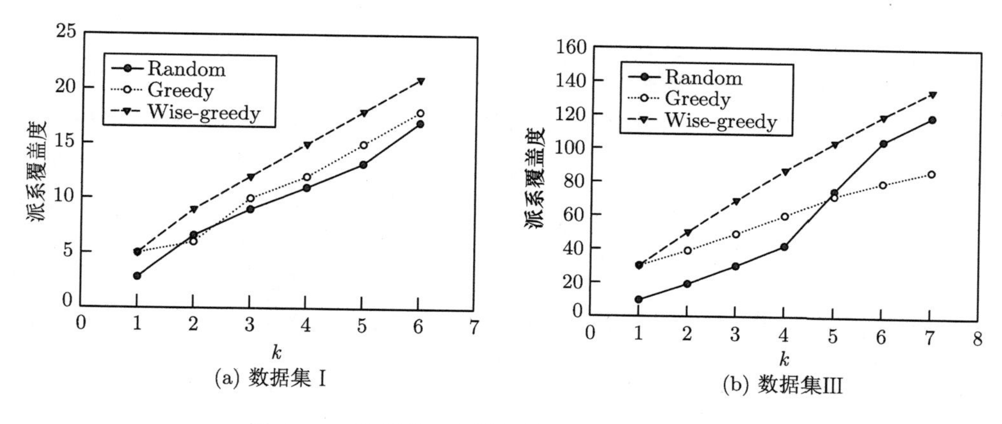

(a) 数据集 I　(b) 数据集III

图 3.30　数据集 I 和数据集 Ⅲ 的性能评估结果

表 3.12　不同实验数据集产生概念格的运行时间

数据集	概念个数	运行时间/ms
数据集 I	136	19
数据集 Ⅲ	68880	3059

法用于提取等势概念并动态更新和调整极大社团结构, 并在此基础上进一步设计社会网络多元化 top-k 极大社团动态检测算法.

3.6　社会网络中的 θ 冰山核分解

复杂网络分析是一种理解普适计算中的复杂网络和社会网络的有效技术. 特别地, 为了研究社会网络中节点的相对重要性, 提出了几种新的度量指标, 如 k 派系和 k 核 (k-core). 在这些指标中, k 核分解是一种简化图结构的有效方法. 然而, 在大多数已有的研究文献中并未探讨 k 核与网络规模之间的关系. 为此, 本节提出一个新的研究问题, 即社会网络中的 θ 冰山核分解 (θ-iceberg core decomposition), 它能够结合参数 $\theta(0 < \theta \leqslant 1)$ 放宽 k 核结构的约束. 此外, 本节还将介绍一种基于形式概念分析的 θ 冰山核分解方法[142], 提出的方法及其结论可为 θ 冰山核分析在社会网络中的潜在应用提供理论依据和指导. 复杂网络作为一种新兴的网络方法论, 正在逐步渗透到数学、物理学和生物科学等各学科领域及实际应用中. 近年来, 复杂网络领域的研究取得了巨大成就[143,144]. 对复杂网络的研究可分为两类: ① 结构分解, 如了解现实世界复杂网络 (互联网、社会网络和蛋白质交互作用网络) 的内部结构和关系, 提取特殊结构, 如社区、结构洞 (structural hole) 和 k 核; ② 网络表征, 如紧密度中心性、中介中心性和度分布, 这些度量通常用于描述复杂网络的拓扑.

k 核分解是一种分析社会网络拓扑结构的有效方法，在拓扑结构分析中发挥着重要作用. k 核分解的原理是递归地删除度数小于 k 的节点，因此，它能够揭示图的层次结构，图中的 k 核分解是各类图算法的基础操作. 其已成功应用于社区检测[145]、密集成分识别[146,147] 和大型网络可视化[148]. 然而，k 核分解是一种相当严格的分解，因此也不能应对和处理各种其他核分解. 为此，本节试图放宽 k 核的输出约束，探讨社会网络图中的 θ 冰山核的分解. 特别是当给定用户指定的阈值 $\theta(0 < \theta \leqslant 1)$，$\theta$ 冰山核分解则是通过递归剔除小于 $\lfloor n * \theta \rfloor$ 的所有顶点生成的子图，直到剩余图中的所有顶点至少具有度数 $\lfloor n * \theta \rfloor$，$n$ 是图中顶点的数量.

与 k 核分解相似，θ 冰山核具有广阔的应用前景. 对于每个顶点，社会网络的 θ 冰山核分解维护最大 $\lfloor n*\theta \rfloor$ 值：包含顶点的 θ 冰山核存在的最大 $\lfloor n*\theta \rfloor$ 值. 这种类型的分解使得人们能够快速找到包含给定参数 θ 的顶点所对应的 θ 冰山核. 例如，可用于网络拓扑结构的可视化[149,150]，确定和理解复杂蛋白质互作用网络中蛋白质的作用和功能[151,152]、文本摘要及网络中心近似评估[153].

3.6.1　θ 冰山核分解

本小节主要介绍提出的全新研究问题，即社会网络中的 θ 冰山核分解. 在一个社会网络 $G = (V, E)$ 中，θ 冰山核定义如下.

定义 3.19 (θ **冰山核**)　由集合 $C \subset V$ 和给定的参数 $\theta(0 < \theta \leqslant 1)$ 诱导出的子图是 θ 冰山核，当且仅当 $\forall v \in C$: $\text{degree}(v) \geqslant \lfloor n * \theta \rfloor$.

定义 3.20 (**核心**)　对于顶点 v_i，如果它属于 θ 冰山核，则具有以下约束：$\forall v \in C$: $\text{degree}(v) \geqslant \lfloor n * \theta \rfloor$，但不满足 $\forall v \in C$: $\text{degree}(v) \geqslant \lfloor n * \theta \rfloor + 1$. 此时，称 $C(v_i)$ 表示顶点 v_i 的核心 (coreness).

θ 冰山核分解是一种新定义的分解过程，可逐层分解网络并识别网络内部核心，揭示从最外层到最内层的网络拓扑结构.

例 3.11　给定一个具有 15 个节点，21 条边的社会网络 $G = (V, E)$，θ 冰山核分解如图 3.31所示. 显然，相应的 θ 冰山核 (θ=0.05,0.1,0.2) 分别从给定的社会网络 G 中导出. 内层虚框包含的子图是 0.05 冰山核，中层虚框内包含的子图是 0.1 冰山核，外层虚框包含的子图是 0.2 冰山核. 本例以 0.1 冰山核为例进一步分析，不难发现这个子图中的每个顶点的度均超过 2，即 $\lfloor 15 * 0.1 \rfloor$.

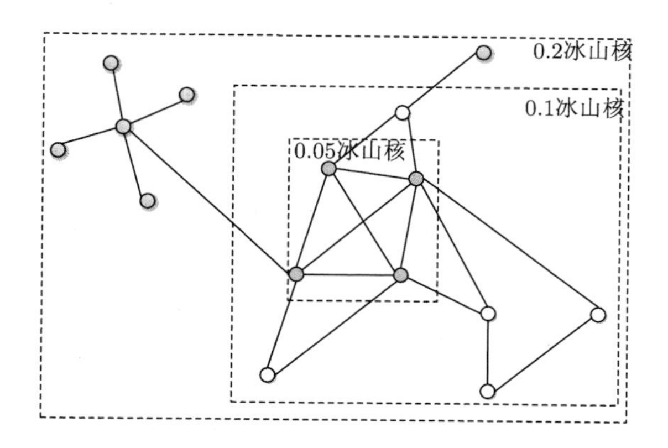

图 3.31　θ 冰山核分解示例 (θ=0.05,0.1,0.2)

3.6.2　基于形式概念分析的社会网络中 θ 冰山核分解

本小节首先介绍基于形式概念分析的社会网络中 θ 冰山核分解方法框架, 然后详细介绍相应的方法和实现步骤.

1. 方法框架

为了清楚地理解社会网络中 θ 冰山核分解方法, 图 3.32给出了基于形式概念分析的社会网络中 θ 冰山核分解方法框架.

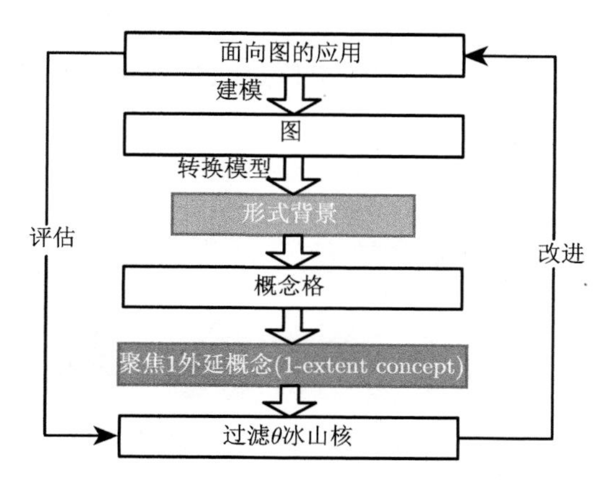

图 3.32　基于形式概念分析的社会网络中 θ 冰山核分解方法框架

从图 3.32中可以看出, 基于形式概念分析的社会网络中 θ 冰山核分解方法工作如下: 首先, 对于一些面向图的应用, 如社交网络服务, 可以使用图模型对其进行建模. 此外, 利用文献 [48] 中的修正邻接矩阵表示社会网络的形式背景. 在构造的形式背景的基础上, 进一步建立相应的概念格. 本小节研究重点是顶点属性, 特别是每个顶点的度数特征. 为此, 定义了一个全新的概念, 称为 1 外延概念 (1-extent concept), 用于从网络中更好地滤出 θ 冰山核.

定义 3.21 (1 外延概念)　对于给定的形式概念 C, 是由一个对组成, 即 $C = \langle E, I\rangle$ 且 $|E| = 1$(1 外延概念表示外延节点集仅包括 1 个节点).

直观地, 1 外延概念用于表示节点度的新颖索引. 从形式概念分析的角度来看, 1 外延概念通常位于哈斯图的第一层. 因此, 图中 θ 冰山核分解的问题可以转化为修剪形式概念格并分析 1 外延概念.

2. *方法步骤*

基于上述提出的方法框架, 本小节将详细阐述基于形式概念分析的 θ 冰山核分解实现步骤.

步骤 1: 形式背景的构造. 通过使用 3.1.2 小节提出的构造方法, 可以容易地构建社会网络的形式背景. 这里的基本思想是将顶点同时视为对象和属性, 将顶点之间的边视为对象和属性之间的关系.

步骤 2: 构建概念格. 根据已有的概念格生成算法[48, 154], 构建相应的概念格.

步骤 3: 过滤 θ 冰山核. 因为本小节的目的是提取顶点的度数至少为 $\lfloor n*\theta\rfloor$ 的子图, 所以深入研究 1 外延概念可以帮助滤除度数小于 $\lfloor n*\theta\rfloor$ 的顶点. 具体而言, 1 外延概念是上述已建立的概念格中的形式概念, 但它只有 1 个顶点作为外延. 从形式概念的角度来看, 1 外延概念的内涵是指顶点的度. 因此, 它可以用于滤除程度小于 $\lfloor n*\theta\rfloor$ 的顶点.

如图 3.33 所示, 是一个具有 16 个顶点, 27 条边的社会网络拓扑结构的可视化.

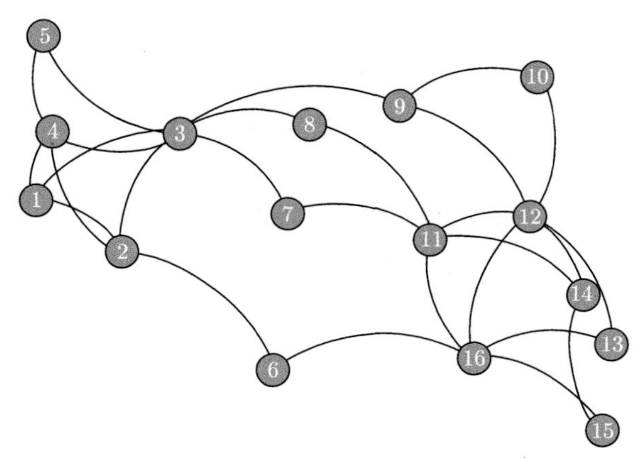

图 3.33　具有 16 个顶点, 27 条边的社会网络拓扑结构

执行步骤 1 后, 可以获得如下构造的形式背景, 如表 3.13 所示. 此外, 相应的

概念格由步骤 2 执行并建立, 如图 3.34所示.

表 3.13　构造的关于图 3.33中社会网络的形式背景

顶点	1	2	3	4	5	6	7	8	9	10	11	12	13	14	15	16
1	×	×	×	×												
2	×	×	×			×										
3	×	×	×	×			×	×	×							
4	×	×	×	×	×											
5			×	×	×											
6		×				×										×
7			×				×				×					
8			×					×			×					
9			×						×	×		×				
10									×	×		×				
11							×	×			×	×		×		×
12									×	×	×	×	×	×		×
13												×	×			×
14											×	×		×	×	
15														×	×	×
16						×					×	×	×		×	×

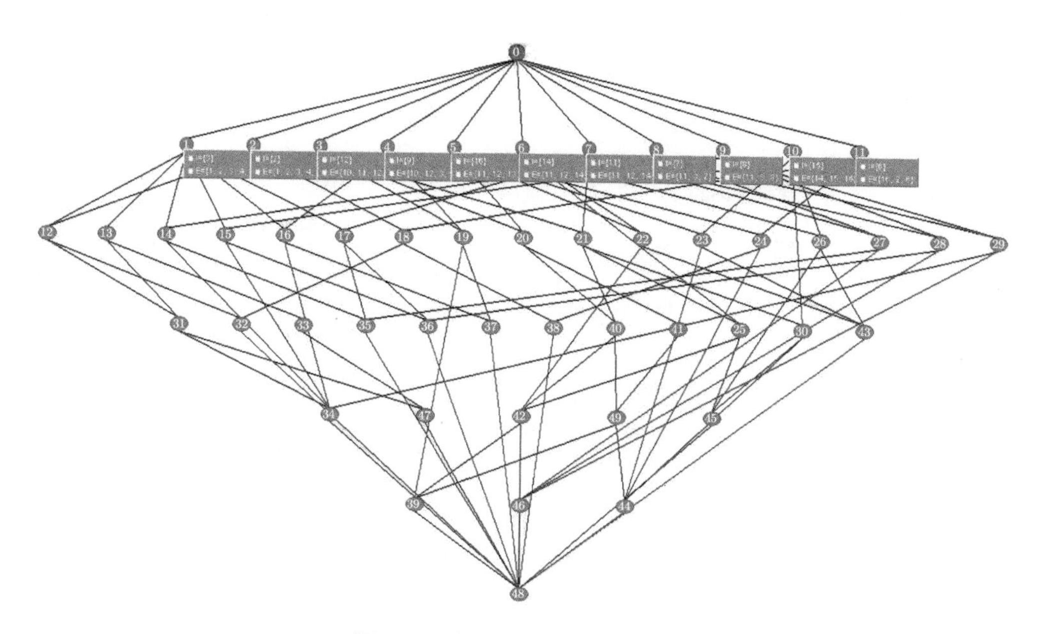

图 3.34　图 3.33对应的概念格

显然, 1 外延概念位于图 3.34 的第一层顶点中. 注意这些概念的外延只有 1 个顶点, 即 1 外延概念. 基于此性质, 它可仅通过滤除未满足 θ 冰山核约束的顶点, 为 θ 冰山核分解提供一种有效的解决方法. 例如, 如果 $\theta=0.2$, 则给定图的 3 核结构提取如图 3.35所示. 从图 3.35可以看出, 每个顶点的度相等且大于 3, 因此它是一个 3 核结构.

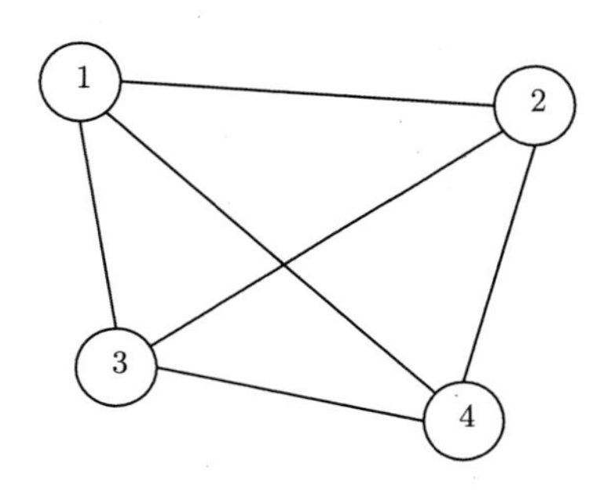

图 3.35　3 核结构

3.6.3　案例分析

为了更好地说明和评估提出的问题及其分解方法, 本案例分析从海豚社会网络[67] 获取数据集, 其可视化如图 3.36 (a) 所示. 其包含 62 个海豚和 159 个社交互动. 当 $\theta=0.03$ 和 $\theta=0.06$ 时, 提取的 θ 冰山核如图 3.36(b) 和 (c) 所示. 注意, 0.03 冰山核包括 53 个顶点和 105 条边, 但 0.06 冰山核包含 36 个顶点和 109 条边. 随着 θ 的增加, θ 冰山核分解会导致节点数的减少.

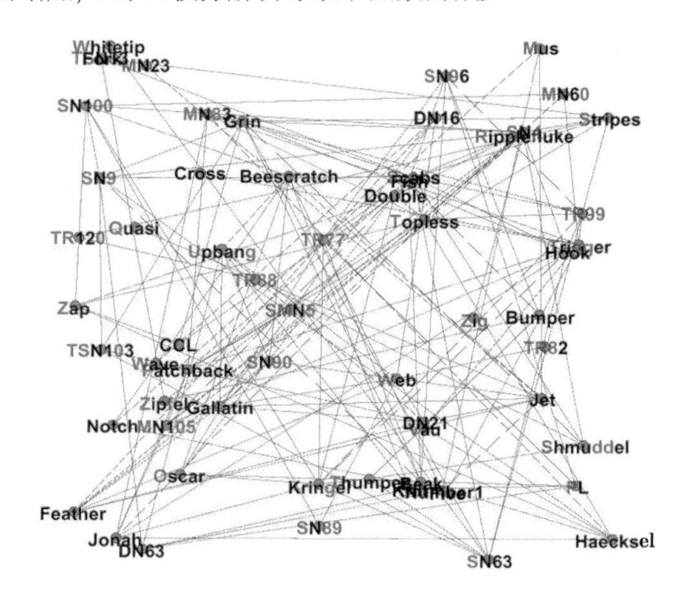

(a) 海豚社会网络的可视化

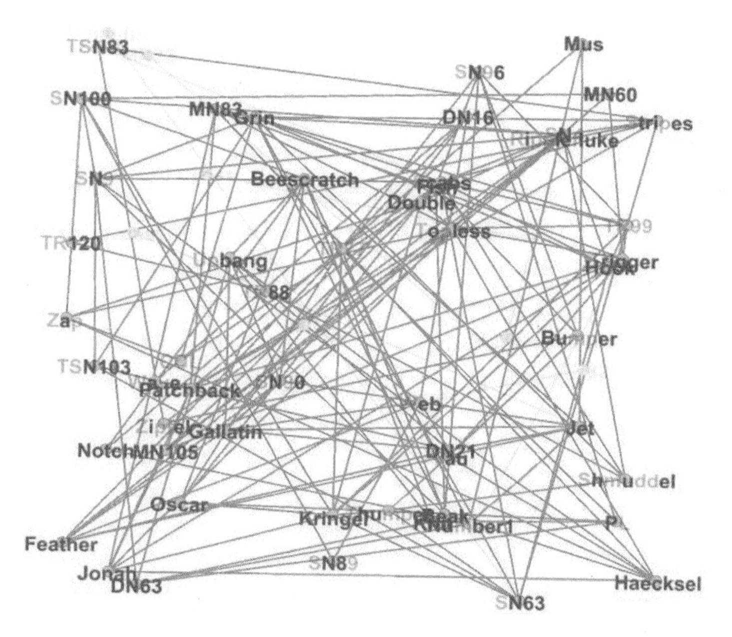

(b) 0.03冰山核

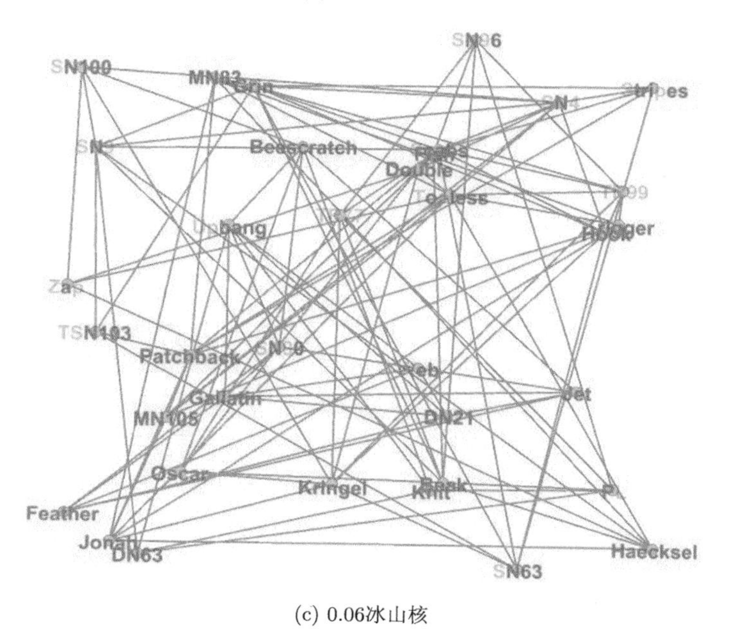

(c) 0.06冰山核

图 3.36　海豚社会网络的可视化和 θ 冰山核分解

3.7 本章小结

本章介绍了基于形式概念分析的静态和动态社会网络的拓扑结构分析与挖掘方法及模型, 重点讨论了社会网络中的几种重要的拓扑结构, 包括 k 派系、k 派系社团、极大社团, 并给出了在静态和动态社会网络中相应的分析和挖掘方法及算法. 在此基础上, 进一步介绍了几种全新定义的拓扑结构, 冰山派系、k 冰山派系、极大社团基、多元化 top-k 极大社团和 θ 冰山核. 具体归纳如下:

(1) 在检测静态社会网络中的 k 派系及 k 派系社团方面, 提出了基于形式概念分析的检测方法与模型. 首先, 针对给定的静态社会网络, 介绍了利用修正邻接矩阵表示社会网络的方法; 其次, 给出了等势概念的定义并探讨了等势概念与社会网络中 k 派系直接的等价关系; 最后, 基于该等价关系, 设计了基于形式概念分析的 k 派系检测方法和算法. 本章还介绍了 k 内涵概念是 k 派系社团的形成骨架, 设计了基于形式概念分析的 k 派系社团检测方法和算法.

(2) 针对动态社会网络中的 k 派系检测问题, 提出了基于三元形式概念分析的检测方法与模型. 具体来说, 利用三元形式概念分析理论, 将节点作为对象和属性, 时间作为条件, 将动态社会网络表示为三元形式背景, 在此基础上生成三元概念格, 并通过观察产生的三元概念的时序变化情况获取动态社会网络中的 k 派系及演化模式.

(3) 考虑放宽大规模社会网络 k 派系输出的约束限制, 本章引入冰山派系的定义, 结合冰山概念格理论, 介绍了社会网络中冰山派系查询问题, 并设计了基于冰山概念格的冰山派系查询方法和算法.

(4) 在探索社会网络极大社团的形成原理方面, 介绍了社会网络极大社团基的检测问题. 针对该问题, 进一步介绍了基于形式概念分析的社会网络极大社团基的检测方法和算法. 该问题的研究有助于快速高效地检测来自社会网络中的极大社团, 同时为复杂网络系统中的拓扑结构分析提供了新的研究思路.

(5) 社会网络中的极大社团通常是高度重叠, 势必导致计算机会给用户返回大量的重复信息, 而这些缺乏多样性的信息通常价值又比较低. 因此, 本章在极大社团检测的基础上, 介绍了多元化 top-k 极大社团并设计了基于形式概念分析的社会网络中多元化 top-k 极大社团的检测方法和算法.

(6) k 核是图论中的概念, 最早在社会科学研究中被引入使用, 原本用来描述社会网络的内聚性, 随后被广泛应用于许多其他场合, 如描述随机网络的鲁棒性、社交网络中的病毒传播及大脑的大尺度结构等. 为了扩展和增强 k 核分解的使用范围, 本章试图放宽对 k 核分解输出的限制, 介绍了 θ 冰山核分解问题并设计了基于形式概念分析的社会网络中 θ 冰山核分解方法.

第 4 章 符号社会网络拓扑结构分析与挖掘

4.1 符号社会网络定义

符号社会网络 (signed social networks, SSNs) 是由在线社会媒体和社会学中的符号网络融合而产生的一种新型网络. 符号网络作为一种可以描述用户之间积极和消极关系的符号属性网络, 拓展并使得部分在线社会网络具有明确的符号标识, 并且全程记录整个网络的演化过程[155]. 它是在线社会网络的一种特殊表现形式, 可以更有效、更真实地刻画人类社会网络[156], 在个性化推荐、态度预测、用户特征分析和聚类、垃圾站点识别等领域有着广泛的应用. 与一般社会网络的区别在于, 符号社会网络是指具有正负社交关系属性的网络, 通常建模为一个加权图 $G = (V, E, W)$, 其中 V 是顶点或节点的集合, $E \subseteq V \times V$ 是一组边, $W : (V \times V) \to \{-1, 0, 1\}$ 是一个关于每个节点对之间的关系赋值函数. 其中, 正边和负边分别表示积极的关系和消极的关系, 针对具体的应用场景, 符号社会网络中的正边和负边蕴含着不同的语义信息, 正边可以表示朋友、信任、喜欢、支持等积极关系, 使用 "+" 标识, 而负边通常用于标识敌人、不信任、讨厌、反对等消极关系, 使用 "−" 标识. 例如, 在消费者评论网站 Epinions 上, 用户可以表达对其他用户的信任或不信任态度[157,158]; 在技术新闻评论网站 Slashdot 中, 用户可以标注其他用户与其之间存在朋友或敌人关系[159]; 在协同编辑百科全书 Wikipedia 的投票网络中, 可以投票赞成或反对一个用户的管理员提名[157,160] 等, 它们为符号社会网络的研究提供了良好的研究案例[156].

目前, 符号社会网络面临着社区发现、演化动力学、符号预测等诸多科学问题[155]. 其中, 社区结构的发现和动态演化是一个重要的研究方向, 能够揭示网络中社区结构的构成机理和动态演变规律, 解释网络的功能和结构之间的关系[161]. 另一方面, 在符号社会网络中, 信任与不信任社交关系的引入, 赋予了社区结构更丰富的语义信息. 具体来说, 信任反映了一个用户对另一个用户某方面行为及能力的主观评价, 通常可以看作是一种决策支持工具, 用于解析相关可靠的信息源, 尤其是从可信源中寻求建议从而做出决策[162]. 因此, 以保障信息的可靠传递为目标的社区结构——可信社区 (trusted communities) 的发现及应用, 得到了学术界和工业界的广泛关注[163,164], 已成为当前研究的热点. 更具挑战的是, 鉴于用户之间信任关系随时间动态变化的特性, 可信社区的拓扑结构也会实时演变. 因此, 在符号社会网络中研究可信社区的发现具有十分重要的意义. 本章主要针对符号社会网络中

k 平衡可信派系检测问题和社会结构平衡最密集子图挖掘问题做详尽的阐述.

4.2　社会结构平衡理论

社会结构平衡理论的一些基本规律被普遍应用于符号网络中链接的正负预测算法中, 很多相关文献涉及社会结构平衡理论[157,160]. 该理论源于社会心理学, 最早由 Heider[165] 于 1946 年提出, 在 20 世纪 50 年代由 Cartwright 等[166] 推广到图论中, 2010 年 Leskovec 等[160] 首次将该理论应用到符号预测问题.

4.2.1　结构平衡三角

图 4.1 是在符号社会网络中三角关系的四种组合模式. 其中, 图 4.1(a) 和 (c) 所示的三角关系是平衡的, 另外两种是非平衡的.

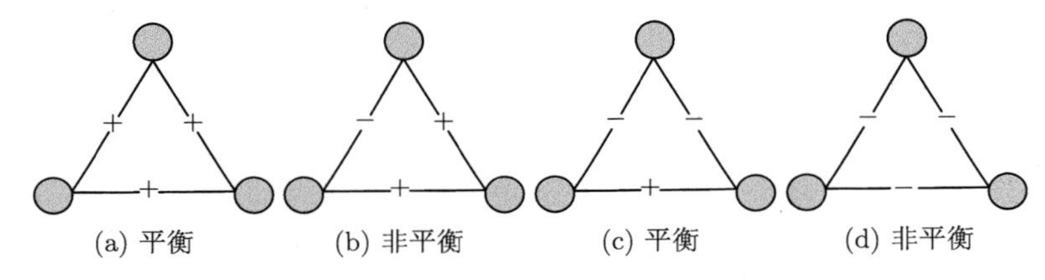

图 4.1　符号社会网络中三角关系的四种组合模式

根据社会结构平衡理论, 不平衡三角关系可以导致人们的心理压力和心理失调, 因此人们总是在人际关系中避免这种情况发生. 在现实社会中, 不平衡三角关系的数量比平衡三角关系要少[167].

4.2.2　结构平衡网络

如果一个符号社会网络中每一个三角关系都平衡, 则该符号社会网络是结构平衡的. 例如, 根据定义可知图 4.2 (a) 所示的网络是结构平衡的, 而图 4.2 (b) 是非结构平衡网络.

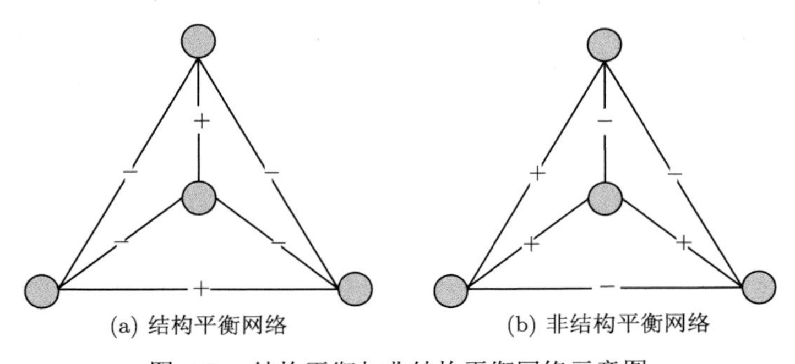

图 4.2　结构平衡与非结构平衡网络示意图

4.3　k 平衡可信派系检测

4.3.1　问题描述

为了更好地描述 k 平衡可信派系检测问题, 基于上述社会结构平衡理论和 k 派系概念, 本小节首先形式化定义 k 平衡可信派系.

定义 4.1 (k **平衡可信派系**)　给定一个符号社会网络 $G=(V,E,W)$, G 中的 k 平衡可信派系是子集 $S\subset V$ 和 $|S|=k$, 使得对于任意两个顶点 $v_1,v_2\in S$, 存在边 $(v_1,v_2)\in E$ 且 $W(v_1,v_2)=+1$.

为了检测 k 平衡可信派系, 必须可靠且安全地判定来自社会网络应用程序所对应的大规模数据集中每个链接的符号, 以及探索正边关系是如何形成可信派系的理论证据. 因此, k 平衡可信派系检测的问题简要描述如下:

给定一个符号社会网络 $G=(V,E,W)$ 和整数参数 k, k 平衡可信派系检测过程可以等价为检测符号社会网络中的 k 派系, 并使得其任意三个节点形成的三角关系结构是平衡且满足边上权值均为 “1”.

4.3.2　基于形式概念分析的 k 平衡可信派系检测

符号社会网络中基于形式概念分析的 k 平衡可信派系检测主要包括如下几个技术环节: ① 形式背景的构造; ② 探索概念格与 k 派系之间的相关性来检测 k 平衡可信派系; ③ 基于形式概念分析的 k 平衡可信派系检测的算法设计.

1. 形式背景构造

鉴于给定的符号社会网络 G 是一个加权无向图, 而形式概念分析不能直接处理带符号的网络, 本节将首先简化符号社会网络为一个未加权的无向图 G', 然后根据定义 3.1, 采用 G' 的修正邻接矩阵作为其形式背景, 即 $\mathrm{FC}(G')=(V,V,I)$.

例 4.1　图 4.3 描述的是 7 个用户之间具有信任或不信任关系的符号社会网

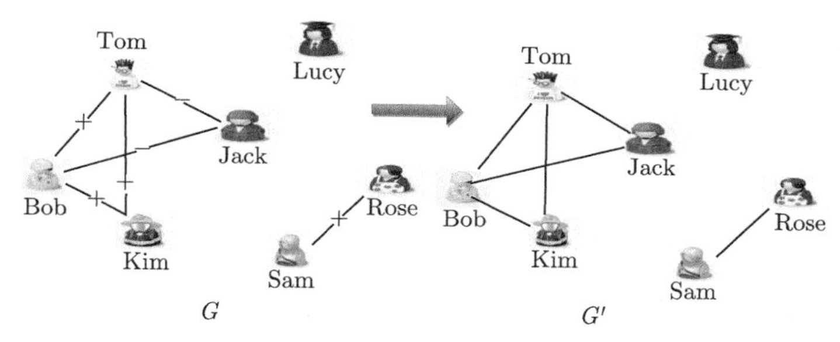

图 4.3　符号社会网络 G 及其简化的社会网络 G'

络 G. 例如, 用户 Tom, Bob 和 Kim 之间相互信任. 但是, Tom 不信任 Jack. 通过简化该符号社会网络得到未加权的社会网络 G' 表征这些用户的社交关系. 表 4.1 是通过修正邻接矩阵得到的关于 G' 的形式背景.

表 4.1 简化的社会网络 G' 的形式背景

用户	Lucy	Tom	Jack	Sam	Bob	Kim	Rose
Lucy	1	0	0	0	0	0	0
Tom	0	1	1	0	1	1	0
Jack	0	1	1	0	1	0	0
Sam	0	0	0	1	0	0	1
Bob	0	1	1	0	1	1	0
Kim	0	1	0	0	1	1	0
Rose	0	0	0	1	0	0	1

2. k 平衡可信派系检测

给定符号社会网络 $G = (V, E, W)$, k 平衡可信派系检测问题是找到子集 $S \in V$ 和 $|S| = k$, 使得任意两个顶点 v_1, $v_2 \in S$ 之间存在边, 即 $(v_1, v_2) \in E$, 并满足其边上的权值均为 "1". 此时, 该子集中顶点形成的派系结构边上的权值满足:

$$\sum w(u, v) = C_k^2 \tag{4.1}$$

实际上, k 平衡可信派系检测的本质是先通过基于形式概念分析的 k 派系检测理论挖掘出所有的 k 派系, 在此基础上进一步过滤出满足上述约束条件式 (4.1) 的 k 平衡可信派系. 为此, 符号社会网络中 k 平衡可信派系检测理论形式化给定如下.

定理 4.1 给定一个符号社会网络 G, k 平衡可信派系检测可由如下几个部分共同完成: ① 显性 k 平衡可信派系由边上权值满足 $\sum w(u, v) = C_k^2$ 的 k 等势概念生成; ② 剩余的隐性 k 平衡可信派系则由 $(k+1)$ 等势概念, $(k+2)$ 等势概念, $\cdots$, M 等势概念且其边上权值满足 $\sum w(u, v) = C_{k+1}^2, \sum w(u, v) = C_{k+2}^2, \cdots, \sum w(u, v) = C_M^2$, 逐一派生 $(M > k)$. 这里, M 是具有最大外延或者内涵数量的等势概念的外延或内涵集合的势.

例 4.2 续例 4.1, 简化的社会网络 G' 所对应的概念格 $L(C(\mathrm{FC}(G')), \leqslant)$, 如图 4.4 所示.

图 4.4 中, 可以很容易找到四个等势概念, 即格节点 ❶, ❸, ❹, ❻ 所对应的概念: ({Sam, Rose}, {Sam, Rose}),({Tom, Bob, Kim}, {Tom, Bob, Kim}),({Tom, Jack, Bob}, {Tom, Jack, Bob}), ({Lucy}, {Lucy}). 事实上, 这些等势概念在 G' 中对应的是 2 派系, 3 派系, 3 派系和 1 派系. 特别地, 格节点 ❶, ❸, ❻ 代表的等势概念 ({Sam, Rose}, {Sam, Rose}), ({Tom, Bob, Kim}, {Tom, Bob,

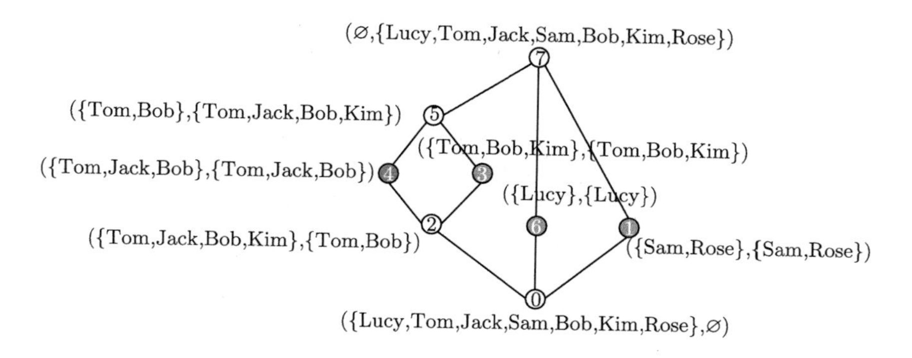

图 4.4　简化的社会网络 G' 的概念格

Kim}),({Lucy}, {Lucy}) 满足边上的权值之和为 C_k^2, 因此这类等势概念对应于 k 平衡可信派系. 显然, 在 k 平衡可信派系中, 用户之间彼此相互信任. 此外, 3 个 2 平衡可信派系可以从其高阶的平衡派系 ({Tom, Bob, Kim}, {Tom, Bob, Kim}) 诱导生成, 即 ({Tom, Bob}, {Tom, Bob}),({Tom, Kim}, {Tom, Kim}),({Bob, Kim}, {Bob, Kim}).

3. 算法描述

基于 k 平衡可信派系检测理论及方法, 本小节给出基于 FCA 的 k 平衡可信派系检测算法, 如算法 4.1 所示.

算法 4.1 基于 FCA 的 k 平衡可信派系检测算法

输入: 符号社会网络: $G = (V, E)$; 参数: k;
输出: k 平衡可信派系集合: Γ.
1: 初始化 $\Gamma = \varnothing$
2: **begin**
3: 简化符号社会网络 G 为未加权社会网络 G'
4: 构造 G' 的形式背景 $\mathrm{FC}(G')$
5: 构建概念格 $L(C(\mathrm{FC}(G'), \leqslant)$
6: **end**
7: **for** 每个概念 $(X, B) \in C(\mathrm{FC}(G'))$
8: **begin**
9: 　　**if** $X = B$ 且 $|X| = |B| = k$ 且 $\sum w(u, v) = C_k^2, u, v \in X, B$
10: 　$\Gamma \leftarrow \Gamma \bigcup (X, B)$
11: **end**
12: 　**if** $X = B$ 且 $|X| = |B| > k$

13: **for** $i = k+1$ **to** M **do**
14: **begin**
15: **if**
16: $\sum w(u,v) = C_k^2, u, v \in X^i, B^i$
17: $\Gamma \leftarrow \Gamma \bigcup \text{Derived}((X^i, B^i))$
18: **end**
19: **end**

算法 4.1 执行过程描述如下: 算法以符号社会网络 G 和参数 k 作为输入, 首先, 利用 Γ 初始化 k 平衡可信派系集合 (第 1 行). 初始化后, 算法将简化符号社会网络 G 到未加权社会网络 G' (第 3 行). 其次, 构造社会网络 G' 所对应的形式背景及概念格 (第 4~6 行), 第 7~11 行将检测到的显性 k 平衡可信派系 (X, B) 插入 Γ. 最后, 剩余的隐性 k 平衡可信派系由其高阶等势概念衍生并更新插入 Γ (第 12~18 行).

4.3.3 实验评估

本小节采用两个公开的符号社会网络数据集来评估提出的方法. 数据集 I 是使用最广泛的 “战争相关指数” 的国际冲突数据[168, 169]. 它收录了 1993~2001 年两个或者多个国家之间威胁、显示或者使用军事力量行为的数据, 其中涉及的国际冲突分为领土 (territorial)、政策 (policy) 和政权 (regime) 三类争端. 该数据所构成的网络是一个典型的符号社会网络, 其中正边关联是指联盟国家, 负边关联是指具有冲突的国家. 图 4.5 (a) 为数据集 I 对应的符号社会网络, 有 2518 条边, 其中 2290 条为正边, 228 条为负边. 显然, 联盟国家分布在图中央, 该数据集的度分布遵循长尾分布如图 4.6 (a) 所示.

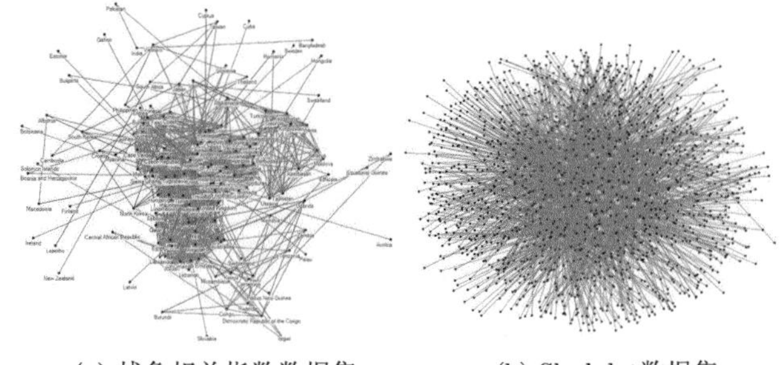

(a) 战争相关指数数据集　　(b) Slashdot数据集

图 4.5　实验数据集的可视化

数据集 II 是从技术新闻评论网站 Slashdot 获取的数据集, 其中用户可以标注其他用户与其之间存在朋友或敌人关系[159], 形成的符号社会网络如图 4.5 (b) 所示. 该网络包含 545671 条关系, 其中 422349 条为正边, 123322 条为负边, 数据集的度分布同样遵循长尾分布, 如图 4.6 (b) 所示.

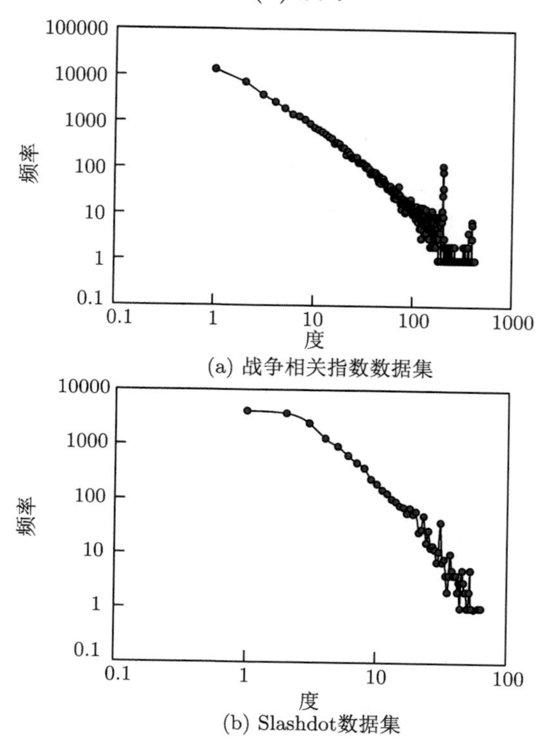

(a) 战争相关指数数据集

(b) Slashdot数据集

图 4.6 实验数据集的度分布图

在 2GB 内存的 2.83GHz 四核机器上, 针对上述两个数据集进行实验. 本小节提出的算法与两个现有的 k 派系检测方案: ① 派系过滤方法 (clique percolation method, CPM)[57]; ② 扩展的 Potts 模型 (extended Potts model, EPM)[90] 进行比较. 针对符号社会网络中 k 平衡可信派系检测问题, 目前并没有直接的解决方案或者算法. 因此, 在 CPM 和 EPM 方案的基础上, 通过增加社会结构平衡理论的约束来实现 k 平衡可信派系的检测 (即输出的 k 派系中的边上权值均为 “1”). 在算法有效性评估方面, 实验采用 F1 分数来评估每种算法从符号社会网络中检测到 k 平衡可信派系的效果. 与 CPM 和 EMP 模型相比, 图 4.7 (a) 说明了基于 FCA 的 k 平衡可信派系检测方法能很好地检测并获取得到 k 平衡可信派系. 此外, 在算法时效性评估方面, 实验评估了每种方法的检测效率. 从图 4.7 (b) 可以看出, 当 k 平衡可信派系的节点数规模达到 k 值时, 基于 FCA 的 k 平衡可信派系检测方法在数据集 I 和数据集 II 上的检测速度更快捷. 因此, 实验评估结果及其分析表明了所提算法的鲁棒性.

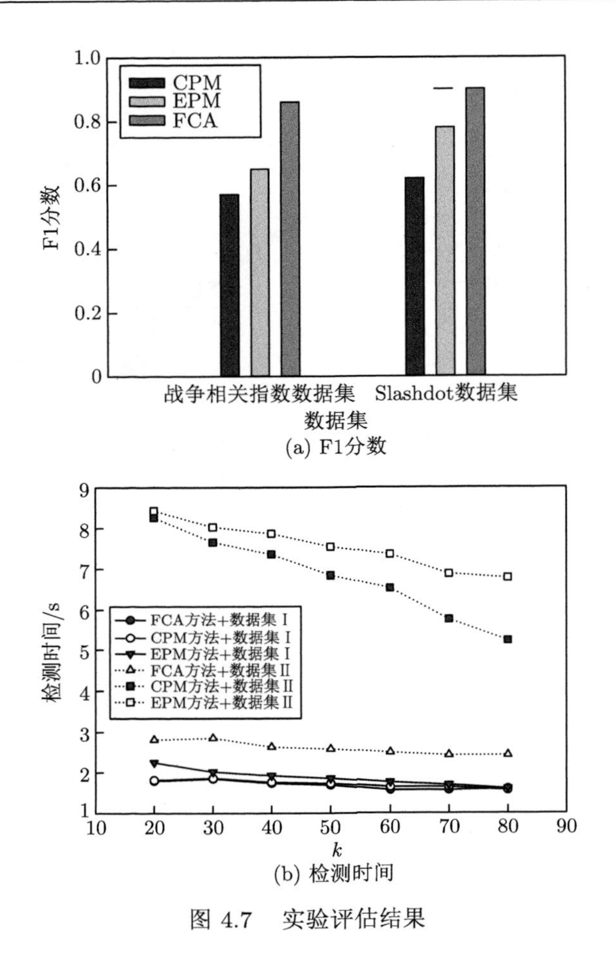

(a) F1分数

(b) 检测时间

图 4.7　实验评估结果

随着在线社交媒体的迅猛发展, 使用在线社会网络进行产品宣传 (包括营销和广告) 的趋势和影响也越来越大. 通过在符号社会网络中检测 k 平衡可信派系, 潜在商家可以使用此类网络结构提高其宣传活动的有效性. 在后续的研究工作中, 鉴于符号社会网络中的信任链接是随时间的推移而不断变化, 作者将计划扩展该方法, 并设计相应的模型和算法来检测动态符号社会网络中的 k 平衡可信派系.

4.4　社会结构平衡最密集子图挖掘

从大规模图结构中发现密集子图 (dense subgraph) 具有很重要的研究意义和应用价值[170]. 例如, 在 Web 图中密集子图可以对应于主题组或是垃圾链接社区[171]; 在计算生物学领域, 识别密集子图可用于发现基因组 DNA 中的调控基序, 并找到相关基因[172]; 在金融市场中, 提取密集子图已被用于寻找价格调控基序[173]. 近年来, 密集子图研究逐渐渗透到其他应用中, 包括图像压缩、可达性、距离查询索引, 以及在微博事件检测[170,174]. 在密集子图发现的研究中, 最密集子图问题 (densest subgraph problem, DS 问题)[175] 是许多图应用的强大原语. 但是这个问题不同于最大化子图平均度 (average degree), 无法找到大规模的近似派系 (large near-cliques). 为此, Tsourakakis[176] 提出了广义的 DS 问题, 即所谓的 k 派系最密集子图问题, 用于识别可以诱导和最大化派系平均度的子图. 然而, 这些研究仅关注无向社会网络而并未考虑链接属性. 对于某些特定场景, 社交链接是带有符号的, 即用户之间的关系是正负链接的, 如信任、不信任、喜欢或不喜欢[177-179]. 与已有研究工作不同, 本节的研究内容旨在从符号社会网络中检测社会平衡最密集子图.

例 4.3 给定如下蛋白质互作用网络 (protein-protein interaction networks, PPIN), 其中互作用包含蛋白质之间的正调节 (激活作用) 和负调节 (抑制作用). 在现代生物医学科学中, 识别多蛋白质复合物 (protein complex) 是发现细胞重要功能的关键分子技术[180]. 例如, 图 4.8 展示了由蛋白质 Nop4p、Sik1p、Nhp2p、Cb15p、Nop10p 和 Gar1p 等组成的最大复合物 "RNA 聚合酶 II", 可以产生 mRNAs、snoRNAs 和一些 snRNAs. 例如, snoRNAs 含有蛋白质 Sik1p、Nhp2p、Cbf5p、Nop10p 和 Gar1p. 随着蛋白质相互作用数据和各种相互作用类型的增加, 检测蛋白质复合物, 尤其是检测来自 PPIN 的最大蛋白质复合物是迫切需要的, 可用于发现其他隐藏的复合物.

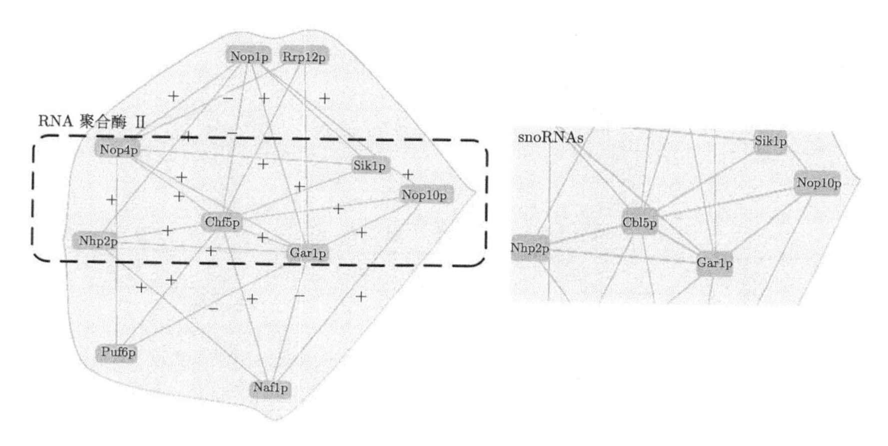

图 4.8 蛋白质复合物检测案例

本节旨在提出一个新的研究目标, 即从大图中有效地识别社会结构平衡最密集子图问题. 其主要内容如下:

(1) 首次介绍社会结构平衡最密集子图问题 (social balanced densest sub-

graph problem, SBDS 问题). 该问题使得结构平衡三角数量最多, 即最大化由集合 $S \in V$ 在所有可能的节点子集上形成的社会结构平衡密度.

(2) 针对上述问题, 提出一种基于 FCA 的高效 SBDS 识别算法. 该算法由结构平衡三角检测和节点合并组成. 首先, 本节给定一个结构平衡三角检测等价于寻找满足 $\sum w(u,v)=3$ 或 $\sum w(u,v)=-1$ 的 3 派系集合. 然后, 将检测到的结构平衡三角的节点合并, 从而获得最密集子图.

(3) 使用战争相关指数数据集评估所提出的方法. 实验结果表明, 该算法能够更好地识别国家间的联盟关系. 同时, 还可验证所提方法从符号社会网络中检测到社会结构平衡最密集子图的高效性.

4.4.1 问题描述

问题 4.1 (社会结构平衡最密集子图挖掘问题) 给定一个符号社会网络 $G = V, E, W)$, SBDS 问题识别子符号社会网络 $S^* \subseteq V$, 使得 $\tau(S^*) = \max_{S\subseteq V} \tau(S)$, 其中 $\tau(S) = \dfrac{t(S)}{|S|}$ 表示社会结构平衡密度, $t(S)$ 表示子符号社会网络 $S \subseteq V$ 中的结构平衡三角的数量, $|S|$ 表示 S 中的节点总数. 在符号社会网络 $G = (V, E, W)$ 中, 结构平衡三角 (social balanced triads) 是满足 $\sum w(u,v) = 3$ 或 $\sum w(u,v) = -1$ 的 3 派系集合.

显然, SBDS 问题与存在的三角密度子图问题 (TDS 问题) 有很大不同[175, 176]. 本小节着重于符号社会网络, 并整合社会结构平衡理论, 以确定最大化社会结构平衡密度 $\tau(S)$ 的节点子集 S. 因此, SBDS 问题相对于 TDS 问题具有更严格的约束限制.

方便起见, 表 4.2 列出了本小节涉及的重要符号变量及含义.

表 4.2 重要符号变量及含义

符号变量	含义
S	节点子集
S^*	子符号社会网络
$\tau(S)$	社会结构平衡密度
$t(S)$	S 诱导的结构平衡三角数目
s	S 节点数目
$\tau(G)^*$	最大社会结构平衡密度
$G = (V, E, W)$	符号社会网络 G
$w(u, v)$	边 uv 上的权重
G'	简化的社会网络 G'
$\mathrm{FC}(G')$	G' 的形式背景
$C(\mathrm{FC}(G'))$	$\mathrm{FC}(G')$ 形式概念集
(X, B)	外延 X, 内涵 B 的形式概念

4.4.2　基于形式概念分析的社会结构平衡最密集子图挖掘

为了从全局的角度掌握提出方法的基本思想, 先给出该方法的总体技术框架, 然后详细阐述该技术框架相对应的技术细节.

1. 总体技术框架

与符号社会网络中的 k 平衡可信派系检测[47] 类似, 本小节所提方法的基本思想也是基于形式概念分析. 实际上, 识别可以满足最大化社会结构平衡密度的节点子集等价于检测所有结构平衡三角, 并且将这些结构平衡三角上的节点合并输出作为结果 S. 因此, 该方法的特点在于仅需合并结构平衡三角上的节点. 图 4.9 给出了基于形式概念分析的社会结构平衡最密集子图挖掘总体技术框架.

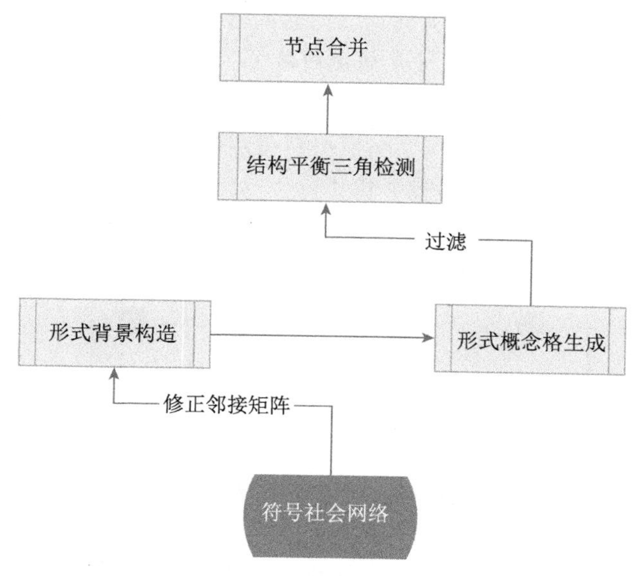

图 4.9　基于形式概念分析的社会结构平衡最密集子图挖掘总体技术框架

首先, 符号社会网络作为算法的输入; 其次, 通过修正邻接矩阵构建该符号社会网络的形式背景; 进一步, 基于构造的形式背景生成相应的形式概念格; 在生成的形式概念格中, 根据社会结构平衡理论及属性抽取结构平衡三角; 最后, 将所有得到的结构平衡三角上的节点合并从而形成该问题的结果集, 即社会结构平衡最密集子图. 鉴于形式背景构造和形式概念格生成的过程已在第 3 章中做了详细阐述, 在此, 本小节重点关注和介绍后两个技术环节: 结构平衡三角检测和其上的节点合并.

2. 结构平衡三角检测

给定符号社会网络 $G=(V,E,W)$, 结构平衡三角检测问题是指寻找满足任意边上权重之和为 3 或者 -1 的 3 派系, 即 $u,v\in S$ 且 $w(u,v)=3|-1$. 本小节利用第 3 章中介绍的 k 等势概念来检测结构平衡三角.

事实上, 结构平衡三角是一类特殊的派系结构, 即 3 派系. 因此, 首先根据概念格中的 3 等势概念与社会网络中的派系结构之间的等价特性来检测 3 派系.

结构平衡三角的检测方法描述如下: 给定一个符号社会网络 G, 其检测过程包含 ① 显性结构平衡三角可以从其 3 等势概念诱导产生, 并使得其边上的权重之和满足 3 或者 -1, 即 $\sum w(u,v)=3$ 或 $\sum w(u,v)=-1$; ② 隐性结构平衡三角则由其高阶的等势概念, 如 4 等势概念, 5 等势概念, $\cdots, M$ 等势概念, 派生并使得其边上的权重之和分别满足 $\sum w(u,v)=C_4^2$, $\sum w(u,v)=C_5^2$, $\cdots$, $\sum w(u,v)=C_M^2$. M 是具有最大外延或内涵的等势概念的外延或内涵集合的势.

例 4.4　如图 4.10 所示的符号社会网络 G, 图中节点表示用户, 边表示用户之间的信任与不信任关系. 例如, 用户 A, B 和 D 相互信任. 然而, A 不信任 C. 一个简化的未加权社会网络 G' 可以用来刻画用户间的社交关系, 即如果两两用户之间存在一条边, 则说明社交关系存在.

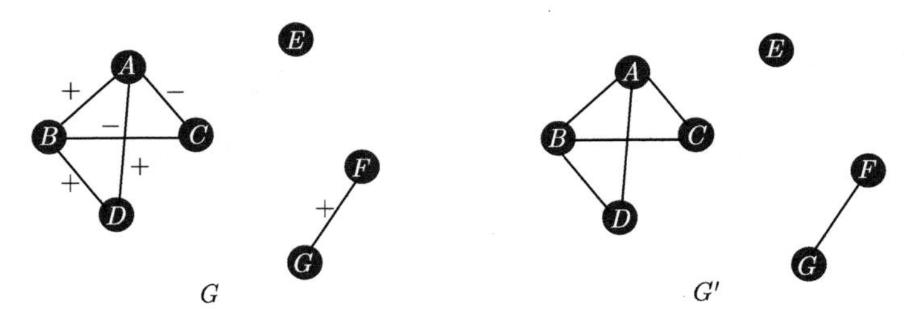

图 4.10　符号社会网络 G 及其简化的未加权社会网络 G'

根据定义 3.1, 上述简化后的社会网络 G' 的形式背景构造如表 4.3 所示.

表 4.3　社会网络 G' 的形式背景

用户	A	B	C	D	E	F	G
A	1	1	1	1	0	0	0
B	1	1	1	1	0	0	0
C	1	1	1	0	0	0	0
D	1	1	0	1	0	0	0
E	0	0	0	0	1	0	0
F	0	0	0	0	0	1	1
G	0	0	0	0	0	1	1

针对上述构造的形式背景，相应的关于社会网络 G' 的概念格生成如图 4.11 所示.

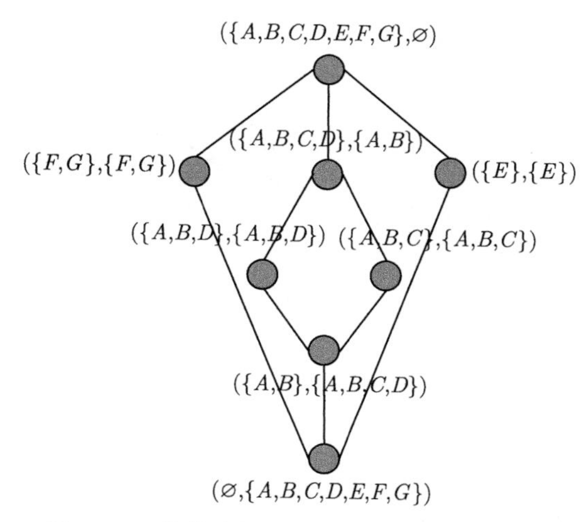

图 4.11 简化未加权社会网络 G' 的概念格

显而易见，该图包含 8 个形式概念，其中 4 个概念为等势概念，即 $(\{F,G\},\{F,G\})$、$(\{A,B,D\},\{A,B,D\})$、$(\{A,B,C\},\{A,B,C\})$ 和 $(\{E\},\{E\})$.

概念格中的等势概念 $(\{A,B,D\},\{A,B,D\})$ 和 $(\{A,B,C\},\{A,B,C\})$ 对应着两个 3 派系，即结构三角. 特别是，这两个 3 派系边上权重之和分别是 3 和 -1，这是由于 $w(A,B)+w(A,D)+w(B,D)=3$, $w(A,B)+w(A,C)+w(B,C)=-1$. 根据上述提出的检测方法，$(\{A,B,D\},\{A,B,D\})$ 和 $(\{A,B,C\},\{A,B,C\})$ 是结构平衡三角.

3. 节点合并

节点合并旨在输出包含最密集的结构平衡三角的最大节点子集 $\widetilde{S}\in V$. SBDS 问题的本质是识别该节点子集 $\widetilde{S}$. 因此，节点合并的形式化描述如下:

$$\widetilde{S}=\bigcup_{i=1}^{m}V(B_i) \tag{4.2}$$

其中，$V(*)$ 表示从一个子图到一个节点集合的映射函数; B_i 指第 i 个结构平衡三角. 式 (4.2) 将全部结构平衡三角上的节点合并并存储到结果集 $\widetilde{S}$ 中.

引理 4.1 给定一个符号社会网络 G, $\bigcup_{i=1}^{m}V(B_i)$ 可以保证生成一个社会结构平衡最密集子图.

续例 4.4, 输出结果为节点子集 $\widetilde{S}=V((\{A,B,D\},\{A,B,D\}))\bigcup V((\{A,B,$

$C\}, \{A, B, C\})) = \{A, B, C, D\}$. 因此, 子图 $g = (\widetilde{S}, \widetilde{E})$ 是一个存在于符号社会网络中的社会结构平衡最密集子图, 其社会结构平衡密度为 $\tau(\widetilde{S}) = 2/4 = 0.5$.

4. 算法实现

根据基于 FCA 的社会结构平衡最密集子图检测理论和方法, 算法实现如算法 4.2.

算法 4.2 基于 FCA 的社会结构平衡最密集子图检测算法

输入: 符号社会网络: $G = (V, E, W)$;
输出: 节点集: $\widetilde{S}$.

1: 初始化 $\widetilde{S} = \varnothing$
2: **begin**
3: 利用修正邻接矩阵构造 G' 的形式背景 $\mathrm{FC}(G')$
4: 构建概念格 $L = (C(\mathrm{FC}(G')), \leqslant)$
5: **end**
6: **for** 每个概念 $(X, B) \in C(\mathrm{FC}(G))$
7: **begin**
8: 　**if** $X = B$, $|X| = |B| = 3$ 且 $\sum w(u, v) = 3| - 1$, $u, v \in X, B$
9: 　　$\widetilde{S} \leftarrow \widetilde{S} \bigcup (X, B)$
10: 　　**for** $i = k + 1$ **to** M **do**
11: 　　**begin**
12: 　$\widetilde{S} \leftarrow \widetilde{S} \bigcup \mathrm{Derived}((X^i, B^i))$
13: 　　**end**
14: **end**

算法 4.2 的工作流程描述如下: 首先, 以符号社会网络 G 作为输入; 然后, 使用 $\widetilde{S}$ 初始化社会结构平衡最密集子图节点集 (第 1 行). 在算法初始化之后, 进入形式背景构造和概念格生成代码部分 (第 2~5 行), 第 6~9 行通过将满足 $\sum w(u, v) = 3$ 或者 $\sum w(u, v) = -1$ 的 3 等势概念 (X, B) 插入 Q 中来检测显性结构平衡三角. 隐性结构平衡三角则从其他高阶等势概念中诱导产生并插入 $\widetilde{S}$ 中 (第 10~14 行).

4.4.3 实验评估

本小节通过一个典型的符号社会网络数据集, 对所提算法的性能进行评估和分析.

1. 实验数据集

实验同样使用最广泛的 “战争相关指数” 的国际冲突数据[168, 169]. 该数据所构成的网络是一个典型的符号社会网络, 其中正边关联是指联盟国家, 负边关联是指具有冲突的国家. 该数据集的可视化如图 4.5(a) 所示, 显然, 联盟国家分布在图中央, 而该数据集的度分布遵循长尾分布, 如图 4.6(b) 所示.

2. 评估方法

实验评估均在配置为 Intel 内核 i7-2600K, CPU@3.40GHz 和 8.00GB 内存的 Windows 7 系统下实现. 实验通过运行以下算法并对比分析各种算法在符号社会网络中检测社会结构平衡最密集子图的时效性.

(1) CPM-SB 算法: 由于先前缺乏从符号社会网络挖掘社会结构平衡最密集子图的算法, 其是一种基于 CPM 的社会结构平衡理论约束的自适应算法[181].

(2) EPM-SB 算法: 与 CPM-SB 算法类似, 它是一种基于 EPM 的社会结构平衡理论约束的自适应算法[90].

(3) 基于 FCA 的检测算法: 本小节提出的算法是一种基于形式概念分析的社会结构平衡最密集子图挖掘算法.

3. 实验结果及讨论

实验通过调整社会结构平衡最密集子图的大小 (即该子图上的节点数目) 来比较已有算法和提出算法的时效性. 图 4.12 给出了不同算法在检测不同规模下的社会结构平衡子图的运行时间 (分别进行了 1000 次模拟以计算不同 $|S|$ 和算法的平均运行时间).

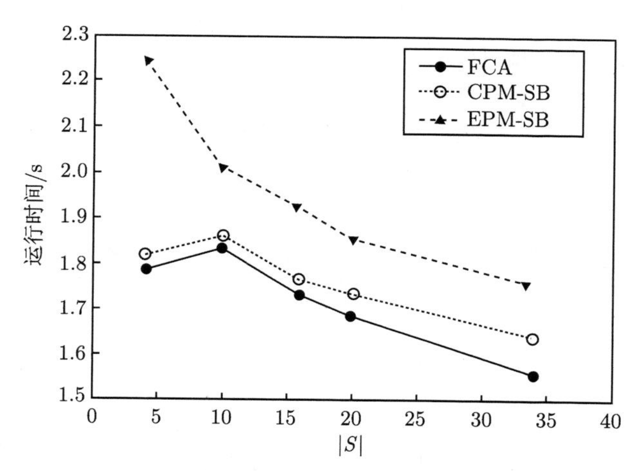

图 4.12　不同算法在检测不同规模下的社会结构平衡子图的运行时间

如图 4.12 所示, 提出的算法在运行时间方面明显优于其他两种算法. 特别地, 所提出的算法分别在 EPM-SB 和 CPM-SB 算法的基础上实现了 12%和 2%的改进.

最终, 实验检测的结果如下:

(1) 当 $|S|=4$ 时, 社会结构平衡子图是 $\{540,551,510,541\}$, 即安哥拉、赞比亚、肯尼亚、莫桑比克. 社会结构平衡密度为 $\tau(S)=\dfrac{C(4,3)}{4}=1$.

(2) 当 $|S|=12$ 时, 社会结构平衡子图是 $\{365, 369, 372, 373, 359, 370, 371, 701, 702, 703, 704, 705\}$, 即俄罗斯、乌克兰、格鲁吉亚、阿塞拜疆、摩尔多瓦、白俄罗斯、亚美尼亚、土库曼斯坦、塔吉克斯坦、吉尔吉斯斯坦、乌兹别克斯坦、哈萨克斯坦. 社会结构平衡密度为 $\tau(S)=\dfrac{C(12,3)}{12}\approx 18$.

(3) 当 $|S|=16$ 时, 社会结构平衡子图是 $\{450,402,404,420,432,433,434,435, 436,437,438,439,451,452,461,475\}$, 即利比里亚、佛得角、几内亚比绍、冈比亚、马里、塞内加尔、贝宁、毛里塔尼亚、尼日尔、科特迪瓦、几内亚、布基纳法索、塞拉利昂、加纳、多哥、尼日利亚. 社会结构平衡密度为 $\tau(S)=\dfrac{C(16,3)}{16}=35$.

(4) 当 $|S|=20$ 时, 社会结构平衡子图是 $\{620,625,645,652,600,663,696\ 435, 520,522,615,616,651,660,670,679,690,692,694,698\}$, 即利比亚、苏丹、伊拉克、叙利亚、摩洛哥、约旦、阿联酋、毛里塔尼亚、索马里、吉布提、阿尔及利亚、突尼斯、埃及、黎巴嫩、沙特阿拉伯、也门、科威特、巴林、卡塔尔、阿曼. 社会结构平衡密度为 $\tau(S)=\dfrac{C(20,3)}{20}=57$.

(5) 当 $|S|=34$ 时, 社会结构平衡子图是 $\{100,101,110,115,130,135,140,145, 150,155,160,165,2,20,31,41,42,51,52,53,54,55,56,57,58,60,70,80,90,91,92, 93,94,95\}$, 即哥伦比亚、委内瑞拉、圭亚那、苏里南、厄瓜多尔、秘鲁、巴西、玻利维亚、巴拉圭、智利、阿根廷、乌拉圭、美国、加拿大、巴哈马、海地、多米尼加、牙买加、特立尼达和多巴哥、巴巴多斯、多米尼加、格林纳达、圣卢西亚、圣文森特和格林纳丁斯、安提瓜和巴布达、圣基茨和尼维斯、墨西哥、伯利兹、危地马拉、洪都拉斯、萨尔瓦多、尼加拉瓜、哥斯达黎加、巴拿马. 社会结构平衡密度为 $\tau(S)=\dfrac{C(34,3)}{34}=176$.

根据以上实验结果, 很容易发现当 $|S|=34$ 时, 社会结构平衡最密集子图包含的国家为北美洲和南美洲国家.

4.5 本章小结

本章首先介绍了一种新型网络——符号社会网络. 符号社会网络是一种可以描述用户之间积极和消极关系的符号属性的网络, 拓展并使得部分在线社会网络具有明确的符号标识, 并且全程记录了整个网络的演化过程. 然后, 结合社会学中

的社会结构平衡理论分别探讨了符号网络中 k 平衡可信派系挖掘问题和社会结构平衡最密集子图挖掘问题. 具体归纳如下:

(1) 本章将符号社会网络中用户的信任/不信任关系刻画作为切入点, 以形式概念分析理论和方法为研究工具, 在拓扑结构分析方面展开深入研究, 设计了一种基于形式概念分析的 k 平衡可信派系挖掘方法, 为解决舆论引导、个性化推荐、话题识别等设计应用提供了有效的理论和技术支撑.

(2) 本章介绍了社会结构平衡最密集子图问题. 该问题的目的是使得结构平衡三角数量最大, 即最大化由集合 $S \in V$ 在所有可能的节点子集上形成的社会结构平衡密度. 针对该问题, 提出了一种基于形式概念分析的高效 SBDS 识别算法.

第 5 章 模糊社会网络拓扑结构分析与挖掘

不同于无符号或符号社会网络, 模糊社会网络 (fuzzy social networks, FSNs) 的边是由隶属度加权刻画. 对于参数 $0 \leqslant \lambda \leqslant 1$ (在模糊逻辑中也称为模糊截集 (fuzzy cut)), 是在模糊社会网络中引入新的概念 λ 极大社团. 本章旨在从模糊社会网络中检测 λ 极大社团, 提出一种基于模糊形式概念分析 (fuzzy formal concept analysis, FFCA) 的高效挖掘算法, 并通过实验评估以证明该算法的可行性. 此外, 还给出一种基于 λ 极大社团的新颖推荐服务应用[182].

最近的研究揭示了图模型在解释许多现实世界现象, 如社交网络、生物网络和金融中的重要性. 图是利用对象之间的关系表示和存储信息的一种便捷方式[183]. 当前, 复杂的普适信息使得社会网络中对象之间的关系变得更加模糊. 例如, ① 由传感数据建立的社交网络, 其个体之间的通信可能被遗漏或匿名化; ② 社交关系本质上是模糊的, 如一个人在社交网络中对另一个人的影响程度; ③ 模糊信任关系经常发生在移动社会网络中[164]. 因此, 使用模糊图模型表示这种信息是合理有效的[183], 基于模糊图模型的数据挖掘研究, 近年来引起了数据科学和模糊逻辑研究领域学者们的广泛关注. 为了更好地阐明 λ 极大社团挖掘在模糊社会网络中的重要性, 本节给出如下应用案例.

例 5.1 假设如下场景, 一个全球研究机构获得了一笔资金完成一个大型信息通信技术 (information and communications technology, ICT) 项目, 该项目是一个涵盖信息检索 (information retrieval, IR)、人工智能 (artificial intelligence, AI)、数据挖掘 (data mining, DM) 和计算机视觉 (computer vision, CV) 的综合类信息通信技术项目. 要完成该项目, 需要寻找可以研究这些技术的科学家来协作完成. 为此, 该研究机构将发布这个项目, 以鼓励研究人员之间的协作研究和开发. 由于给定的项目要求在指定的截止日期之前完成, 因此, 需要创建一个擅长所需研究领域并能够紧密合作的科学家团队.

假设图 5.1 展示了一个学者合著社会网络, 包括来自不同国家的五位科学家. 并且, 他们之前有一些学术合作. 边的权重可以由两位科学家共同撰写的出版物的数量来刻画. 直观地, 这些权重描述了他们之间的协作强度. 因此, 这个学者合著社会网络可以被视为一个模糊图, 其权重可用于表示科学家之间的协作强度值. 显然, 针对已发布的 ICT 项目, 有五个潜在的研究小组 {Jack, John, Susan}, {Jack, Susan, Jessie}, {Jack, John, Jessie}, {Jack, Thomas, Jessie} 和 {Jack,

Jessie} 可以胜任并完成该项目.

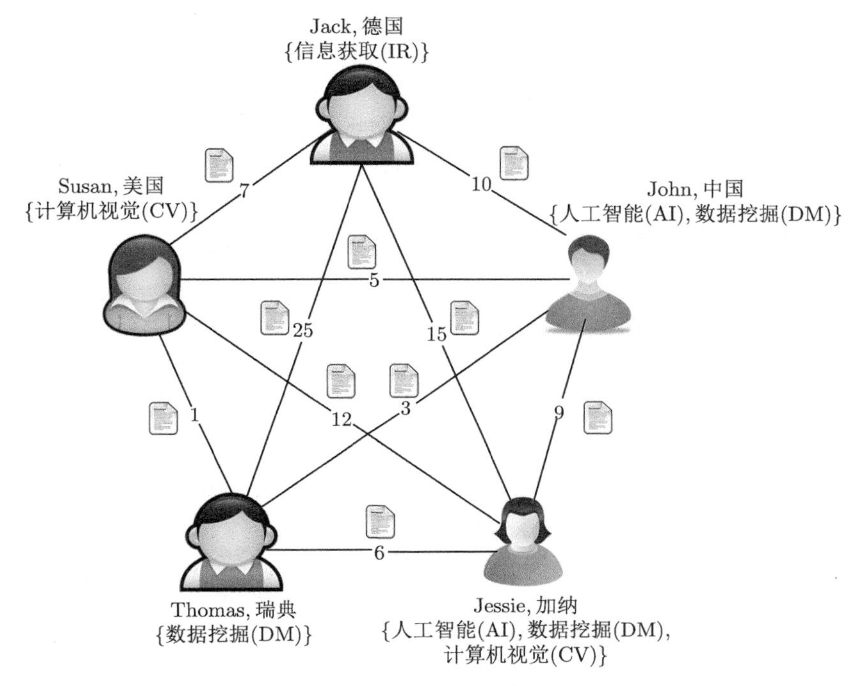

图 5.1　学者合著社会网络

从项目完成可靠性和质量的角度, 上述研究机构通常会设置一个控制项目完成质量的参数, 而该参数对应于本章研究问题中的 λ. 总之, 找到一个能够完成项目并来自不同国家且保证项目质量的团队, 是一个非常有意义的研究问题.

5.1　问题描述

集合 S 上的任意关系 $R \subseteq S \times S$ 可以用具有节点集 S 和边集 R 的图来表征. 同样, 任意模糊关系 $\mu : S \times S \to [0, 1]$ 都可以看作是一个模糊图. 该模糊图上的每条边 $e \in S \times S$ 具有 $[0, 1]$ 上的一个权重.

区别于一般社会网络, 模糊社会网络在其基础上赋予了边的隶属程度. 简单起见, 本问题仅考虑无向图. 一个模糊社会网络可以用一个模糊图表示. 一个模糊图形式化定义为一个四元组 $G = (V, E, \sigma, \mu)$, 其中 V 是一组顶点, $E \subseteq V \times V$ 是一组边, σ 是集合 V 和 μ 的模糊子集: $E \to [0, 1]$ 是 σ 的模糊关系, 即每条边 $e \in E$ 被赋予一个隶属度 $\mu(e)$.

定义 5.1　在模糊社会网络 $\mathcal{G}$ 中, 对于一组顶点集 $C \subseteq V$, 关于 C 的隶属度

为 $\mathrm{cdm}(C,\mathcal{G})$, 其中 C 是一个派系. 对于给定的模糊截集 λ, 如果 $\mathrm{cdm}(C,\mathcal{G}) \geqslant \lambda$, 则 C 称为 λ 派系.

对于任何一组顶点 $C \subseteq V$, 设 E_C 为边集 $\{e=\{u,v\}|e \in E, u,v \in C, u \neq v\}$, 即在 C 中连接顶点的边集.

观察 5.1　对于模糊社会网络 $\mathcal{G}=(V,E,\sigma,\mu)$ 中任意节点集 $C \subseteq V$, 使得 C 是 $G=(V,E)$ 中的派系, $\mathrm{cdm}(C,\mathcal{G})=\min\{e \in E_C|\mu(e)\}$.

证明　设 G 是从 $\mathcal{G}$ 采样的图. 集合 C 是 G 中的一个派系当且仅当 E_C 中的每条边都存在于 G 中. 由于选择不同边的事件与每条边独立不相关, 所以 $\mathrm{cdm}(C,\mathcal{G})$ 是从边集 $e \in E_C$ 中捕获的最小隶属度.

和极大社团的定义类似, 本节给出模糊社会网络中的 λ 极大社团的数学定义.

定义 5.2　对于一个模糊社会网络 $\mathcal{G}=(V,E,\sigma,\mu)$ 和模糊截集 λ, 集合 $M \subseteq V$ 定义为 λ 极大社团, 如果:

(1) M 是 $\mathcal{G}$ 中的 λ 派系;

(2) 不存在顶点 $v \in (V \setminus M)$, 使得 $G\bigcup\{v\}$ 是 $\mathcal{G}$ 中的 λ 派系.

问题 5.1 (λ 极大社团挖掘)　给定模糊社会网络 $\mathcal{G}$ 和模糊截集 λ, λ 极大社团挖掘问题是找到所有顶点集 $M \in V$, 使得 M 是 $\mathcal{G}$ 中的 λ 极大社团.

上述问题的可扩展性在于提供了具备灵活控制参数 λ 的拓扑智能. 此外, 这种类型的智能可以应用于个性化推荐系统、最优团队形成和目标营销等.

基于观察 5.1 和问题 5.1, 可以很容易得到如下两个重要的观察.

观察 5.2　假设 C 是 $\mathcal{G}$ 中的 λ 派系. 然后, 对于所有边 $e \in E_C$, $\mu(e) \geqslant \lambda$ 成立.

证明　由于 λ 派系需满足 $\min\{e \in E_C|\mu(e)\}$ 且该条件应该大于 λ, 因此, 显而易见 $\mu(e) \geqslant \lambda$.

观察 5.3　对于 $\mathcal{G}$ 中的任意两组顶点集 A, B, 如果 $\mathrm{cdm}(A,\mathcal{G}) \leqslant \mathrm{cdm}(B,\mathcal{G})$, 则得到 $\mathrm{cdm}(A\bigcup B,G)=\mathrm{cdm}(A,\mathcal{G})$.

证明　对于边 $e \in E_A$ 和 $e \in E_B$, 用 d_A 和 d_B 表示 $\mathrm{cdm}(A,\mathcal{G})$ 和 $\mathrm{cdm}(B,\mathcal{G})$ 的最小隶属度. 因此, $\mathrm{cdm}(A\bigcup B,\mathcal{G})$ 相当于从 d_A 和 d_B 中获取最小值, 又由于 $d_A \leqslant d_B$, 故 $\mathrm{cdm}(A\bigcup B,G)=\mathrm{cdm}(A,\mathcal{G})$ 成立.

为方便读者理解上述定义和问题描述, 本节给出如下示例.

例 5.2　模糊社会网络中 λ 极大社团挖掘示意图如图 5.2 所示. 图 5.2 (a) 是一个包含 7 个顶点以及边上带有模糊隶属度的模糊图 $\mathcal{G}$. 例如, 用户 C 和 D 之间的关系是模糊关系且隶属度为 0.38. 此外, 给定的子图 g_1 和 g_2 分别是 3 派系和 4 派系.

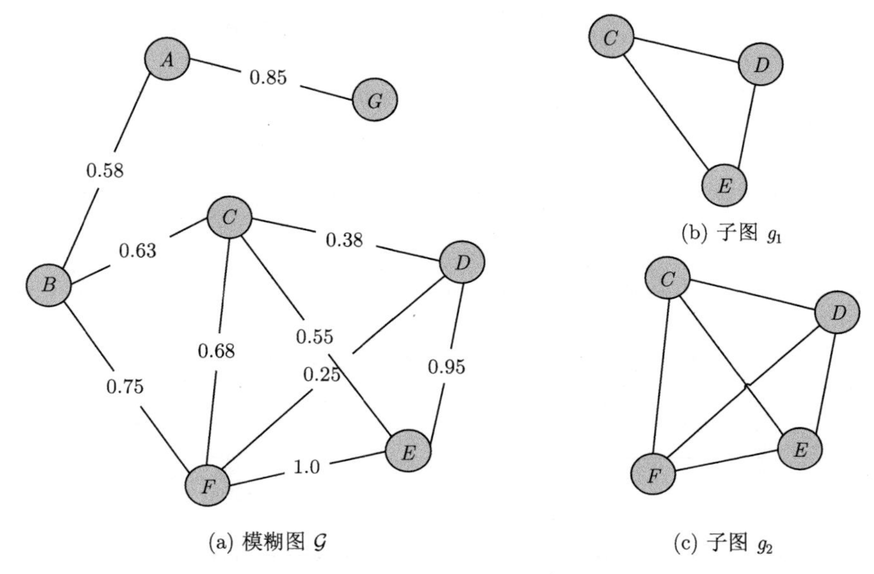

(a) 模糊图 $\mathcal{G}$　(b) 子图 g_1　(c) 子图 g_2

图 5.2　模糊社会网络中 λ 极大社团挖掘示意图

根据定义 5.1, 假设模糊截集 λ 为 0.2, 则子图 g_1 是 λ 派系, 是由于 $\mathrm{cdm}(g_1,\mathcal{G})=\min\{0.38,0.55,0.95\}=0.38>\lambda$. 在模糊图中是否还有其他满足 λ 派系属性的派系呢? 注意, 子图 g_2 中的顶点数目多于子图 g_1 且 $\mathrm{cdm}(g_2,\mathcal{G})=0.25>\lambda$. 因此, 该给定模糊图中的 λ 极大社团是子图 g_2.

5.2　模糊形式概念分析

本节重点介绍模糊形式概念分析, 其是将模糊逻辑纳入形式概念分析并处理由隶属值表示的模糊不确定性信息[184]. 首先, 介绍模糊形式背景的定义; 然后, 给出模糊概念格的构造过程.

定义 5.3 (模糊形式背景)　模糊形式背景表示为一个三元组 $K=(O,A,R=\varphi(O\times A))$, 其中 O 是一组对象, A 是一组属性, R 是域 $O\times A$ 上的模糊集. 每个关系 $(o,a)\in R$, $o\in O$, $a\in A$ 在 $[0,1]$ 中具有的隶属度值为 $\mu(o,a)$. 因此, $(o,a)\in R$ 可以解释为对象 o 在关系 R 下具有属性 a 的隶属度为 $\mu(o,a)$. 特别地, 模糊形式背景可以表示为具有隶属度的交叉表 (cross-table).

例 5.3　表 5.1是一个模糊形式背景, 其中对象集是由三个文档 D_1、D_2 和 D_3 组成, 三个属性 “计算机视觉 (CV)”“数据挖掘 (DM)”“大数据 (BD)” 分别代表三个研究主题. 属性和对象之间的隶属度值由 0 和 1 之间的实数表示.

在实际应用中, 设置置信度阈值 (也称为模糊截集 λ) 以滤除具有较低隶属度的模糊关系. 表 5.2 给出了 $\lambda = 0.5$ 情况下截断后的模糊形式背景.

表 5.1　模糊形式背景

O	A		
	CV	DM	BD
D_1	0.8	0.12	0.52
D_2	0.88	0.75	0.23
D_3	0.1	0.15	0.69

表 5.2　$\lambda = 0.5$ 情况下截断后的模糊形式背景

O	A		
	CV	DM	BD
D_1	0.8	—	0.52
D_2	0.88	0.75	—
D_3	—	—	0.69

定义 5.4 (**模糊概念**)　假设 $K = (O, A, R)$ 是模糊形式背景, λ 是置信度阈值 (模糊截集). 对于 $X \subseteq O$ 和 $Y \subseteq A$, 定义以下运算:

$$X^* = \{a \in A | \forall o \in X : \mu(o, a) \geqslant \lambda\} \tag{5.1}$$

$$Y^* = \{o \in O | \forall a \in Y : \mu(o, a) \geqslant \lambda\} \tag{5.2}$$

模糊形式背景 K(模糊截集 λ) 的模糊概念是一个二元组 $(X_f = \varphi(X), Y)$, 其中 $X \subseteq O, Y \subseteq A, X^* = Y$ 和 $Y^* = X$. 每个对象 $o \in \varphi(X)$ 的隶属度 μ_o 定义为

$$\mu_o = \min_{a \in Y} \mu(o, a) \tag{5.3}$$

其中, $\mu(o, a)$ 是指对象 o 在关系 R 下具有属性 a 的隶属度. 特殊情况下, 如果 $Y = \varnothing$, 则对于每个对象 o 有 $\mu_o = 1$.

定义 5.5　设 $C(K)$ 为模糊形式背景 $K = (O, A, R)$ 产生的模糊概念集合. 如果 $(X_1, Y_1), (X_2, Y_2) \in C(K)$, 令

$$(\varphi(X_1), Y_1) \leqslant (\varphi(X_2), Y_2) \Leftrightarrow \varphi(X_1) \subseteq \varphi(X_2) (\Leftrightarrow Y_1 \supseteq Y_2) \tag{5.4}$$

其中, "$\leqslant$" 是 $C(K)$ 的偏序关系.

定义 5.6 (**模糊概念格**)　与一般概念格的构建过程类似, 模糊概念格 $L = (C(K), \leqslant)$ 可以通过模糊形式背景 K 产生的所有模糊概念 $C(K)$ 按照偏序关系 $\leqslant$ 组织形成, 其可视化表示同样是哈斯图. 表 5.1 中的模糊形式背景对应的

模糊概念格构建如图 5.3 所示. 其中, 每个圆圈表示一个模糊概念; 圆圈的上下文本分别代表该模糊概念的内涵和外延; 此外, 矩形内的数值信息表示模糊隶属度.

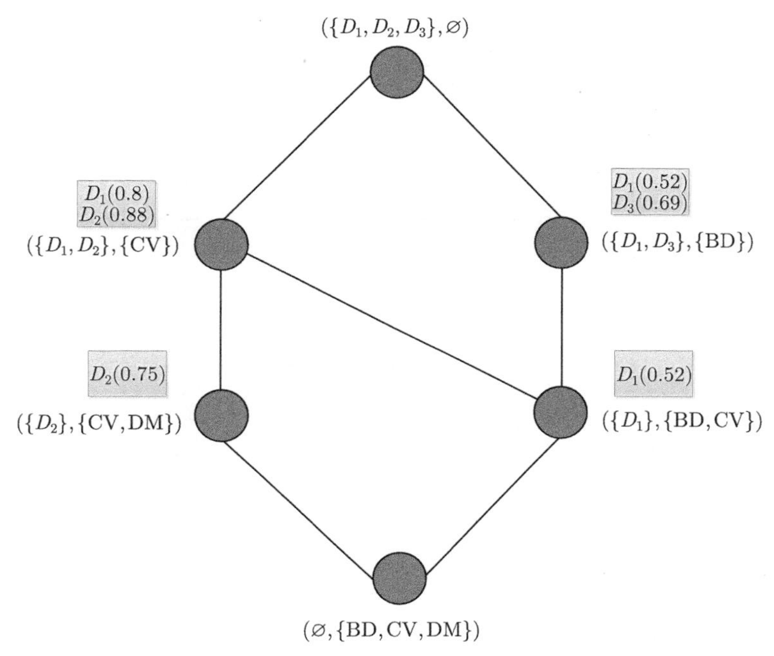

图 5.3　表 5.1 对应的模糊概念格 ($\lambda = 0.5$)

5.3　模糊社会网络中 λ 极大社团挖掘

针对模糊社会网络中 λ 极大社团挖掘问题, 本节首先概述解决该问题的方案; 随后单独展开阐述解决方案中所包含的相关技术细节.

5.3.1　解决方案概述

本小节所提解决方案的新颖性是通过使用模糊形式概念分析挖掘 λ 极大社团. 图 5.4 给出了所提解决方案的工作原理, 由一个模糊社会网络图, 即模糊图作为初始输入, 所有 λ 极大社团作为最终输出, 以及三个关键技术模块: ① 给定一个模糊图, 根据顶点之间的模糊矩阵, 构造对应的模糊形式背景; ② 建立在给定模糊截集 λ 下相应的模糊概念格; ③ 探讨新定义的具有最大外延/内涵集合的模糊等势概念 (fuzzy equiconcept) 与 λ 极大社团之间的等价关系.

在上述三个技术模块的基础上, 本小节围绕如下三个问题展开详细讨论:

(1) 如何从给定的模糊图构建模糊形式背景? (参见 5.3.2 小节)

(2) 如何提取模糊概念并构建相应的模糊概念格？(参见 5.3.3 小节)

(3) 为什么具有最大外延/内涵集合的模糊等势概念与 λ 极大社团之间的存在等价关系？(参见 5.3.4 小节)

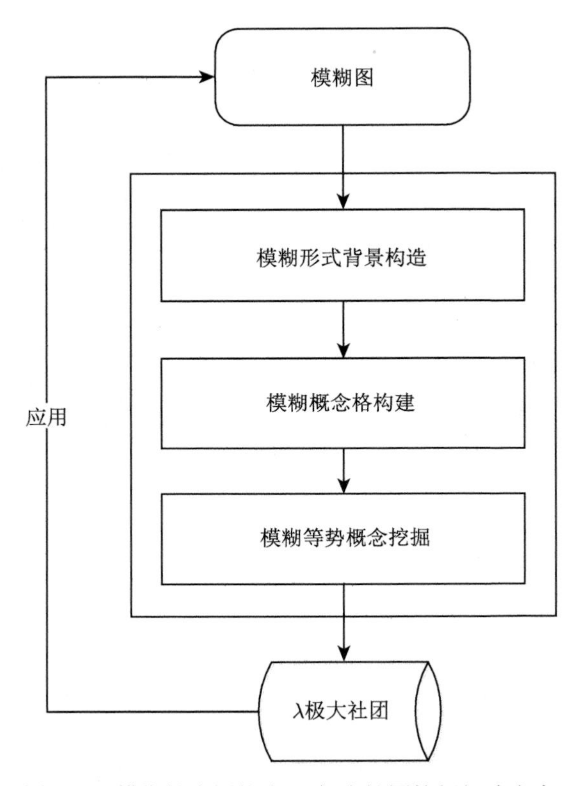

图 5.4　模糊社会网络中 λ 极大社团挖掘解决方案

5.3.2　模糊图的模糊形式背景构造

如问题定义中所提到的, 模糊社会网络可以用模糊图 $\mathcal{G}$ 表示. 为了表征 $\mathcal{G}$ 中顶点之间的模糊关系 I, 将顶点同时视为对象和属性, 并利用模糊矩阵 R^* 建立模糊图 $\mathcal{G}$ 的模糊形式背景, 表示为 $\mathrm{FFC}(\mathcal{G}) = (V, V, R^*)$.

定义 5.7 (模糊关系)　模糊矩阵 $R^* = (r_{ij})_{m\times n}$ 是 $m \times n$ 矩阵, 如果:

$$R^* = \begin{cases} r_{ij} = \mu(e_{ij}), & \text{若存在顶点 } v_i \text{ 到 } v_j \text{ 的一条边且 } i \neq j \\ r_{ij} = 1, & \text{若 } i = j \\ r_{ij} = 0, & \text{否则} \end{cases} \tag{5.5}$$

其中, $r_{ij} = \mu(e_{ij})$, 即 r_{ij} 是顶点 v_i 和 v_j 之间的隶属度.

因此, FFC($\mathcal{G}$) 等价于 $\mathcal{G}$ 的模糊矩阵, 即 FFC($\mathcal{G}$) $\equiv R^*$.

性质 5.1　根据 R^* 的性质, 模糊形式背景 FFC($\mathcal{G}$) 具有以下重要性质:

(1) FFC($\mathcal{G}$) 是对称的;

(2) R^* 中所有对角线元素均为 “1”.

例 5.4　续例 5.2, 从模糊形式背景的角度来看, 图 5.2 (a) 中所有顶点 $\{A, B, C, D, E, F, G\}$ 被同时视为对象和属性, 边上的权重 (隶属度) 值是模糊形式背景中关于对象和属性的关系值. 最终, 图 5.2(a) 的模糊形式背景构造如表 5.3 所示.

表 5.3　图 5.2 (a) 的模糊形式背景

顶点	A	B	C	D	E	F	G
A	1	0.58	0	0	0	0	0.85
B	0.58	1	0.63	0	0	0.75	0
C	0	0.63	1	0.38	0.55	0.68	0
D	0	0	0.38	1	0.95	0.25	0
E	0	0	0.55	0.95	1	1.0	0
F	0	0.75	0.68	0.25	1.0	1	0
G	0.85	0	0	0	0	0	1

5.3.3　模糊概念格构建

模糊概念格是在给定模糊截集参数 λ 上构建的, 该模糊截集参数 λ 可用于剔除有较低隶属度值的关系. 因此, 在构建模糊概念格之前, 应该根据不同的应用场景, 利用模糊截集 λ 精简和细化模糊形式背景. 根据定义 5.4, 可以容易地获得模糊概念. 此外, 模糊概念格由定义 5.6 构建.

1. 模糊形式背景重构

在上述例子中, 当 $\lambda = 0.6$ 时, 则从表 5.3 中滤除隶属度值小于 λ 的关系. 因此, 表 5.4 为重构的细粒度模糊形式背景.

表 5.4　图 5.2 (a) 重构的细粒度模糊形式背景

顶点	A	B	C	D	E	F	G
A	1	0	0	0	0	0	0.85
B	0	1	0.63	0	0	0.75	0
C	0	0.63	1	0	0	0.68	0
D	0	0	0	1	0.95	0	0
E	0	0	0	0.95	1	1.0	0
F	0	0.75	0.68	0	1.0	1	0
G	0.85	0	0	0	0	0	1

2. 模糊概念抽取和哈斯图表示

根据定义 5.6, 可以得到一个模糊概念格, 表示为 $L=(C(\mathrm{FFC}(\mathcal{G})),\leqslant)$, 其哈斯图如图 5.5 所示.

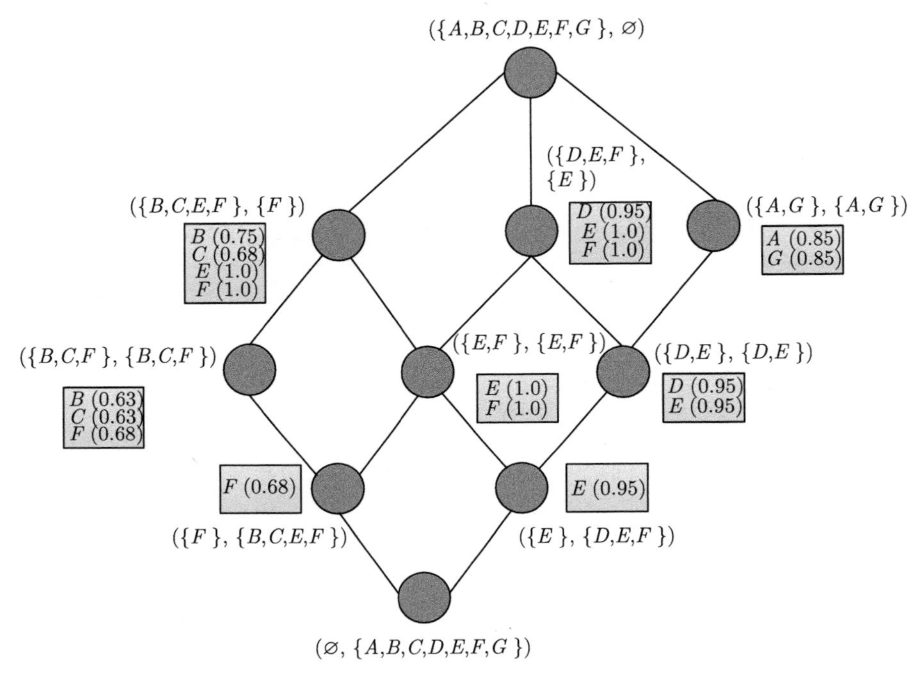

图 5.5　模糊概念格 $L=(C(\mathrm{FFC}(\mathcal{G})),\leqslant)$ 的哈斯图

显然, 很容易获得 10 个模糊概念. 例如, 哈斯图中的节点 $(\{B,C,F\},\{B,C,F\})$ 和 $(\{D,E,F\},\{E\})$ 均为图 5.5 中的模糊概念.

5.3.4　λ 极大社团挖掘方法

本小节首先定义三个新概念, 即模糊等势概念、k 模糊等势概念 (k-fuzzy equiconcept) 和极大模糊等势概念 (maximal fuzzy equiconcept), 进一步提出一种有效的模糊社会网络 λ 极大社团挖掘方法.

定义 5.8 (模糊等势概念)　对于模糊形式背景 $K=(O,A,R)$, 如果一个二元组 (X,Y) 满足 $X^*=Y$, $Y^*=X$ 且 $X=Y$, 则 (X,Y) 称为模糊等势概念, 其中 X 和 Y 分别表示模糊等势概念的外延和内涵.

定义 5.9 (k 模糊等势概念)　对于模糊形式背景 $K=(O,A,R)$, 如果一个二元组 (X,Y) 满足 $X^*=Y$, $Y^*=X$ 且 $X=Y$ 和 $|X|=|Y|=k$, 则 (X,Y) 称为 k 模糊等势概念, 其中 X 和 Y 分别表示 k 模糊等势概念的外延和内涵.

定义 5.10 (极大模糊等势概念) 对于由模糊社会网络 $\mathcal{G}$ 构建的模糊形式背景 $K=(O,A,R)$, 如果一个二元组 (X,Y) 满足 $X^*=Y$, $Y^*=X$ 且 $X=Y$, 同时满足:

(1) (X,Y) 是 $L=C(K,\leqslant)$ 的模糊等势概念;

(2) 没有顶点 $v\in(V\setminus X)$, 使得 $X\bigcup\{v\}$ 是 $L=C(K,\leqslant)$ 中的模糊等势概念;

则 (X,Y) 称为极大模糊等势概念.

观察 5.4 在所有模糊等势概念 (X_i,Y_i), $(i=1,2,\cdots,H)$ (H 是模糊等势概念的总数) 中, 极大模糊等势概念 $(X_{\max},Y_{\max})$ 与模糊等势概念的关系:

$$\max=\arg\max_{i\in H}|X_i| \tag{5.6}$$

该观察研究了极大模糊等势概念 $(X_{\max},Y_{\max})$ 和模糊等势概念 $(X_i,Y_i)(i=1,2,\cdots,H)$ 之间的相关性.

证明 此证明很直观. 也就是说, 在所有模糊等势概念中, 至少存在一个模糊等势概念, 使得其具有模糊概念的最大外延/内涵集合数.

例 5.5 从图 5.5 中可以看出, 存在四个模糊等势概念, 即 $(\{B,C,F\},\{B,C,F\})$、$(\{E,F\},\{E,F\})$、$(\{D,E\},\{D,E\})$ 和 $(\{A,G\},\{A,G\})$, 这是由于它们的外延与内涵完全相同. 直观地, $(\{B,C,F\},\{B,C,F\})$ 是 3 模糊等势概念, $(\{E,F\},\{E,F\})$、$(\{D,E\},\{D,E\})$ 和 $(\{A,G\},\{A,G\})$ 是 2 模糊等势概念. 特别注意, 在所有模糊等势概念中, $(\{B,C,F\},\{B,C,F\})$ 外延的集合势最大. 因此, $(\{B,C,F\},\{B,C,F\})$ 被认为是最大模糊等势概念.

以下将研究 λ 极大社团与极大模糊等势概念之间的等价关系. 基于该等价关系, 提出一种从模糊社会网络中挖掘 λ 极大社团的有效算法.

观察 5.5 (λ 极大社团与极大模糊等势概念之间的等价关系) 假设 $P_{\lambda\mathrm{mc}}$ 是 λ 极大社团的挖掘问题, P_{mfe} 是极大模糊等势概念的抽取问题, 则以下等价关系成立:

$$P_{\lambda\mathrm{mc}}\equiv P_{\mathrm{mfe}} \tag{5.7}$$

证明 对于给定模糊截集 λ 的模糊图 $\mathcal{G}$, $P_{\lambda\mathrm{mc}}$ 的过程等效于在去模糊化后的图中过滤掉其隶属度小于 λ 的边进而找到极大社团. $P_{\lambda\mathrm{mc}}$ 可以转化为一个带约束条件的基本问题 “图中的极大社团挖掘”[185, 186], 即当前图中边上的所有隶属度值应大于 λ. 显然, 从模糊图中去除边的过程与将模糊形式背景中的元素设置为 “0” 的过程相同. 此外, 从模糊概念格中获取极大模糊等势概念与获取极大等势概念相同 (定义详见文献 [48]). 在这种情况下, 两个新问题都会退化为带约束条件的已有研究问题.

根据前期研究工作[48], 很容易验证 $P_{\lambda\mathrm{mc}}\Rightarrow P_{\mathrm{mfe}}$ 且 $P_{\lambda\mathrm{mc}}\Leftarrow P_{\mathrm{mfe}}$ 成立. 最终, $P_{\lambda\mathrm{mc}}\equiv P_{\mathrm{mfe}}$.

受上述 λ 极大社团与极大模糊等势概念的等价关系的启发, 本小节给出一种基于模糊形式概念分析的 λ 极大社团检测定理.

定理 5.1 给定模糊图 $\mathcal{G}$ 和模糊截集 λ, 基于模糊形式概念分析的 λ 极大社团挖掘等同于挖掘极大模糊等势概念.

证明 该定理的证明也是显然的.

引理 5.1 如果 $\lambda = 0$, 则 λ 极大社团挖掘问题在模糊图中退化为极大社团的挖掘. 解决该问题的方案是获取所有等势概念.

5.3.5 算法描述

基于上述检测理论和方法, 本小节设计了一种基于模糊形式概念分析的 λ 极大社团检测算法. 算法 5.1 详细描述了如何从模糊社会网络中检测 λ 极大社团.

算法 5.1 基于模糊形式概念分析的 λ 极大社团检测算法

输入: 模糊图: $\mathcal{G} = (V, E, \sigma, \mu)$; 模糊截集: λ;

输出: λ 极大社团集合: Γ.

1: 初始化 $\Gamma = \varnothing$
2: **begin**
3: 利用模糊矩阵构造模糊形式背景 FFC($\mathcal{G}$)
4: 通过筛选隶属度小于 λ 的关系, 在上述步骤中优化模糊形式背景 FFC($\mathcal{G}$)
5: 构建模糊概念格 $L = (C(\text{FFC}(\mathcal{G})), \leqslant)$
6: **end**
7: **for** $i = 1$ **to** H **do**
8: **begin**
9: 　**if**$((X_i, Y_i) \in C(\text{FFC}(\mathcal{G})))$ && $(X_i = Y_i)$
10: 　　**begin**
11: 　　$\max = \arg\max_{i \in H} |X_i|$
12: 　　**end**
13: **end**
14: **for** $i = 1$ **to** H **do**
15: **begin**
16: 　**if** $(X_i, Y_i) \in C(\text{FFC}(\mathcal{G}))$ && $(X_i = Y_i)$ && $(i = \max)$
17: 　　$\Gamma \leftarrow (X_i, Y_i)$
18: **end**

算法 5.1 的工作原理描述如下: 首先, 模糊社会网络 $\mathcal{G}$ 和模糊截集 λ 是整个算法的输入; 然后, 用 Γ 初始化 λ 极大社团集合 (第 1 行). 在算法初始化之后,进入模糊形式背景的构造和模糊概念格生成部分 (第 2~6 行), 第 7~13 行返回具有最大集合势的外延的模糊等势概念的索引 max. 获得索引 max 之后, 算法输出所有 λ 极大社团 (第 14~18 行).

5.4 实验评估

实验评估是指在真实的科学家协作网络上进行各种算法的实验, 其目的是验证所提出的方法和算法可以有效地从模糊社会网络中检测 λ 极大社团. 此外, 本节将通过推荐服务的具体应用进一步说明其可用性和可扩展性.

5.4.1 数据获取和预处理

1. 数据来源

本章中采用的实验数据集是关于在 "网络" 上工作的科学家之间的合作网络[187]. 图 5.6 是科学家协作社交网络的可视化结果以及该网络的局部缩放区域. 显然, 该协作社交网络包含 1589 个科学家 (图中的顶点), 2742 个协作关系 (图中的边).

(a) 科学家协作社交网络的可视化

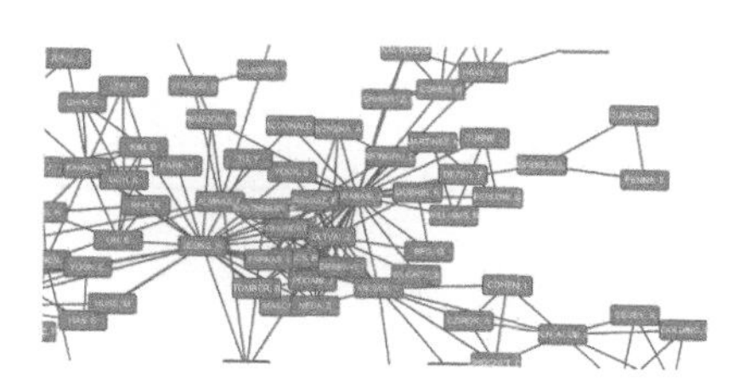

(b) 协作社交网络的局部缩放区域(图5.6(a)中的矩形标注区域)

图 5.6 实验数据集的可视化

2. 数据预处理

本章通过模糊隶属函数对科学家之间的协同关系强度进行模糊化处理并构造模糊图.

定义 5.11 (互协作变量) 在科学家协作社交网络中，令 P_u 为用户持有的出版物集合. 互协作变量 (RC) 定义如下:

$$\mathrm{RC}(u,v) = |P_u \bigcap P_v| \tag{5.8}$$

其中, $\mathrm{RC}(u,v)$ 是指科学家 u 和 v 共同撰写的出版物数量.

为了刻画科学家 u 和 v 之间协作关系的强度, 根据定义的隶属函数评估隶属度, 以 $\mathrm{RC}(u,v)$ 作为输入参数. 在此, 将此隶属函数设置为半开放梯形:

$$\mu_{\mathrm{Collaboration}}(x) = \begin{cases} \dfrac{1}{a}x, & 0 < x \leqslant a \\ 1, & x > a \end{cases} \tag{5.9}$$

根据领域知识, 设置 $a = 3$、$a = 5$ 和 a=7 来实例化上述隶属函数, 如图 5.7 所示. 例如, 对于两位科学家 Bob 和 Alice, 如果他们共同撰写了三篇研究论文, 即 $\mathrm{RC}(\mathrm{Bob}, \mathrm{Alice}) = 3$, 那么他们协作关系的隶属度分别为 1、0.6 和 0.43. 通过对协作社交网络的观察, 当 $a = 5$ 时, 可以很好地刻画这种协作社会关系.

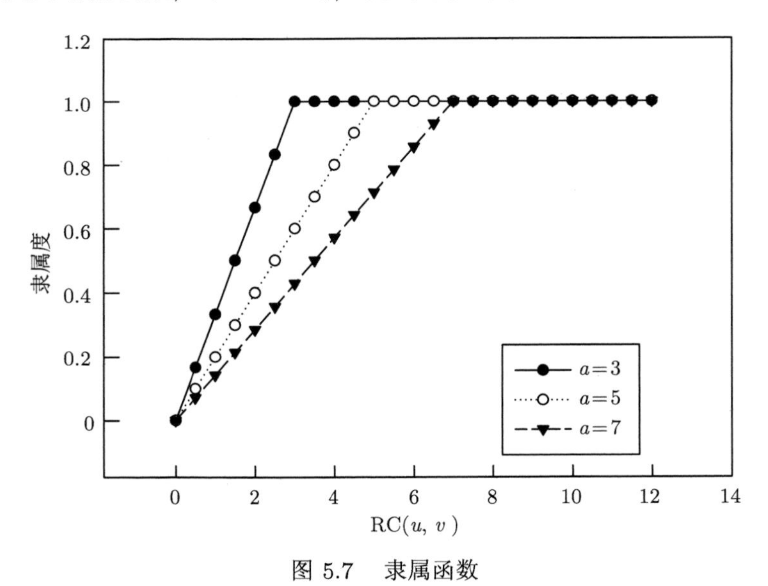

图 5.7 隶属函数

通过上述数据预处理方法, 可以获得描述两位科学家之间协作关系强度的模糊图. 图 5.8 是实验数据集中科学家之间协作关系强度的隶属度分布. 显然, 该关系强度的隶属度在 0.2~0.5. 也就是说, 大多数科学家共同撰写了 1~3 篇研究论文.

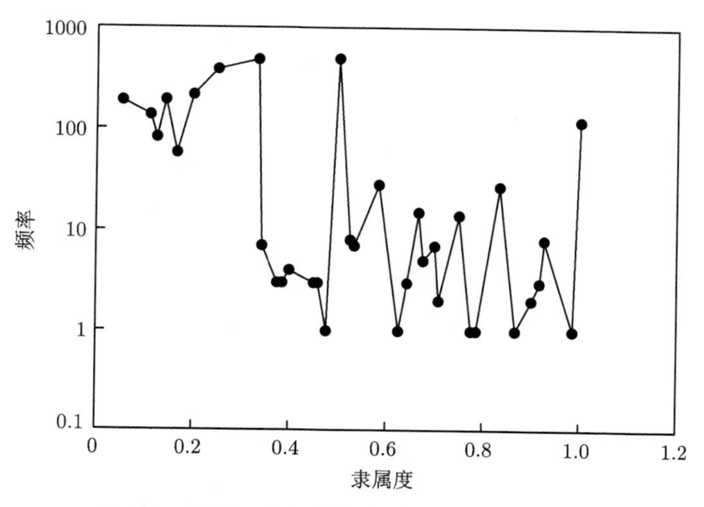

图 5.8 科学家之间协作关系强度的隶属度分布

5.4.2 实验结果与讨论

为了评估所提算法的性能, 实验研究了不同 λ 与检测到的 λ 极大社团中的顶点数之间的相关性, 如表 5.5 所示. 不失一般性, 实验参数 λ 从 0 调整到 1, 步长为 0.2, 即 $\lambda = \{0, 0.2, 0.4, 0.6, 0.8, 1\}$.

表 5.5 不同 λ 与检测到的 λ 极大社团中的顶点数之间的相关性

λ	λ 极大社团中的顶点数	λ 极大社团的数量
0	20	1
0.2	6	20
0.4	6	1
0.6	5	1
0.8	4	3
1.0	4	1

特别地, 观察模糊截集 $\lambda = 0.8$ 时 λ 极大社团的拓扑结构, 不难发现在这种情况下可以检测到三个 λ 极大社团. 当 $\lambda = 0.8$ 时, 检测到的 λ 极大社团如图 5.9 所示, 即 {Hilgetag.C, Burns.G, Oneill.M, Young.M}, {Kashtan.N, Milo.R, Alon.U, Itzkovitz.S}, {Pastorsatorras.R, Vespignani.A, Moreno.Y, Vazquez.A}.

实际上, 可以选择上面检测得到的三个包含四个科学家的合作研究团队完成给定项目, 要求项目完成质量保证 80%(对应于本研究问题中的 λ).

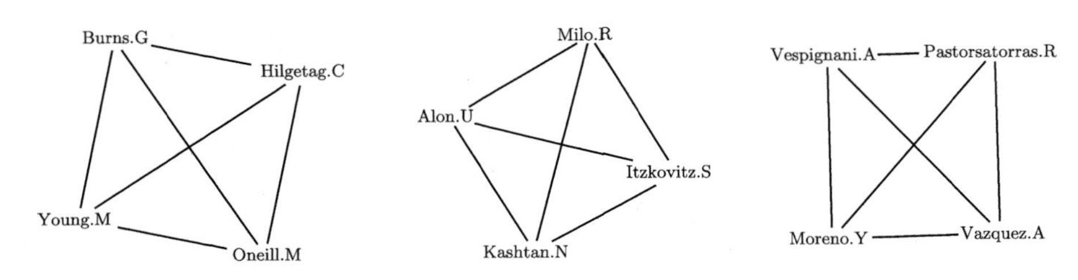

图 5.9　当 $\lambda = 0.8$ 时，检测到的 λ 极大社团

5.4.3　基于 λ 极大社团的推荐服务

为验证模糊社会网络 λ 极大社团检测问题的可用性和可扩展性，本小节详细阐述一个具体的推荐系统应用案例. Li 等[188] 利用传统电子商务领域的关键概念，并考虑移动社会网络中的地理和时间因素，构建了医疗保健或医疗处理的推荐系统. Hao 等[82] 提出了一种基于空间社会联盟 (spatial social union, SSU) 的模型，通过可用的空间位置数据库或信息构建推荐系统. 但是，本小节的解决方案与上述方法完全不同. 实际上，物理位置信息可能不可用，或者用户相似性可能具有更一般的度量. 然而，本小节提出的策略并不仅限于移动社会网络的应用场景，而且可以适应于单个灵活的推荐模块，并进一步集成到现有的推荐系统中.

图 5.10 为当前时刻用户 2 请求推荐服务 (为简单理解，省略了图中用户间或者项目间边上的加权隶属度)，期望系统为他/她提供有效的推荐服务.

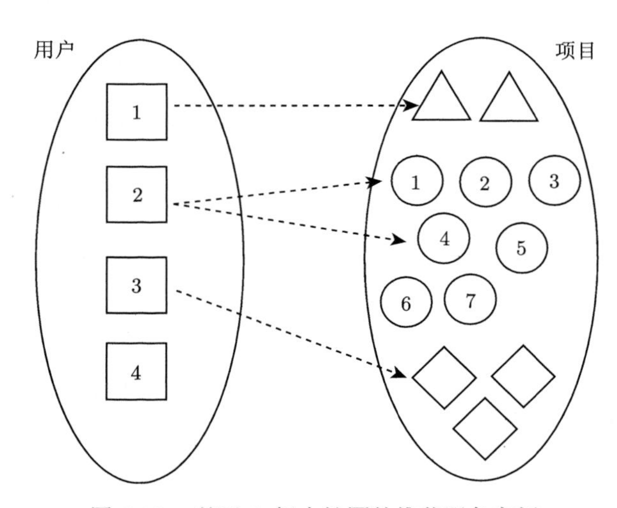

图 5.10　基于 λ 极大社团的推荐服务案例

首先，根据以前或现有用户购买的历史记录构建关于项目的模糊图，如某个用户可能同时购买尿布和啤酒，则模糊图中边上的权重反映了两个项目尿布和啤

酒的紧密度，从而可以构建表示项目关联关系的模糊图. 对于给定的模糊截集参数 λ, 可以借助本章提出的机制来挖掘潜在的 λ 极大社团. 例如, 对于当前用户 2, 根据图 5.4构造关于项目的 λ 极大社团. 然后, 系统可以推荐最优 λ 情况下所对应的社团, 显然可以从推荐的候选项池中过滤出其他社团. 例如, 如图 5.10 所示, 由用户 2 导出的最优 λ 极大社团与项目 4, 6, 7 一致. 继而计算用户 2 和 λ 极大社团内的候选项目的相似性 (实际上, 该集合的基数通常很小), 最终通过 "top-k 分数" 的排序结果将推荐项目推送给该用户. 简言之, 对于当前用户, 事实上只需要维护由不同相关项目组成的相对较小的邻居集, 这显然可以大大降低运行时间和空间复杂度. 与此同时, 如图 5.10 所示, 用户 1 的先前时间戳和聚类后对应项目的模糊图如右侧项目图中三角形所示, 当为用户 3 服务时, 类似的思想也适用于下一个时间戳. 然而, 值得指出的是, 即使在最艰难的环境中, 即系统并未存储当前用户的购买记录, 提出的方法仍然可以根据当前用户所在社会网络来挖掘用户的 λ 极大社团, 这样同时可以解决推荐系统中 "冷启动 (cold start)" 问题. 因此, 当每个用户加入系统时, 使用基于模糊形式概念分析的 λ 极大社团挖掘方法从用户所在社会网络中发现相应的隐藏结构, 进一步实现个性化推荐. 从可持续发展角度看, 该实际应用结合了用户之间关系的语义描述和用户的个性化推荐请求, 可动态地向不同用户推荐经济和合适的项目, 降低了推荐服务提供商的货币成本和时间成本.

5.5　本章小结

本章从全新拓扑结构 λ 极大社团着手, 以计算可持续的角度, 对模糊社会网络中的 λ 极大社团挖掘进行了理论创新研究. 采用了模糊形式概念分析理论挖掘模糊社会网络中的 λ 极大社团, 研究并证明了最大模糊等势概念与 λ 极大社团之间的等价关系. 基于该等价关系, 本章设计了相应的 λ 极大社团挖掘算法. 实验结果表明, 提出的算法能够有效地实现 λ 极大社团的挖掘. 另外, 本章还探讨了 λ 与 λ 极大社团数量之间的相关性. 该相关性揭示了随着 λ 增加, λ 极大社团的规模在减小的现象. 最后, 本章给出了一个基于 λ 极大社团的推荐服务的具体应用案例, 从而进一步验证了所提算法的可用性和可扩展性.

第 6 章 粗糙 k 派系理论及其应用

到目前为止，本书前面的章节分别研究了社会网络中拓扑结构分析的关键研究问题：静态和动态社会网络中的 k 派系及 k 派系社团检测、社会网络中的冰山派系查询和符号社会网络中社会结构平衡最密集子图挖掘. 很明显，这些拓扑结构挖掘问题的研究对象均是社会网络中特殊的完全连通子图 k 派系. 然而，这些基于 k 派系的派生结构挖掘算法却不能表征任意子图. 为此，本章将首次探讨粗糙 k 派系理论 (rough k-clique theory)，该理论通过使用全新定义的上/下节点近似 (upper/lower vertices approximation) 放宽传统 k 派系结构的约束，而这些近似可用于描述给定子图的边界. 利用粗糙 k 派系理论，本章通过两个案例研究子图的 k 紧致性 (k-compactness) 实际应用. 此外，还将研究 k 和 k 紧致性之间的收敛相关性.

对诸如万维网、社交网络[86,88] 和生物网络[189,190] 等大规模普适网络的分析引起了研究人员的极大关注，它可以帮助人们学习网络的拓扑组织. 为了解网络的内部结构，许多基础研究问题，如社交网络中的社区挖掘[53]、k 派系问题[14]、k 派系社团问题[48] 和密集 k 子图问题[191] 提出了相应的方法来深入探索. 近年来，科研人员结合社会结构平衡理论提出了一些新的研究问题，如 k 平衡可信派系检测[47]、社会平衡最密集子图问题[192]. 总之，研究人员通过使用和扩展知识粒度“派系”来研究网络结构，这对理解图的拓扑结构是非常苛刻的. 然而，鉴于真实网络中派系结构的稀疏特征，它很难让人们获得有用的知识. 为此，本章开创性地将知识粒度从“派系”扩展到粗糙 k 派系.

与 k 派系不同，粗糙 k 派系并不是真正的 k 派系，它是 k 派系的一般形式. 用上节点近似和下节点近似描述粗糙 k 派系. 因此，粗糙 k 派系是一个不确定的子图结构. 特别地，当且仅当上节点近似等于下节点近似时，粗糙 k 派系可以退化为 k 派系. 基于粗糙 k 派系的性质，显然其最大的优势是可通过下/上节点近似来帮助用户表征和理解图中的任何子图结构. 本章的具体内容如下：① 阐述粗糙 k 派系的理论；② 介绍基于子图的 k 紧致性的新应用.

6.1 粗糙 k 派系理论

本节主要介绍粗糙 k 派系理论，包括相应的概念，即 k 派系知识粒度和下/上节点近似及相关属性.

6.1.1　k 派系知识粒度

知识粒度 (knowledge granularity), 也称为信息粒度, 是对象的集合, 这些对象由于它们的相似性、功能相近性和不可分辨性而被聚合在一起, 可以帮助人们理解和区分知识. 例如, 一般知识粒度可以表示粗糙集理论中知识的可辨别能力. 也就是说, 知识粒度越小, 其可辨识能力就越强[193]. 在粗糙 k 派系理论中, k 派系被视为用于划分图拓扑结构的工具. 因此, k 派系被认为是理解图结构的知识粒度. 例如, 子图 $\{C,D,E,F\}$ 可以用四个 3 派系 $\{C,D,E\}$, $\{C,D,F\}$, $\{C,E,F\}$, $\{D,E,F\}$ 或一个 4 派系 $\{C,D,E,F\}$ 来刻画. 也就是说, 节点 C,D,E,F 在上述不同知识粒度划分下, 在给定子图中均相互连接.

6.1.2　下/上节点近似

如 2.3.2 小节所述, 粗糙集理论中定义集合的下近似和上近似用于不确定信息分析[194]. 直观地, 这两个近似分别指完全属于集合的元素和可能属于集合的元素. 类似地, 本章在粗糙 k 派系理论中定义网络的下节点近似和上节点近似.

定义 6.1 (下节点近似)　假设 V' 是社会网络 $G=(V,E)$ 的节点集, 即 $V'\subseteq V$. V' 的下节点近似为

$$\underline{R}(V')=\{v_i\in V|R(v_i,*)\subseteq V'\} \tag{6.1}$$

其中, $R(v_i,*)=\{v_j\in V|R(v_i,v_j)=1\}$, $R(v_i,v_j)=1$ 表示 v_i 和 v_j 之间存在关系.

上述定义解释为节点子集 V' 的下近似是一组节点 v_i, 且属于 V' 中的基本节点.

定义 6.2 (上节点近似)　假设 V' 是社会网络 $G=(V,E)$ 的节点集, 即 $V'\subseteq V$. V' 的上节点近似为

$$\overline{R}(V')=\{v_i\in V|R(v_i,*)\bigcap V'\neq\varnothing\} \tag{6.2}$$

其中, $R(v_i,*)=\{v_j\in V|R(v_i,v_j)=1\}$, $R(v_i,v_j)=1$ 表示 v_i 和 v_j 之间存在关系.

上节点近似描述了与 V' 中包含节点具有关系的所有可能节点. 因此, 下节点近似是上节点近似的子集, 即 $\underline{R}(V')\subseteq\overline{R}(V')$.

令 $R(v,*)$ 为包括节点 v 的所有 k 派系的集合, 其中 $*$ 表示 $k-1$ 个节点, 即 $R(v,*)=\{A_1,A_2,\cdots,A_n\}$ 且其中 A_i 表示包含节点 v 的 k 派系. 如果在集合 X 中至少存在一个 k 派系 $A_i\subseteq R(v,*)$, 则将其表示为 $R(v,*)$. 另外, 令 $R(v_1,v_2,*/1)$ 表示包括节点 v 的所有 k 派系的集合, 其中 $*/1$ 表示 $k-2$ 个节点. 显然, 如果 $v_2\in R(v_1,*)$, 则 $v_1\in R(v_2,*)$.

定理 6.1　(1) $\underline{R}(X)\subseteq X$;

(2) 若 $\forall v\in X, R(v,*)\neq\varnothing$, 则 $X\subseteq\overline{R}(X)$;

(3) $\underline{R}(X \cap Y) = \underline{R}(X) \bigcap \underline{R}(Y)$;

(4) 若 $X \subseteq Y$, 则 $\underline{R}(X) \subseteq \underline{R}(Y)$;

(5) 若 $X \subseteq Y$, 则 $\overline{R}(X) \subseteq \overline{R}(Y)$;

(6) $\underline{R}(X) = \underline{R}(\underline{R}(X))$.

证明 性质 (1), (2), (4), (5) 的证明过程是显而易见的. 因此, 定理 6.1 的证明集中在性质 (3) 和 (6) 上.

首先, 针对性质 (3):

$$\begin{aligned} \underline{R}(X \bigcap Y) &= \{v|R(v,*) \subseteq X \bigcap Y\} = \{v|R(v,*) \subseteq X, R(v,*) \bigcap Y\} \\ &= \{v|R(v,*) \subseteq X\} \bigcap \{v|R(v,*) \subseteq Y\} = \underline{R}(X) \bigcap \underline{R}(Y) \end{aligned} \tag{6.3}$$

其次, 针对性质 (6). $\forall v \in \underline{R}(X)$, 存在 v_i 使得 $R(v_i, v, */1) \subseteq \underline{R}(X)$, 因此 $R(v,*) \subseteq \underline{R}(X)$. 因而可以得到 $v \in \underline{R}(\underline{R}(X))$, 于是 $\underline{R}(X) \subseteq \underline{R}(\underline{R}(X))$. 很明显得到 $\underline{R}(\underline{R}(X)) \subseteq \underline{R}(X)$. 故 $\underline{R}(X) = \underline{R}(\underline{R}(X))$.

定理 6.2 给定一个子图 $G' = (V', E')$, 即 $G' \subset G$, 节点 V' 的下/上节点近似等效于利用 2 派系作为知识粒度来划分 G'.

基于定理 6.2, 本小节利用 k 派系作为知识粒度 ($k \geqslant 3$) 对其进行扩展, 以便理解给定子图 G' 的结构. 特别是对于给定的子图 $G' \subset G$, 两个重要符号 $N_{\text{in}}^k(G')$ 和 $N_{\text{out}}^k(G')$ 分别表示 G' 中 k 派系的数目和由 G' 的节点诱导的 k 派系数目.

例 6.1 图 6.1 是一个包括 16 个节点以及给定子图的下/上节点近似的示意图. 目标子图 $\{C, E, G, I, K\}$ 为图 G' 中的虚线框标记的子图. 通过粗糙 3 派系认识和理解该子图, 可以得到如下的下/上节点近似:

$$\underline{R}(V') = \{C, E, I, K\} \tag{6.4}$$

$$\overline{R}(V') = \{C, E, G, I, K, A, B, D, F, J, H, L\} \tag{6.5}$$

显然, 节点集 $\{C, E, I, K\}$ 是子图 G' 的下节点近似. 该子图只包含两个 3 派系和一个 2 派系, 并且节点集 $\{C, E, I, K\} \bigcup \{A, B, D, F, J, G, H, L\}$ 为图 G' 的上节点近似. 与此同时, 也很容易发现由子图中的节点诱导出的其他 3 派系也包含在上节点近似中, 这即是为什么其他节点 A, B, D, F, J, G, H, L 会出现在 $\overline{R}(V')$ 中.

引理 6.1 令 $\underline{R}(V')(k)$ 和 $\overline{R}(V')(k)$ 是分别由 $\underline{R}(V')$ 和 $\overline{R}(V')$ 中包含节点诱导的 k 派系集合, 则 $N_{\text{in}}^k(G') = |\underline{R}(V')(k)|$ 和 $N_{\text{out}}^k(G') = |\overline{R}(V')(k)|$.

证明 根据定理 6.1, 引理 6.1 的证明是显而易见的.

例 6.2 延续例 6.1, 给定子图 G', 其中 $V' = \{C, E, G, I, K\}$ 且参数 $k = 3$, 则 $\underline{R}(V')(3) = (\{C, E, I\}, \{E, I, K\})$, $\overline{R}(V')(3) = (\{C, E, I\}, \{E, I, K\}, \{C, A, B\}, \{C, B, D\}, \{C, D, E\}, \{A, B, E\}, \{B, D, E\}, \{A, C, E\}, \{E, K, J\}, \{I, K, L\}, \{G, H, I\}, \{G, F, H\})$. 因此, $N_{\text{in}}^3(G') = 2$, $N_{\text{out}}^3(G') = 12$.

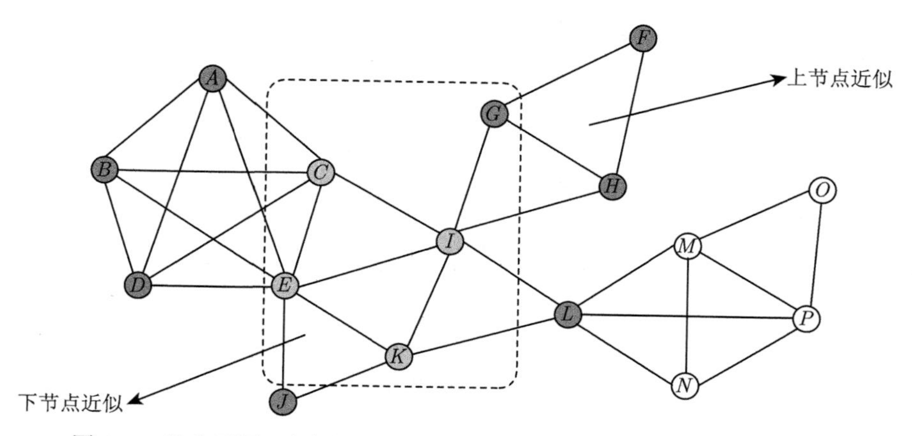

图 6.1 给定子图 G' 中节点集 $\{C, E, G, I, K\}$ 上/下节点近似的示意图

6.2 子图 k 紧致性评估

针对粗糙 k 派系理论的一个重要应用, 本节提出一种基于下/上节点近似的子图 k 紧致性的有效评估方法.

定义 6.3 (k **紧致性**) 给定属于图 G 的一个子图 $G' = (V', E')$, $G' \subset G$. 子图 G' 的 k 紧致性定义如下:

$$\mathrm{KC}(G') = \frac{|\underline{R}(V')(k)|}{|\underline{R}(V')(k)| + |\overline{R}(V')(k)| + p|G'|} \tag{6.6}$$

其中, $p|G'|$ 表示衡量网络交互不准确性的惩罚项; $p \in (0, 1]$.

例 6.3 续例 6.1, 一个子图 G' 初始化给定包含节点 $V' = \{C, E, G, I, K\}$ 及参数 $k = 3$, 当 $p|G'| = 0.05$ 时, 3 紧致性 $\mathrm{KC}(G')$ 计算如下:

$$\begin{aligned}\mathrm{KC}(G') &= \frac{|\underline{R}(V')(3)|}{|\underline{R}(V')(3)| + |\overline{R}(V')(3)| + p|G'|} \\ &= \frac{2}{2 + 12 + 0.05} \\ &\approx 0.142\end{aligned} \tag{6.7}$$

考虑到真实社会网络的动态特征, 如移动社会网络和通信网络, 在定理 6.3 中进一步提出 k 紧致性的增量更新方法.

定理 6.3 假设 G' 是一个子图, A 为图中节点集, 另一个子图 G'' 由 G' 和 A 组成. 子图 $G' \bigcup A$ 的 k 紧致性等于子图 G'' 的 k 紧致性, 即 $\mathrm{KC}(G' \bigcup A) = \mathrm{KC}(G'')$.

证明　子图 G' 的 k 紧致性为

$$\mathrm{KC}(G') = \frac{|\underline{R}(V')(k)|}{|\underline{R}(V')(k)| + |\overline{R}(V')(k)| + p|G'|} \tag{6.8}$$

当一个节点 A 增加到子图 G' 中时, k 紧致性更新如下:

$$\mathrm{KC}(G'\bigcup A) = \frac{|\underline{R}(V')(k)| + \underline{R}(A)(k)|}{|\underline{R}(V')(k)| + |\overline{R}(V')(k)| + |\overline{R}(A)(k)| + p(|G'| + |A|)} \tag{6.9}$$

由于子图 G' 外部的 k 派系的数量是指连接 G' 中的节点与 G' 的非成员的 k 派系的总数, 其中, 包括 k 派系的数量且 A 中的节点与子图 G' 中的节点连接, 即 $\underline{R}(A)(k)$. 因此连接 G'' 中的节点与 G'' 的非成员的 k 派系的总数 $\overline{R}(G'')(k)$ 表示如下:

$$\overline{R}(G'')(k) = \underline{R}(V')(k) + \overline{R}(A)(k) - \underline{R}(A)(k) \tag{6.10}$$

基于式 (6.8)、式 (6.9) 和式 (6.10), 则有

$$\begin{aligned}
\mathrm{KC}(G'\bigcup A) &= \frac{|\underline{R}(V')(k)| + \underline{R}(A)(k)|}{|\underline{R}(V')(k)| + |\overline{R}(V')(k)| + |\overline{R}(A)(k)| + p(|G'| + |A|)} \\
&= \frac{\underline{R}(V'\bigcup A)(k)}{|\underline{R}(V')(k)| + |\overline{R}(V'\bigcup A)(k)| + |\underline{R}(A)(k)| + p(|G'| + |A|)} \\
&= \frac{\underline{R}(V'\bigcup A)(k)}{|\underline{R}(V'\bigcup A)(k)| + |\overline{R}(V'\bigcup A)(k)| + p(|G'| + |A|)} \\
&= \frac{\underline{R}(G'')(k)}{|\underline{R}(G'')(k)| + |\overline{R}(G'')(k)| + p(|G'| + |A|)} \\
&= \mathrm{KC}(G'')
\end{aligned}$$

6.3 案例分析

在案例分析中, 本节采用以下两个基准数据集: 第一个数据集是爵士音乐家网络数据集, 来自 Red Hot Jazz Archive 数据库中 198 名爵士音乐家之间的友谊社交网络[68]; 第二个数据集是酵母蛋白互作用网络数据集, 其中 1486 个节点表示蛋白质, 4406 条边表示它们之间的相互作用[69]. 不失一般性, 图 6.2 (a) 和 (b) 分别显示包含最大 k 派系的子图 G'_{Jazz} 和 G'_{Yeast}, 称之为最大粗糙 k 派系.

(1) 由于本案例分析只检测最大 k 派系, 即爵士音乐家网络数据集中的 30 派系, 下节点和上节点近似值等于 1. 因此, 该给定子图的 30 紧致性评估如下:

$$\mathrm{KC}(G'_{\mathrm{Jazz}}) = \frac{1}{1+1+0.05} \approx 0.488 \tag{6.11}$$

(2) 与上述情况类似, 检测到两个最大 k 派系, 即酵母蛋白互作用网络数据集中的 9 派系, 下节点近似值为 1, 上节点近似值为 2. 因此, 该给定子图的 9 紧致性评估如下:

$$\mathrm{KC}(G'_{\mathrm{Yeast}}) = \frac{1}{1+2+0.05} \approx 0.328 \tag{6.12}$$

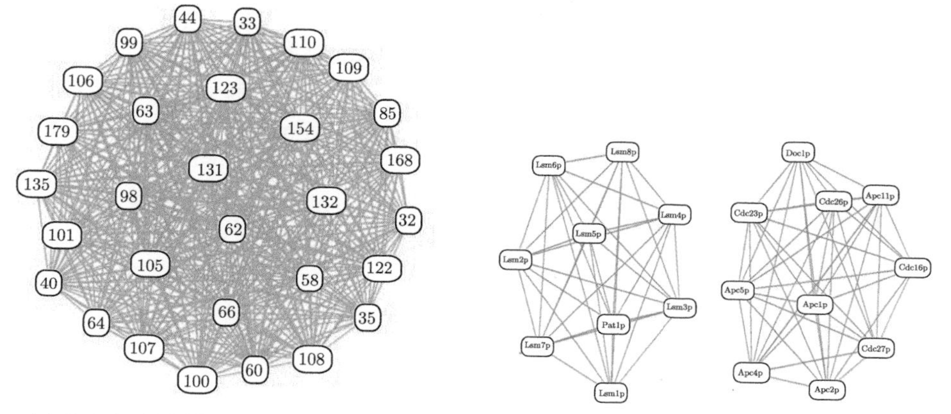

(a) 爵士音乐家网络中的最大粗糙k 派系　　(b) 酵母蛋白互作用网络的最大粗糙k 派系

图 6.2　数据集中最大粗糙 k 派系的可视化

此外, 本节还研究了参数 k 和 k 紧致性之间的相关性. 为了更清晰地揭示这种隐藏的相关性, 实验调整参数 k 的范围, 在爵士音乐家网络数据集下调整 k 值从 10 到 30, 在酵母蛋白互作用网络数据集下调整 k 值从 1 到 9. 图 6.3 显示了两个测试数据集中 k 和 k 紧致性之间的相关性. 图中可以看出在爵士音乐家网络中, k 紧致性随 k 值变化不明显; 在酵母蛋白互作用网络中, 随着 k 值的增加, k 紧致性在开始时增加缓慢, 然后逐渐收敛到某个值.

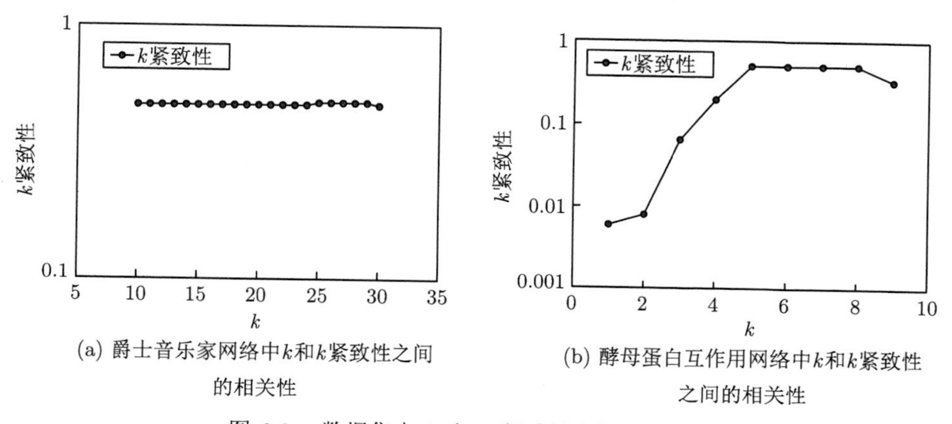

(a) 爵士音乐家网络中k和k紧致性之间的相关性　　(b) 酵母蛋白互作用网络中k和k紧致性之间的相关性

图 6.3　数据集中 k 和 k 紧致性之间的相关性

6.4 本章小结

为了刻画和认知任意子图的拓扑结构, 本章创新性提出了一套粗糙 k 派系理论, 该理论的主要思想是将 k 派系作为认识图结构的知识粒度. 在粗糙 k 派系理论的基础上, 定义了两个新的近似: 下节点近似和上节点近似, 用来描述任意给定子图的边界. 基于所提出的理论, 本章还给出了评价子图 k 紧致性的一个实际应用, 并发现了 k 与 k 紧致性之间的收敛关系. 粗糙 k 派系理论中的下节点近似和上节点近似可以作为刻画任意子图的特征, 该特征为图相似性度量研究提供了一种新的研究思路.

第 7 章　图相似性度量

许多现实世界的应用及数据被组织并用图结构表示, 图结构通常用于表示各种普遍存在的网络, 如万维网、社交网络和蛋白质互作用网络. 特别地, 图间的相似性评估在许多领域中是一个具有挑战性的问题, 如图搜索、模式发现、神经科学、化学化合物探索等. 目前, 已有一些基于顶点或边属性的算法解决该问题. 但是, 这些算法并未考虑顶点和边的相似性. 为此, 本章介绍一种基于形式概念分析的图相似性度量新方法[195]. 该方法的特点是能够表征节点之间的关系并进一步揭示图相似性. 因此, 本章所提方法的亮点是同时考虑顶点和边. 并且使用实际案例评估所提出的算法, 以验证该方法在检测和度量图相似性方面的有效性. 随着大数据技术的快速发展和普适计算能力的日益增强, 大规模图分析和挖掘的研究为复杂网络系统开辟了另一扇新的大门. 在推广大规模图分析和挖掘的基础上, 生物科学、社交媒体和交通领域出现了各种现实应用[196-199]. 因此, 大规模图分析和挖掘技术可以帮助人们获取更多隐藏在大规模图中的内部拓扑结构中的有价值知识.

在现有的大规模图分析和挖掘技术中, 子图匹配技术是根据图相似性检测同构子图结构. 子图匹配技术的工作原理: 对于给定的两个子图 g_1 和 g_2, 度量 g_1 和 g_2 之间相似性, 通常表示为 $\mathrm{sim}(g_1, g_2)$.

图 7.1 是某种新生药物的功能识别案例. 为了探索这种新生药物的医用功能, 传统的临床医学方法是在动物和人体中分别进行测试. 然而, 这种临床测试通常需要消耗很长时间来确定药物的功能. 幸运的是, 图相似性搜索 (graph similarity search) 成为解决该问题并可节省大量时间的潜在技术解决方案. 如图 7.1 所示, 靶向药物的分子结构位于最左侧, 被视为图相似性搜索问题中的查询 q, 然后通过图相似性搜索算法评估 q 与数据库中的已有图之间的相似性, 即 g_1 和医学数据库中的 g_2(分子结构) 之间的相似性. 因此, 该研究问题的实质是图相似性度量.

针对面向查询的图相似性度量问题, 已有的典型工作主要集中在基于核函数的方法和基于特征的图相似性评估方法上. 在文献 [200] 和 [201] 中, 阐述了具有核函数的两图间的相似性, 其基本思想是通过提炼拓扑结构结合领域知识并获得特征. 然后, 基于两图的共同拓扑结构进一步计算两图间的相似性[202]. 然而, 这两种评估方法并未考虑图的全局结构连通性. 为此, 本章提出一种基于形式

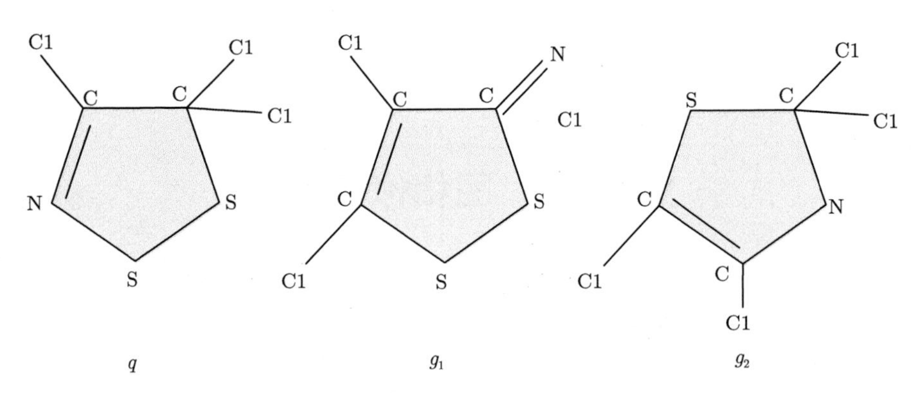

图 7.1　某种新生药物的功能识别案例

概念分析的评估方法, 用于获得图相似性. 与大多数已有的图相似性度量方法不同, 形式概念分析方法可作为描述对象和属性之间二元关系的强有力的数学工具, 用于存储图的全局和局部信息. 首先, 它将给定的图表示为形式背景. 然后, 相应地建立概念格, 并利用构造的概念格, 进一步设计图相似性度量方法. 本章主要内容如下:

(1) **图结构表示为形式背景**. 由于本章采用形式概念分析方法, 需要将图结构表示为形式背景. 从技术上讲, 给定图的形式背景很容易通过 3.1.2 小节提出的修正邻接矩阵构建.

(2) **相似性评估特征构造**. 通常情况下, 需要特征来评估图相似性. 在本章中, 形式概念格的构建可为进一步评估图相似性提供新的特征描述.

(3) **等价定理**. 基于本章的研究结果和相关证明, 很容易获得图相似性和构建的形式概念格之间相似性的等价定理.

7.1　问题描述

本节重点介绍图相似性度量问题. 该问题形式化描述如下.

问题 7.1 (基于形式概念分析的图相似性度量)　对于两个给定的图 $G_1(V_1, E_1)$ (包括 $|V_1| = n_1$ 个节点, $|E_1| = e_1$ 条边) 和 $G_2(V_2, E_2)$(包括 $|V_2| = n_2$ 个节点, $|E_2| = e_2$ 条边), 以及节点之间的连接. 该问题的目标是提出一种用于度量两图之间相似性的算法, 即 $\mathrm{sim}(G_1, G_2)$. 鉴于本章利用形式概念分析来解决图相似性的度量, 该问题可进一步表述为对于给定的图 $G_1(n_1, e_1)$ 和图 $G_2(n_2, e_2)$, 如何使用形式背景 $K = (O, A, I)$ 来表示它们, 然后研究和计算对应概念格 L_A 和 L_B 中形式概念之间的相似性 $\mathrm{sim}(L_A, L_B)$. 表 7.1 列出了本章使用的主要变量及其描述.

表 7.1　主要变量及其描述

变量符号	描述
$G_1(V_1, E_1)$	包含 n_1 个节点, e_1 条边的图
$G_2(V_2, E_2)$	包含 n_2 个节点, e_2 条边的图
C	形式背景
O	对象
A	属性
I	对象和属性之间的二元关系
L	概念格
$\mathrm{sim}(L_A, L_B)$	概念格 L_A 和 L_B 之间的相似性

7.2　度量方法

本节主要阐述基于形式概念分析的图相似性度量方法.

7.2.1　形式概念格相似性度量

形式概念格之间的相似性度量是解决本章研究问题的关键技术. 因此, 本小节重点阐述如何计算由给定图生成的形式概念格之间的相似性. 形式概念分析作为描述对象和属性之间二元关系的强大理论工具, 已应用于许多领域. 关于形式概念分析的预备知识已经在第 2 章做了详细阐述, 这里不再赘述.

定义 7.1 (相似度函数)　令 L_A, L_B 为两个概念格, L_A 和 L_B 上节点之间的相似度计算如下:

$$\mathrm{sim}(L_A, L_B) = \frac{\sum_{C_i \in L_A} \mathrm{sim}(C_i, L_B)}{n} \tag{7.1}$$

其中, $\mathrm{sim}(C_i, L_B) = \max\left(\frac{\sum_{l \in R_i} \mathrm{sim}(C_i, l)}{n}\right)$, R_i 是描述概念 C_i 的路径集.

7.2.2　基于形式概念分析的图相似性度量方法

图 7.2 为本章所提度量方法的具体步骤. 显然, 图 g_1 和图 g_2 为该方法的输入. 通过步骤 1 构造两图对应的形式背景; 之后, 如步骤 2 所示, 生成相应的概念格; 步骤 3 评估所构建的形式概念格之间的相似性, 从而实现两图之间的相似性度量.

1. 图的形式背景构造

根据作者前期的研究工作[48,108,203], 很容易获得作为输入的图 g_1 和图 g_2 的形式背景. 构造方法的基本思想是将顶点同时作为对象和属性. 然后, 采用修正邻接矩阵构造给定图 g_1 和图 g_2 的形式背景. 因此, 构造的形式背景表示为

$$K = (V, V, I) \tag{7.2}$$

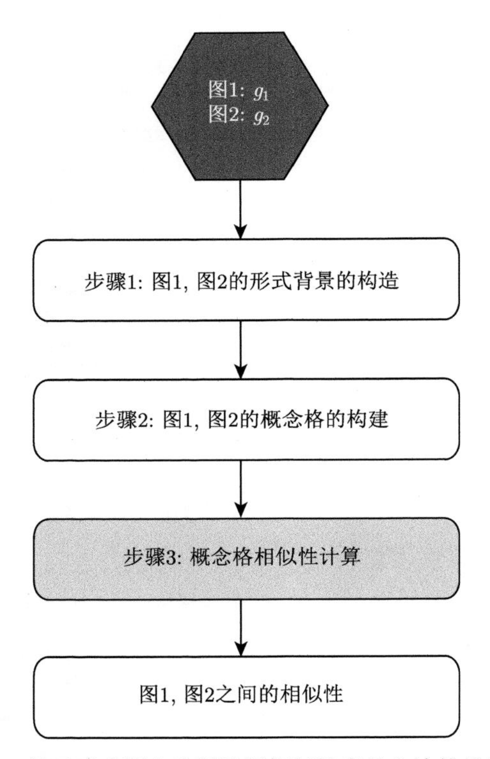

图 7.2　基于形式概念分析的图相似性度量方法的具体步骤

其中, V 是图中的顶点集. 因此, 和一般的形式背景相比, 形式背景 C 是一种特殊的形式背景. 这里记 $K(g_1)$ 和 $K(g_2)$ 为图 g_1 和图 g_2 的构造的形式背景.

2. 概念格的生成

根据已有的概念格生成算法[47,48], 图 g_1 和图 g_2 对应的概念格分别为 $L(K(g_1))$ 和 $L(K(g_2))$.

3. 概念格相似性度量

根据定义 7.1 的相似度函数计算两个概念格之间的相似性. 因此, 两个概念格之间的相似性可以计算如下:

$$\text{sim}(L(K(g_1)), L(K(g_2))) = \frac{\sum_{C_i \in L(g_1)} \text{sim}(C_i, L(K(g_2)))}{n} \tag{7.3}$$

一旦获得概念格之间的相似度, 就可以等效地度量图之间的相似性. 也就是说, 图 g_1 和图 g_2 之间的相似性, 可表示为 $\text{sim}(g_1, g_2)$, 则以下等价关系成立:

$$\text{sim}(g_1, g_2) \equiv \text{sim}(L(K(g_1)), L(K(g_2))) \tag{7.4}$$

7.3　案例分析

本节通过一个我国高点击率网站的实用案例[204], 对提出方法进行分析验证. 该案例描述如下: 我国的一些高点击率网站, 如百度、新浪、网易、优酷、淘宝、京东和当当网, 研究案例中的每个网站都被视为一个节点, 每个链接都被视为图中的边. 由此可以建立如图 7.3 所示的两个图 g_1 和 g_2.

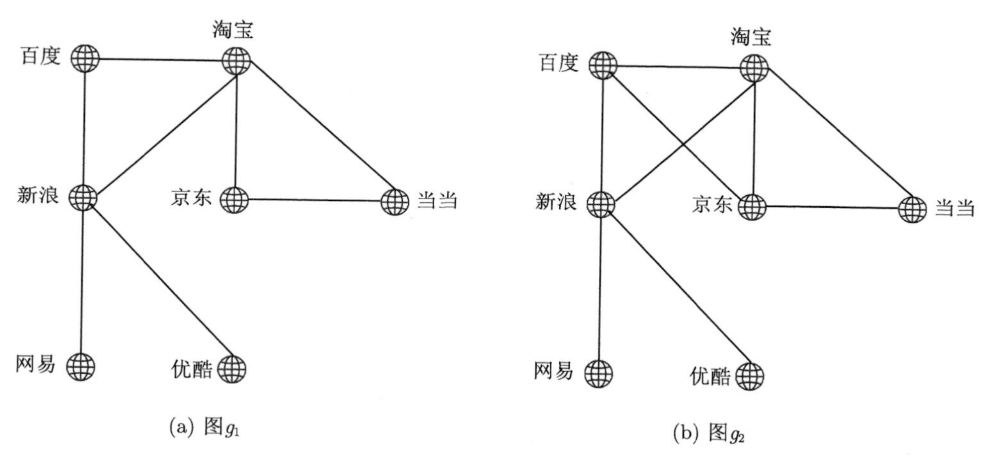

图 7.3　图 g_1 和图 g_2 的构建

通过使用上述方法, 可以获得与图 g_1 和图 g_2 相对应的两个概念格之间的相似度, 如下所示:

$$\mathrm{sim}(L(K(g_1)), L(K(g_2))) = \frac{\sum_{C_i \in L(g_1)} \mathrm{sim}(C_i, L(K(g_2)))}{9} = \frac{8}{9} \approx 0.889 \qquad (7.5)$$

显然, 得到图 g_1 和图 g_2 之间的相似性为 0.889. 本案例研究从可行性和有效性方面进一步验证了所提出的方法, 该方法将用于各种大型复杂图形相关应用, 如社交网络分析、Web 挖掘. 此外, 通过结合更丰富的领域知识、图形对象分类和子图搜索, 图相似性应用将变得更有意义.

7.4　本章小结

图相似性度量正成为模式搜索、对象跟踪和生物复杂识别领域的一种最具前景的技术. 为了度量图间相似性, 本章开创性地提出了一种新颖的基于形式概念分析的图相似性度量方法. 首先, 该方法分别构造给定两个图的形式背景; 其次, 相应地构建它们的形式概念格; 最后, 本章定义了概念格的相似度函数, 以进一步度量图的相似性. 对我国高点击率网站所形成的网络案例研究进行了分析, 并对该方法进行了性能评估. 结果表明, 本章提出的方法可以有效地表征节点之间的关系, 并通过计算给定图的形式概念格中的节点之间的相似度, 进一步获得图间相似性. 总体来讲, 基于形式概念分析的图相似性度量为子图搜索或者匹配研究提供了一种新的解决思路.

第 8 章　软计算技术在社会网络分析中的应用

近年来, 社会网络分析已取得了长足发展, 在多个关键领域得到了应用, 并建立了相应的社会网络分析应用系统. 本章将分别介绍前述章节涉及的软计算技术方法在社会网络分析相关重要领域中的应用, 包括移动社会网络中模糊信任推理机制、移动云服务推荐和地理位置敏感的在线社区社会演化.

8.1　移动社会网络中模糊信任推理机制

移动社会网络促进了移动用户之间的联系, 人们通过手机终端就能找到其他兴趣相同的潜在用户, 与他们交流, 并从他人的信息中获益. 因为社交网络分布在公共的虚拟社交空间, 所以有效信息并不一定对所有人可信. 因此移动用户由于对与之交往的陌生人不熟悉而经常处于信任风险中. 为了解决该问题, 信任推理扮演了建立社交用户间连接的关键角色. 本节提出一种名为 MobiFuzzyTrust 的模糊信任推理机制, 从一个移动用户语义层面推断是否信任另一个不在社交信任网络中的用户. 首先, 移动上下文包括用户的声望、位置、时间及社交上下文. 其次, 移动上下文感知信任模型设计用于有效评估两个移动用户之间的信任值. 另外, 模糊语言技术被用于表示两个移动用户间的信任和增强人们对信任的理解. 本节采集现实中的移动数据集用于评估 MobiFuzzyTrust 模糊信任推理机制的性能. 研究结果表明, MobiFuzzyTrust 可以较精准地有效推理用户之间的信任.

智能手机、笔记本电脑和平板电脑等移动终端的广泛普及使用及快速发展, 促使了移动社会网络的诞生. 移动社会网络是一类新兴的、广泛的分布式系统, 集成了在线社交计算服务和移动终端, 并且允许移动用户发现朋友、与朋友互动, 进而享受分布式网络服务, 如朋友推荐、动态内容广播, 甚至无需网络基础架构或端到端的连接[205, 206]. 然而, 当移动用户尝试随时随地与其他用户互动时会存在一定的风险. 例如, 候机时, 在下一个走道遇到朋友的朋友, 然后面对面聊了两句; 又或者在搜索观光国的餐馆时, 凭借手机可以找到有相同口味的他人推荐且在附近的餐馆. 在这两种情况下, 要想采取合适的措施就需要建立与新朋友间的信任值和社交网络中推荐餐馆的信任值. 基于信任合作的开发是减少风险漏洞和完全挖掘自发的社交网络的潜力[207, 208].

目前, 已经涌现出许多旨在降低社交风险的社会网络信任计算和推理相关的研究. 例如, Golbeck 等[209] 提出一种名为 TidalTrust 的算法, 用于推断社会网络中人们间的信任关系. TidalTrust 采用了递归搜索方法计算信任, 该信任基于社会网络中人与人的连接路径, 进而获得这些路径中的信任率. Golbeck[210] 进一步研究调查了属性相似性特征及其与用户是否决定信任的关系, 揭示了用户属性相似性与他们信任值之间是有关联的. Lesani 等[211] 提出了一种模糊信任推理机制, 通过模糊语言学来确定对他人的信任, 并给出了从某个用户推断其他可能不在社会网络图而直接连通的用户信任值. 对于用户而言, 这是使用模糊语言规则获得和理解信任值较好的方式. 然而, 这种方法仅适用于传统的社交网络, 而不适合新兴的移动社会网络. Bhuiyan 等[212] 提出了基于定位的社会网络中的信任和声望感知决定机制, 但未给出声望计算途径. Seyedi 等[213] 提出了使用移动设备或其他社交互动的用户行为数据计算基于距离的信任推理途径. 然而, 这种途径无法解决基于自然语言描述的模糊信任推理.

本节旨在设计移动社会网络中基于模糊语言学的模糊信任推理机制. 信任概念模棱两可, 为增强对社会网络用户互动行为的理解, 通过语言规则来表述更有优势. 移动社会网络面临的主要挑战如下:

(1) 怎样计算移动社会网络中某个用户对其他直接或间接用户的信任值?

(2) 怎样使用自然语言来刻画信任?

(3) 怎样预测移动社会网络中某个已存在用户和陌生用户间的信任关系?

本节提出的信任推理机制有别于已有的推理模型, 主要在于其整合了用户移动上下文返回信任值作为描述信任语言项的模糊隶属函数的参数值. 语言描述 (如非常信任、一般信任、不太信任) 可用于揭示移动用户间的信任关系. 概括地讲, 本节主要的内容如下.

(1) 移动上下文结构: 通过分析移动社会网络的关键属性, 得出移动上下文包括用户声望交互、位置、时间和社交上下文. 这里的移动上下文主要考虑了移动社会网络的功能.

(2) 移动上下文感知信任模型: 移动上下文感知信任模型在设计之初是用于有效评价两个移动用户之间的信任值. 该信任模型统计移动社会网络用户间基于声望的信任值、社会环境感知信任值、时空因子相关信任值及信任风险, 由此生成总的信任值. 它合理地解释了移动社会网络用户间的信任评估.

(3) MobiFuzzyTrust 模糊信任推理机制: 这是一种新型信任推理机制, 用于增强人们对于信任的认知和理解. 因为模糊语言学更适合用户获取和理解信任值, 所以本节同时也将给出信任传播推理算法, 同时评估算法的准确性.

(4) 基于现实生活数据集的模糊信任评估: 本节将对现实数据集进行广泛的实验. 实验结果表明, MobiFuzzyTrust 模糊信任推理机制在理论和实际应用中都有着高的准确性.

8.1.1　问题描述

本小节首先给出模糊关系和模糊图的概念，其次介绍采用模糊图表示的信任网络，最后提出一种可以衔接语言学描述和社会网络形式化的计算语义方法理论.

1. 模糊图

定义 8.1 (模糊关系)　设 X 是一个元素集，X 对 Y 映射的模糊关系表示为

$$R : X \times Y \to [0,1] \tag{8.1}$$

其中，$R(x,y)$ 表示 x 与 y 之间的信任关系程度.

上述模糊关系满足自反性、对称性和传递性.

定义 8.2 (模糊图)　模糊图 $\widetilde{G}$ 是用若干顶点和连接顶点的若干模糊边表示的:

$$\widetilde{G} = (V, \widetilde{E}, R) \tag{8.2}$$

其中，V 是顶点集；$\widetilde{E}$ 是模糊边集；R 是 V 的反模糊关系.

特别地，当 R 对称，$\widetilde{G}$ 则被称为无向模糊图；否则 $\widetilde{G}$ 为有向模糊图. 在模糊图中，$R(x,y)$ 是边 $x \to y$ 上的权重. 也就是说，无向模糊图中 $R(x,y) = R(y,x)$，有向图中二者则不一定相同.

2. 信任网络与模糊信任网络

信任网络建模使用有向图 $G = (V, E)$ 表示，其中 V 表示网络中用户节点，E 表示用户节点间的信任关系. 模糊信任网络定义为一个模糊图 $\widetilde{G} = (V, \widetilde{E}, R)$，这里的 V 是一个非空用户集，而 R 是一个非对称信任关系.

图 8.1 表示信任网络和模糊信任网络. 现实中信任网络一般只考虑节点用户间的二进制链接 (存在链接，为 1；否则，记为 0). 然而，模糊信任网络考虑了不同程度的链接.

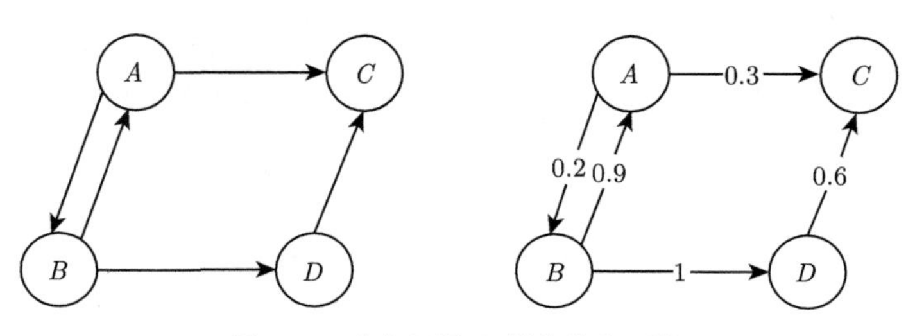

图 8.1　信任网络和模糊信任网络

信任与信任网络有四个明显的特性: ① 非对称性; ② 传递性; ③ 组合性, 当人们从不同的渠道得到信任时, 他们对更可信的来源给予更高的重视, 从而自然而然地组成了信任值; ④ 衰退, 伴随社会信任路径的传播数增加, 信任也随之衰退.

3. 文字计算

文字计算 (computing with words, CWW) 是对自然语言描述的信息进行论证、计算、决策的方法论. CWW 显著的原理是将语言学信息转译为机器处理格式.

在模糊信任网络中, CWW 衔接了表述信任的人机交互与通常定义为模糊集的自然语言项集. CWW 为这些语言项集提供了一种高效且可行的表示方式, 如两个用户之间的信任度. 例如, 在模糊信任网络中的自然语言项 “强 (strong)” 信任定义为 [0, 1] 上的模糊子集, 使得对于 [0, 1] 上的任意 x, $f_{\mathrm{str}}(x)$ 值代表 x 满足自然语言项 “强 (strong)” 信任的隶属程度.

4. 问题提出

定义 8.3 (**信任语义**) 在一个信任网络 $G=(V,E)$ 中, 信任语义特征化为一个三元组 (e_{ij},l_{ij},μ_{ij}), 其中 e_{ij} 为用户 u_i 对 u_j 的有向信任关系, $l_{ij}\in L$ 表示与 e_{ij} 相关的语言学上的信任准则, L 是语言学上的信任准则集, μ_{ij} 是评估用户 u_i 与 u_j 信任度 l_{ij} 的隶属度.

为了推理移动社会网络中的信任语义, 在评估用户间的信任值时应充分考虑不同的因素, 如用户荣誉、社会背景、位置和时间, 这些都属于移动上下文信息.

移动社会网络中模糊信任推理: 移动社会网络中, 两个互动的移动用户之间存在着信任关系, 该信任关系可以形式化为信任网络 $G=(V,E)$. 移动社会网络中模糊信任推理的目标在于依据最大隶属度原理获得期望信任的自然语言项 $\widehat{l_{ij}}$:

$$\widehat{l_{ij}} := \arg\max_{l_{ij}\in L}\mu_{l_{ij}} \tag{8.3}$$

其中, L 为关于信任的自然语言项集.

式 (8.3) 的本质在于使用模糊逻辑挖掘信任语义.

8.1.2 MobiFuzzyTrust 模糊信任推理模型

本小将重点阐述移动上下文的组成和移动上下文感知信任计算模型的建立, 在此基础上进一步提出 MobiFuzzyTrust 模糊信任推理模型. 首先, 分析信任计算相关影响因素, 构造每对用户的移动上下文. 其次, 计算一般信任计算模型的关键因素, 包括基于声望的信任计算、基于相似性的信任计算、基于熟识度的信任计算和信任风险计算. 最后, 分析信任模型中不同因素对信任评估的影响.

在图 8.2 中, MobiFuzzyTrust 模糊信任推理框架包括三个主要部分: ① 移动上下文; ② 信任计算; ③ 模糊信任推理. 第一步, 基于手机的移动社会网络数据提取移动上下文信息. 第二步, 建立使用移动上下文信息的计算模型, 即移动上下文感知信任模型. 第三步, 这些带有语言学准则的用数字表示的信任值可以通过相匹配的模糊成员关系的函数计算而来.

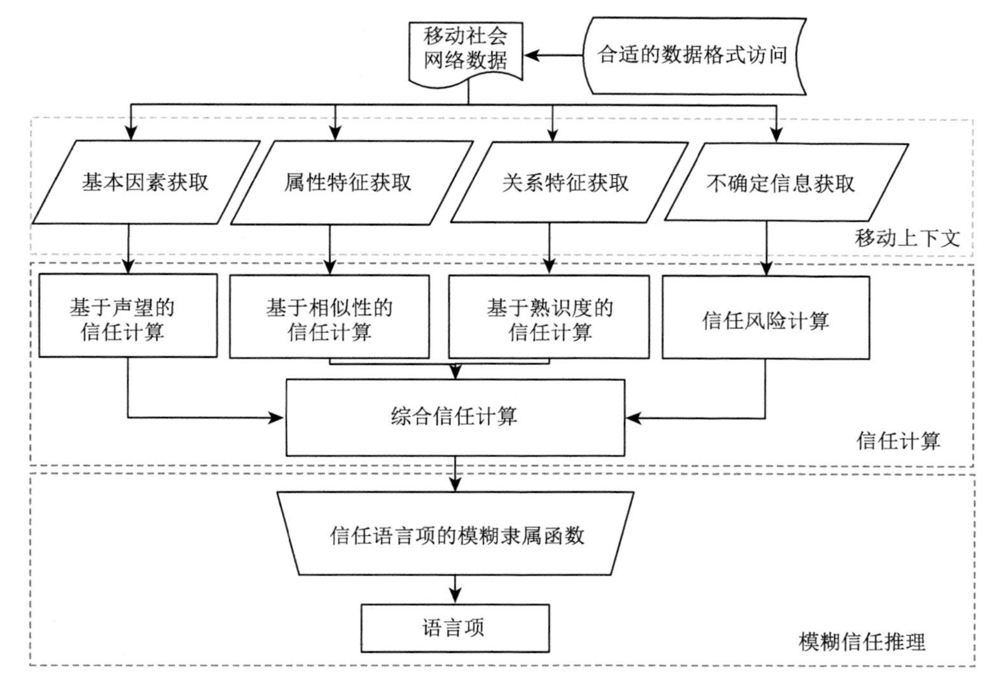

图 8.2　MobiFuzzyTrust 模糊信任推理框架

1. 移动上下文

如图 8.3 所示, 移动上下文 (mobile context) 是时空特征上的交互行为, 如位置、时间、声望. 社会上下文反映了两个用户间的熟悉程度. 显然, 随着社会上下文信息的更新, 用户声望也在动态改变. 因此, 声望模块受社会上下文模块的影响.

为了建立移动上下文信任感知模型, 下面将详细地介绍并深入研究移动上下文信息的四个影响因素:

(1) 依据用户声望计算出的基于声望的信任值.

(2) 依据用户社会上下文信息计算出的基于熟识度的信任值, 如与用户间的社会交互行为.

(3) 从移动用户间位置相似性和时间相似性计算基于相似性的信任值.

(4) 考虑到移动社会网络上相互信任间可能存在的风险, 计算用户间的信任风险.

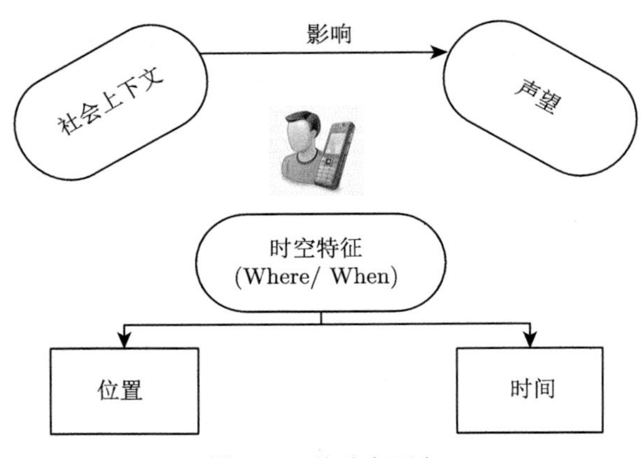

图 8.3 移动上下文

基于声望的信任值: 本小节将移动用户声望作为基本的信任值. 该值计算有一定的计量方法, 如基于度的声望计算方法[214]、基于距离的信任计算方法[215] 和声望分级计算方法[216]. 尤其是基于度的声望计算方法, 作为一种有效快速的基本信任评估方法已经得到了广泛应用. 因此, 本小节采用基于度的声望计算方法评估移动社会网络中每个用户的基本信任值.

定义 8.4 *移动用户 u 的基于声望的信任值可以通过如下公式计算:*

$$\mathrm{BT}(u)=\frac{N(u)}{m-1} \tag{8.4}$$

其中, $N(u)$ 是 u 的邻居用户数; m 是移动社会网络中总用户数. 式 (8.4) 表明若用户 u 拥有的邻居用户越多, 则可获得的基本信任值越高.

基于熟识度的信任值: 两个移动用户间的熟识度通常由他们的社会交往产生. 例如, 用户 A 和用户 B 经常联系, 那么认为他们有更高的熟识度. 为了计算基于熟识度的信任值, 本小节设计了一种有效的方法来评估移动用户间基于熟识度的信任值.

将移动社会网络中的交互图看作一个有向图 $G=(V,E,W)$, V 表示节点集 (用户), E 表示边 (用户间的交互), W 表示边的权重, 如交互次数等. 图 8.4 (a) 所示为移动社会网络的交互关系图.

图 8.4 (a) 中 A 向 C 发消息或打电话次数为 5, 而 C 向 A 发消息或打电话次数为 4. 直觉地, "用户交互越多越熟悉". 将考虑目标用户 A 与其他用户间的交互次数的最小值作为彼此的熟识度. 因此, 移动社会网络的交互关系图 G 可以变换为如图 8.4 (b) 所示的目标用户 A 的交互图 $G^{(m)}(A)=(V,\widetilde{E},\widetilde{W})$. 显然, 图 8.4 (b) 是一个简化的无向图, 所有的边保留了图 8.4(a) 描绘的较小权重的边. 例如, A 和 C 上的权值为 4, 即 $\widetilde{W}(A,C)=\min(W(A,C),W(C,A))=W(C,A)=4$.

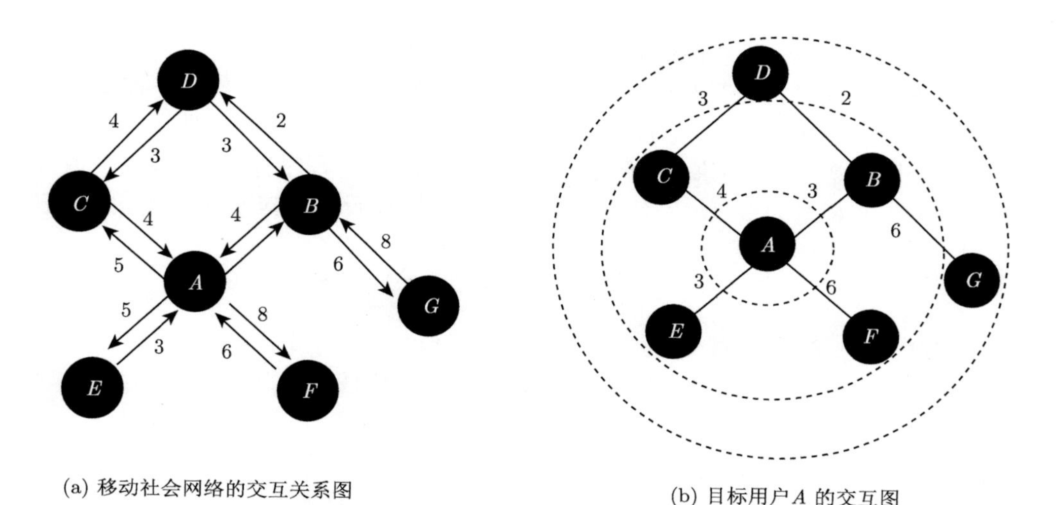

(a) 移动社会网络的交互关系图　(b) 目标用户 A 的交互图

图 8.4　移动社会网络的交互关系图与目标用户 A 的交互图

定义 8.5 (基于熟识度的信任计算)　假设 u 和 v 是移动社会网络中的两个不同用户, u 的交互图为 $G^{(m)}(u)=(V,\widetilde{E},\widetilde{W})$, v 对 u 的基于熟识度的信任值 $\mathrm{FT}(u,v)$ 定义如下:

$$\mathrm{FT}(u,v)=\begin{cases}\dfrac{w(u,v)}{\max(\mathrm{FT}(u,\widetilde{v}))}, & (u,v)\in\widetilde{E}\\ \dfrac{\max(\min(w(u',v')))}{\max(\mathrm{FT}(u,\widetilde{v}))}, & (u,v)\notin\widetilde{E}\end{cases}\tag{8.5}$$

其中, $\widetilde{v}\in N(u)$; $w(u,v)\in\widetilde{W}$; $(u',v')\in\mathrm{path}(u,v)$.

例 8.1　以图 8.4 (b) 为例. $\mathrm{FT}(A,v)$, $v\in\{B,C,D,E,F,G\}$ 计算结果列于表 8.1, 此表显示 $\mathrm{FT}(A,F)$ 有最高的信任值, 而与用户 B, D, E, G 间熟识度信任值相同.

表 8.1　基于熟识度的信任计算示例

$\mathrm{FT}(A,v)$	信任值
B	0.5
C	0.667
D	0.5
E	0.5
F	1
G	0.5

基于相似性的信任值: 移动社会网络中用户相似性的两个方面为内在相似性

(internal similarity) 和外在相似性 (external similarity). 外在相似性计算取决于用户所处的物理位置和交互时间. 内在相似性计算取决于用户的兴趣, 如用户的关注和品味. 因此, 基于相似性的信任计算模型定义兼具外在相似性和内在相似性的可变因子 λ. 主观地讲, 因子 λ 与移动社会网络应用程序有关. 如果大多数社会交互发生在相对的多尺度空间, 可以设置较大的 λ, 反之则应使 λ 较小.

$$\mathrm{ST}(u,v)=\lambda\mathrm{ST_e}(u,v)+(1-\lambda)\mathrm{ST_i}(u,v) \tag{8.6}$$

其中, $\mathrm{ST}(u,v)$ 表示 v 对 u 基于相似性的信任值; λ 表示可变因子; $\mathrm{ST_e}(u,v)$ 和 $\mathrm{ST_i}(u,v)$ 分别表示外在相似性信任值和内在相似性信任值.

1) **外在相似性感知的信任计算**

$\mathrm{ST_e}(u,v)$ 依赖于位置和时间因素. 由于没有深层次考虑时空的权重, 这里为它们分配相同的权重, 因此外在相似性感知的信任值计算如下:

$$\mathrm{ST_e}(u,v)=\mathrm{ST_e^{\mathit{l}}}(u,v)+\mathrm{ST_e^{\mathit{t}}}(u,v) \tag{8.7}$$

其中, $\mathrm{ST_e^{\mathit{l}}}(u,v)$ 表示由地理位置相似性导致的 v 对 u 的信任值; $\mathrm{ST_e^{\mathit{t}}}(u,v)$ 表示由时间相似性导致的 v 对 u 的信任. 为了获取 $\mathrm{ST_e^{\mathit{l}}}(u,v)$, 位置相似性感知的信任计算定义如下.

定义 8.6 (**位置相似性感知的信任计算 $\mathbf{ST_e^{\mathit{l}}}(u,v)$**) 假设用户 u 和 v 有几个期望的位置信息 (如家、公寓、办公室等). v 对 u 的位置相似性感知的信任计算如下:

$$\mathrm{ST_e^{\mathit{l}}}(u,v)=\begin{cases}1, & l(u)=l(v)=\text{“家”}\\ 0.9, & l(u)=l(v)=\text{“公寓”}\\ 0.8, & l(u)=l(v)=\text{“办公室”}\\ 0.7, & l(u)=l(v)=\text{“电影院”}\\ 0.6, & l(u)=l(v)=\text{“其他场所”}\\ 0, & l(u)\neq l(v)\end{cases} \tag{8.8}$$

图 8.5 揭示了位置相似性感知的信任推理工作原理. $\mathrm{ST_e^{\mathit{l}}}(u,v)$ 的值是按照移动上下文信息经验性地设置. 例如, 用户 A 和 B 社交活动发生在家里、办公室、机场. 有别于其他公共场所, 如办公室和机场, 家是一个非常私密且可信的地方. 因此, 家的权重设为 1, 因而 A 和 B 之间分配了较大的信任值. 图 8.5 也呈现了用户 A 和 C 之间在办公室和机场有共同的社会活动, 这些场所的权重与家相比要低. 用户 A 和 C 很可能是同事关系. 与 A 和 B 的信任值相比较, A 和 C 之间的信任值较小. 此外, 用户 D 因出差在机场候机, A 可能认识也可能不认识 D. 出于用户间信任值的语义理解, 分配模糊语言准则, 使用 “高信任”“一般信任” 和

“低信任” 来描述移动用户间的信任度. 实际上, 在计算外在相似性时, 除了位置因素, 时间因素也起到了重要作用.

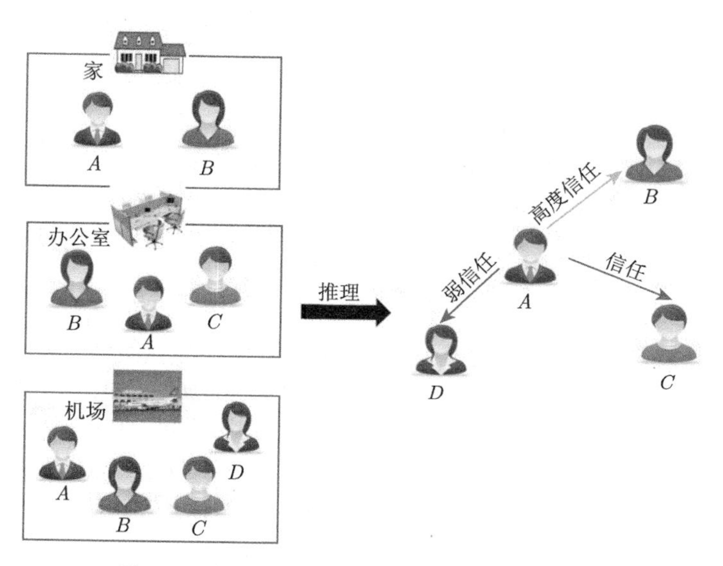

图 8.5　位置相似性感知的信任推理工作原理

定义 8.7 (**时间相似性感知的信任计算**)　假设用户 u 和 v 通过手机来沟通. 为了简便, 将时钟周期分为三段, 如日间 C_1(早上八点到下午六点)、晚间 C_2(下午六点到夜间零点) 和夜间 C_3(夜间零点到早上八点). 时间相似性感知的信任计算模型如下:

$$\mathrm{ST}_{\mathrm{e}}^{t}(u,v)=C_i\frac{t_{\mathrm{e}}-t_{\mathrm{s}}}{\mathrm{argmax}(t_{\mathrm{e}}^{u}-t_{\mathrm{s}}^{u})} \tag{8.9}$$

其中, C_i 为第 i 个时间段; t_{e}、t_{s} 分别为用户 u 和 v 的通话结束时间和开始时间; t_{e}^{u}、t_{s}^{u} 分别为用户 u 和其他用户的通话结束时间和开始时间. 直观地, 给不同的时间段分配不同的权重 $w(C_i)$. 实际上, $w(C_i)$ 是由用户决定的系统参数. 也就是说, 不同用户对不同时间段的社交有着不同的认知偏好. 本小节中晚间, 日间, 夜间的权重分别设为 0.8, 0.6, 0.4, 是由于晚间更值得信任而拥有最高的信任权重, 而夜间存在一定的信任风险, 从而权重最低.

因此, 基于社会学观察和用户行为科学能够得到如下结论: 用户在权重较高的时间段沟通越多, 他们之间的信任值也越高.

2) **内在相似性感知的信任计算**

定义 8.8 (**内在相似性感知的信任计算**)　内在相似性通常来自用户的兴趣相似性, 如行为相似性、关注相似性. 本小节利用用户品味相似性来评估用户间的内在相似性，即通过他们的手机型号判定用户间的内在相似性. 例如，如果 Peter 和 Jessie 使用相同手机，表明他们在一定程度上具有相似品味.

对于两个使用手机交流的用户 u 和 v，内在相似性感知计算模型表示如下:

$$\mathrm{ST_i}(u,v)=\mathrm{sim}(\mathrm{mp}_u,\mathrm{mp}_v) \tag{8.10}$$

其中，$\mathrm{mp}_u,\mathrm{mp}_v$ 表示手机名字的字符串；$\mathrm{sim}(x,y)$ 表示字符串 x 与 y 之间的相似性. 直观地，如果用户使用相同型号的手机，那么他们在品味上比其他人可能更相似、更可信. 为了保证上述依据用户声望、熟识度、位置、时间和品味相似性的信任计算方法的整体信任模型的完整性，下面将研究信任风险.

3) **信任风险**

信任风险表示当用户 B 尝试信任用户 A 时存在的风险值. 风险意味着消极的背叛导致的一定损失. 前面提及的信任具备衰退的属性，衰退是由风险产生的. 换言之，由于传播点的增加，风险也在增加而信任在减少. 因此，信任风险是一个信任的对偶问题. 信任风险的趋势形如 S 形曲线. 广义 Logistic 曲线 (generalized logistic curve) 可以有效地建模 S 形的增长趋势 (简称 S 曲线). 本小节探讨的信任风险符合 Logistic 曲线 ①.

定义 8.9 (**信任风险**) 移动社会网络中，用户 v 对 u 的信任风险 $\mathrm{RT}(u,v)$:

$$\mathrm{RT}(u,v)=r_{\max}-\frac{1}{\varepsilon * e^{d(u,v)}} \tag{8.11}$$

其中，$r_{\max}$ 是风险的上限，也称为风险参数；ε 是依赖于研究个体的固定环境参数，这里设为 5；$d(u,v)$ 是 u 和 v 之间的传递跳数 (transitivity hops).

例 8.2 假设移动社会网络中有六个手机用户，即 A,B,C,D,E,F. 他们之间存在如图 8.6 (a) 的信任传递路径.

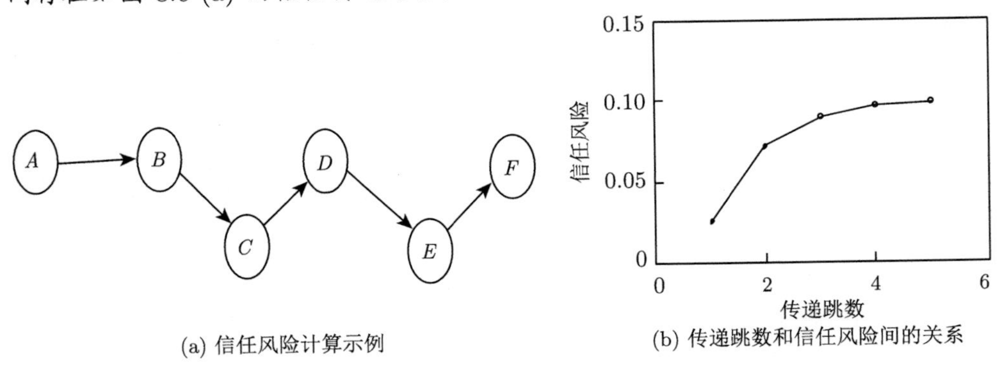

(a) 信任风险计算示例　　(b) 传递跳数和信任风险间的关系

图 8.6　信任风险计算及其与传递跳数的关系

① http://en.wikipedia.org/wiki/Logistic_function.

假设 $r_{\max} = 0.1$ 以确保有一个较低的信任风险, 如小于 0.1. 由式 (8.11) 可以得到用户 A 到 F 的信任风险, 即

$$\mathrm{RT}(A, F) = 0.1 - \frac{1}{5 * e^5} \approx 0.099 \tag{8.12}$$

为了研究传递跳数与信任风险之间的相关性, 图 8.6 (b) 中给出了传递跳数在 1~5 的关联曲线. 该关联曲线揭示了一个重要结论: 随着传递跳数的增加, 信任风险也随之增加, 但最终只是接近风险上限 0.1. 显然, 图中的形状符合信任风险的 Logistic 曲线.

2. 移动上下文感知的信任计算模型

通过收集移动上下文, 可以定义所提出的移动上下文感知信任计算模型如下:

$$\begin{aligned} T(A, B) = & \alpha \mathrm{BT}(A) + \beta \mathrm{FT}(A, B) + \gamma \mathrm{ST}(A, B) \\ & - (1 - \alpha - \beta - \gamma) \mathrm{RT}(A, B) \end{aligned} \tag{8.13}$$

其中, $T(A, B)$ 表示 B 对 A 的信任值; $\mathrm{BT}(A)$ 表示由用户 A 的声望计算得出的 A 的基本信任值; $\mathrm{FT}(A, B)$、$\mathrm{ST}(A, B)$、$\mathrm{RT}(A, B)$ 分别表示基于熟识度的信任值、基于相似性的信任值和用户 B 对 A 的信任风险; 参数 α、β、γ 表示经验值. 这些参数均能够从社会交互的历史记录中学习得到.

8.1.3 模糊信任评估及推理

为了增强对利用数值呈现的信任的认知和理解, 本小节使用模糊语言学来刻画模糊信任推理, 将数值呈现的信任转化为自然语言学描述的信任, 以便于现实世界中的用户可以更好理解. 整个模糊信任推理过程如图 8.7 描述.

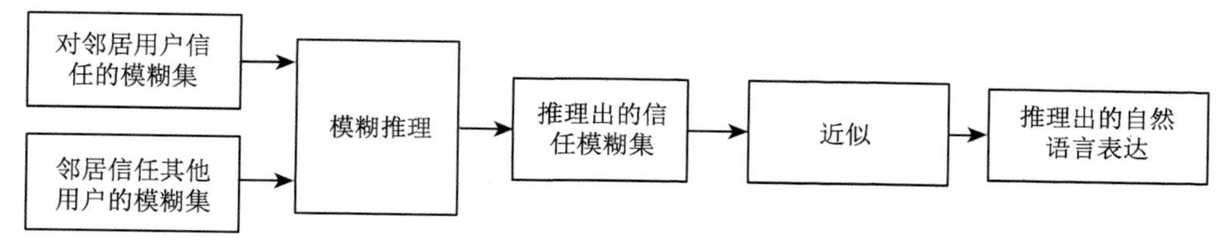

图 8.7 模糊信任推理过程

本小节利用一组框架中预定义的自然语言术语集描述信任度. 例如, $L=\{$high(H), mediumhigh (MH), medium (M), mediumlow (ML), low (L)$\}$. 其推理的目标是返回能够表示的信任度而非当前信任数字值期望的自然语言术语.

MobiFuzzyTrust 支持自然语言术语作为移动社会网络中用户对其他用户的信任分级. 例如, H、MH、M、ML 和 L 等语言术语, 即高、中高、中、中低和低

的模糊隶属函数被定义为三角隶属函数, 如图 8.8 所示. 由于模糊逻辑方面设计模糊隶属函数的困难性, 尤其是模糊语言学领域, 三角隶属函数是最常见的用于代表不同自然语言术语的函数之一, 以便降低模糊隶属函数的设计成本[217]. 信任自然语言术语的模糊隶属函数可以按不同的条件划分, 如下所示:

$$\mu_{\mathrm{L}}(x)=\begin{cases}1-4x, & x\in[0,0.25]\\ 0, & x\in(0.25,1]\end{cases} \tag{8.14}$$

$$\mu_{\mathrm{ML}}(x)=\begin{cases}4x, & x\in[0,0.25]\\ 2-4x, & x\in(0.25,0.5]\\ 0, & x\in(0.5,1]\end{cases} \tag{8.15}$$

$$\mu_{\mathrm{M}}(x)=\begin{cases}0, & x\in[0,0.25]\\ 4x-1, & x\in(0.25,0.5]\\ 3-4x, & x\in(0.5,0.75]\\ 0, & x\in(0.75,1]\end{cases} \tag{8.16}$$

$$\mu_{\mathrm{MH}}(x)=\begin{cases}0, & x\in[0,0.5]\\ 4x-2, & x\in(0.5,0.75]\\ 4-4x, & x\in(0.75,1]\end{cases} \tag{8.17}$$

$$\mu_{\mathrm{H}}(x)=\begin{cases}0, & x\in[0,0.75]\\ 4x-3, & x\in(0.75,1]\end{cases} \tag{8.18}$$

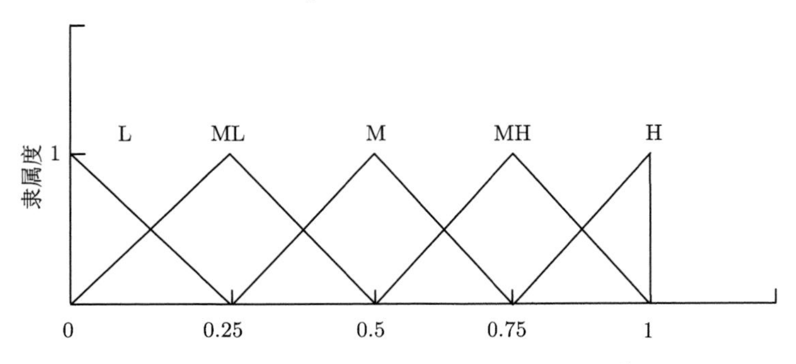

图 8.8　信任自然语言术语的模糊隶属函数

用户 v 对 u 的基于自然语言术语表达的模糊信任推理算法描述如下:

在算法 8.1 中, 输入为给定的用户 u、用户 u 的朋友列表 F、用户 u 的朋友数 M 和系统参数 α、β、γ、λ. 第 3 行计算了 u 与其他用户 v_i 之间的信任值. 第 5~9 行计算了五个自然语言术语的隶属度. 第 10 行计算隶属度, 并根据最大隶属度原则返回期望的信任自然语言术语.

算法 8.1 MobiFuzzyTrust 模糊信任推理算法

输入: 用户 (u); 用户 u 的朋友列表 $(v \in F)$; 用户 u 的朋友数 (M); 系统参数: $\alpha, \beta, \gamma, \lambda$;

输出: 期望的信任自然语言术语 $\widehat{l_{uv}}$.

1: **for** i=1 **to** M **do**
2: **begin**
3: $T_i = T(u, v_i)$;
4: 计算五个自然语言术语关于信任的隶属度
5: $d_1 = \mu_{\mathrm{H}}(T_i)$;
6: $d_2 = \mu_{\mathrm{MH}}(T_i)$;
7: $d_3 = \mu_{\mathrm{M}}(T_i)$;
8: $d_4 = \mu_{\mathrm{ML}}(T_i)$;
9: $d_5 = \mu_{\mathrm{L}}(T_i)$;
10: $\widehat{l_{uv}} := \arg\max\limits_{l_{uv} \in L} (d_1, d_2, d_3, d_4, d_5)$;
11: **end**
12: 计算隶属度, 并根据隶属度输出期望的信任自然语言术语

8.1.4　模糊信任传递推理

信任传递性与非对称性是信任计算的两个重要特性[218]. 对于数值化的信任传递性, 广泛应用的信任传递性计算机制是乘积运算. 如果用户 A 高度信任 B, 用 T_{AB} 表示, 而用户 B 又高度信任 C, 用 T_{BC} 表示, 那么某种程度上 A 可以信任 C, 则用 T_{AC} 表示. 通过乘积运算机制, $T_{AC} = T_{AB} \times T_{BC}$. 然而图 8.9 显示, A 到 C 的信任传递存在很多可达路径, 相应地也会有多个信任值. A 到 C 的最终信任值可以采用信任最大化方法获取[219].

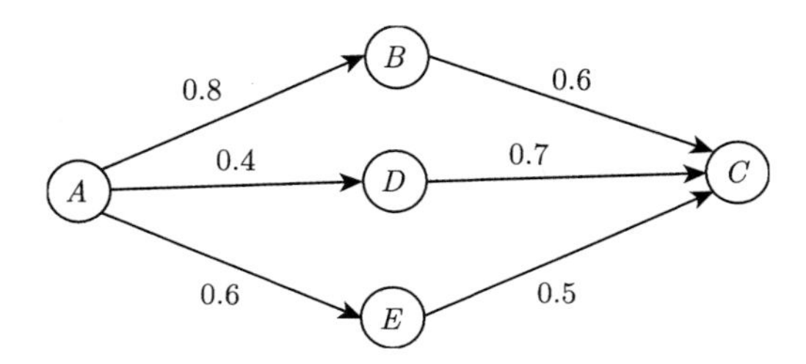

图 8.9　用户 A 到 C 的信任传递的多条可达路径

一般地, 假设存在 $|P|$ 条从 u 到 v 的可达路径 $p \in P$, 那么 u 到 v 的信任传

递计算定义如下:

$$T(u,v)=\max_{p\in P} T(u,.)\otimes T(.,v) \tag{8.19}$$

其中, 操作符叉乘 $\otimes$ 表示乘积 $\times$. 由式 (8.19) 得到 A 到 C 的信任值: $T_{AC}=\max\{0.8\times 0.6, 0.4\times 0.7, 0.6\times 0.5\}=0.48$.

这里有一个问题: 怎样推理自然语言术语表达的信任? 举一个贴切的例子: 如果 A 中高度信任 B, B 低度信任 C, 那么 A 对 C 的信任自然语言术语应表示为什么?

条件 1: If $A\xrightarrow{\text{MH}}B$

条件 2: If $B\xrightarrow{\text{L}}C$

推理: $A\xrightarrow{??}C$

本小节提出了一种移动社会网络中模糊信任传递的推理机制, 定义传递操作符 $\otimes$ 用于计算某个用户到另一个用户有多个传递点情况下的信任值. 算法 8.2是移动社会网络中模糊信任传递推理算法的核心伪代码.

算法 8.2 移动社会网络中模糊信任传递推理算法

输入: 用户: (u); n-跳邻居节点列表: v_n $(v_i\in v_n)$; 列表长度: v_n (M); 系统参数: α、β、γ、λ;

输出: 期望的信任自然语言术语 $\widetilde{l_{uv}}$.

1: **for** i=1 **to** M **do**
2: **begin**
3: **for** $j=1$ **to** $|P|$ **do**
4: **begin**
5: $T_i=\max_{p_j\in P} T(u,.)\otimes T(.,v_i)$;
6: **end**
7: 计算五个自然语言术语关于信任的隶属度
8: $d_1=\mu_{\text{H}}(T_i)$;
9: $d_2=\mu_{\text{MH}}(T_i)$;
10: $d_3=\mu_{\text{M}}(T_i)$;
11: $d_4=\mu_{\text{ML}}(T_i)$;
12: $d_5=\mu_{\text{L}}(T_i)$;
13: $\widehat{l_{uv}}:=\arg\max_{l_{uv}\in L}(d_1,d_2,d_3,d_4,d_5)$;
14: **end**
15: 计算隶属度, 并根据最大隶属度原则输出期望的信任自然语言术语

在该算法中, 输入包括给定的用户 u、n-跳邻居节点列表 v_n、列表长度 $v_n(M)$ 及系统参数 α、β、γ、λ. 第 3~6 行是通过最大化原则计算 $|P|$ 条可达路径上 u 与其他用户 v 的传递信任值. 第 8~12 行是分别计算五个自然语言术语 (H, MH, M, ML, L) 关于信任的隶属度. 第 13 行计算隶属度, 并根据最大隶属度原则输出期望的信任自然语言术语.

8.1.5 实验评估

本小节进行基于真实移动社会网络数据集的拓展实验以评估所提方法的性能, 同时验证所提出的移动社会网络中信任推理算法的有效性.

1. 实验设置

本小节采用 MIT Media Lab 收集的 Reality Mining 数据集[220]. 该数据集是 MIT Media Lab 的 Reality Mining 项目通过约 330000h 不间断的实验，使用 104 个 Nokia 6600s 手机记录用户 (学生或者教职员) 的交互数据. 数据包括呼叫记录、附近手机或蓝牙设备、蜂窝塔编号、应用程序习惯、手机状态 (如充电或闲置), 数据主要来自移动上下文应用、用户位置、通信和设备使用行为习惯.

实验按以下步骤实施. 首先, 计算用户间移动上下文感知信任值. 特别地, 本小节设置了一名在波士顿的学生作为初始用户 u. 实验中, 计划研究该用户信任网络中的信任计算. 其次, 通过所提出的模糊信任推理技术, 将计算所得的信任值转换为自然语言术语表达的信任. 最后, 还将研究移动社会网络的自然语言术语表达的信任传递性.

2. 性能结果与分析

实验运行在搭载 2G 内存、2.83GHz 多核处理器的机器上. 首先, 给出基于声望的基本信任值、基于熟识度的信任值、基于相似性的信任值和信任风险的计算结果. 然后, 实验讨论所提出的信任推理模型的有效性和合理性.

(1) 初始用户基于声望的基本信任值: 根据公式, 可以得出

$$\mathrm{BT}(u)=\frac{N(u)}{m-1}=\frac{62}{100-1}\approx 0.626 \tag{8.20}$$

(2) 基于熟识度的信任计算结果: 为了衡量移动社会网络中两个用户间的熟识度, 可利用两个用户间的互动次数来量化熟识度 (如通话次数). 用户间通话次数越多越熟悉. 根据该理念, 图 8.10 给出了基于熟识度的信任计算结果 $\mathrm{FT}(u,v)$.

图 8.10 揭示了大部分移动用户与给定用户 u 的熟识度相同. 但是最左边有几个用户与 u 比较熟悉, 是由于他们有较高的信任值.

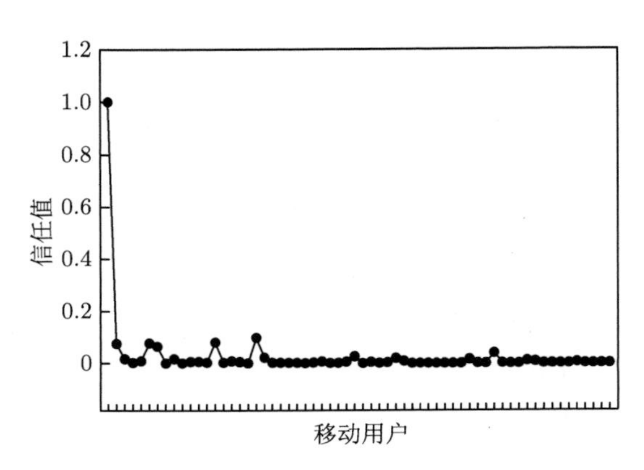

图 8.10　基于熟识度的信任计算结果 $\mathrm{FT}(u,v)$

(3) 时间相似性感知信任计算结果: 图 8.11 展示了时段–交互频数的分布图. 时间相似性信任感知计算结果为 $\mathrm{ST}_{\mathrm{e}}^{t}(u,v)$. 在图 8.11 (a) 中, 用户 u 经常在晚间时段与其他手机用户交流, 但是他们在日间和晚间进行的交流则很少. 通过式 (8.9) 可以计算 u 与其他用户 v 之间的信任值, 结果如图 8.11 (b) 所示. 图 8.11 表明大部分手机用户与给定用户 u 之间拥有几乎相同的时间相似性信任值, 这种现象是时段的权重导致的.

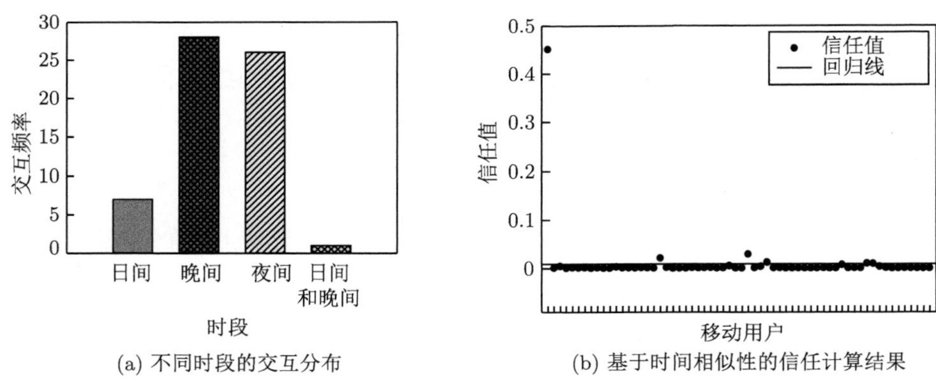

(a) 不同时段的交互分布　　(b) 基于时间相似性的信任计算结果

图 8.11　不同时段的交互分布和基于时间相似性的信任计算结果 $\mathrm{ST}_{\mathrm{e}}^{t}(u,v)$

(4) 位置相似性感知信任计算结果: 图 8.12 展示了位置–交互频率的分布图. 位置相似性信任感知计算结果为 $\mathrm{ST}_{\mathrm{e}}^{l}(u,v)$. 如图 8.12 所示, 用户 u 与其他移动用户的交互经常发生在其他场所. 通过式 (8.8) 可以简单计算出 u 与其他用户 v 的信任值, 结果见图 8.12 (b). 显然, 几个零散的点分布在回归线的上方或者下方. 上方的点表示这些移动用户对初始用户 u 有较高的信任值, 并且 u 经常与他们在相同的有着较高权值的地方交互, 如家庭、公寓. 因此, 实验中位置相似性对 u 与其他人的信任计算影响较大.

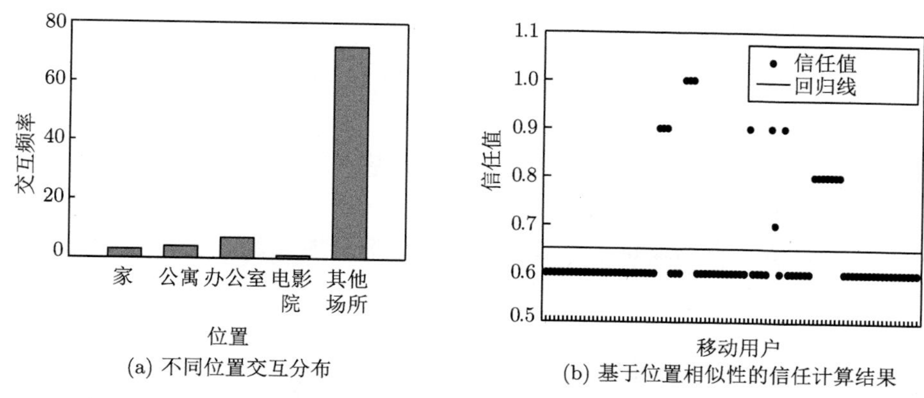

(a) 不同位置交互分布

(b) 基于位置相似性的信任计算结果

图 8.12 不同位置的交互分布和基于位置相似性的信任计算结果 $\mathrm{ST}_{\mathrm{e}}^{l}(u,v)$

(5) 信任风险结果: 在移动社会网络中, 获取用户到用户的跳数比较困难. 例如, 陌生人在后半夜打电话给你, 基于交互活动获取连接跳数是困难的. 本小节使用随机数模拟给定用户与其他用户间的跳数信息. 依据小世界理论[221], 只需要六个中间人, 便可以认识任何一个陌生人. 因此, 应该计算六跳之内的用户间的信任风险. 实际上, 随着跳数增加, 信任风险先增大而后趋于稳定, 如图 8.6 (b) 所示. 这里设置最大跳数为 6, 随机地选择 1~6 中的一个数作为初始用户到其他用户的跳数. 图 8.13 描绘了初始用户与其他用户间的信任风险. 该图显示, 随着跳数的增加, 信任风险随之增加.

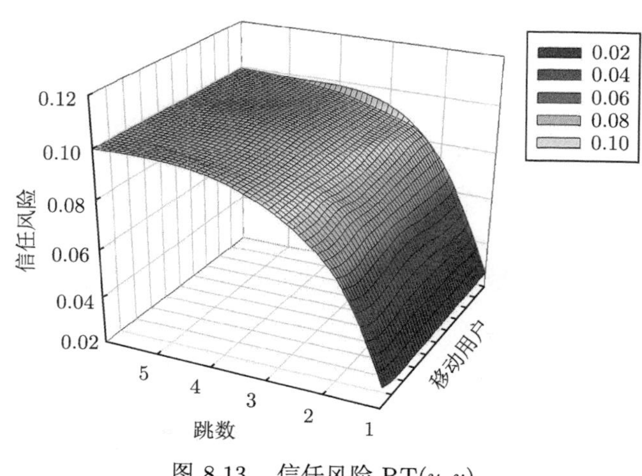

图 8.13 信任风险 $\mathrm{RT}(u,v)$

(6) 移动上下文感知信任计算结果: 在此统计了所有的影响因素, 通过使用提出的计算模型表达式 (8.13) 计算初始用户和其他用户间的信任值.

通过几个参数组合 $p = \{\alpha, \beta, \gamma, \lambda\}$ 计算信任值. 不失一般性, 设 $p_1 = \{0.7, 0.1, 0.1, 0.8\}$, $p_2 = \{0.1, 0.7, 0.1, 0.2\}$, $p_3 = \{0.1, 0.1, 0.7, 0.5\}$, $p_4 = \{0.3, 0.3, 0.3, 0.6\}$ 作为性能评估参数.

图 8.14 显示了不同参数组合下的信任值和基于自然语言术语的信任表述. 尤其是设置参数 p_1 时, 图 8.14 (b) 所示大部分用户对于初始用户是中度信任的. 因此, 语言术语 “M” 占比最高. 另外, 图 8.14 (a) 清晰地显示了参数 p_1 有更高的信任值.

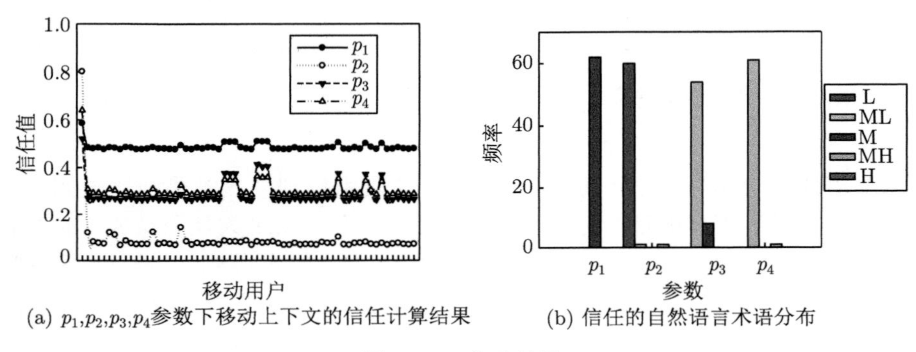

(a) p_1,p_2,p_3,p_4参数下移动上下文的信任计算结果　　(b) 信任的自然语言术语分布

图 8.14　实验结果

(7) 信任传递推理结果: 为评估算法 8.2的信任传递推理的有效性, 这里将提出的移动上下文感知信任模型获得的结果设为信任水平 (the ground of truth), 并采用运算符 $\otimes$ 作为两个信任值间的乘积运算. 推理精确率 $\eta(l)$ 用于评估在跳数为 l 的情况下提出的推理机制的有效性:

$$\eta(l) = \frac{|\{v|\widetilde{l_{uv}} = \widehat{l_{uv}}\}|}{|\{v|L(u,v) = l\}|} \tag{8.21}$$

其中, $\widetilde{l_{uv}}$ 表示信任传递推理结果; $\widehat{l_{uv}}$ 表示基于移动上下文的基准值; $\{v|L(u,v) = l\}$ 表示 l 跳邻居用户集. $\eta(l)$ 表明用户 u 有多少 l 跳邻居用户是真正地信任 u. 为此, 分别评估不同参数集 p_1, p_2, p_3, p_4 下所提出的信任传递推理机制的性能. 图 8.15 显示了不同跳数下, 两种情况 (乘积运算和取小运算) 的信任传递推理精确率. 取小运算用于求传输路径中的最小值作为推理信任值[219, 222].

实验结果表明两种情况下, 信任传递推理精确率都随着跳数增加而降低. 但是不同跳数情况下, 乘积运算的信任传输推理精确率比取小运算的精确率要高. 除此之外, 当两个移动用户间的信任风险权值高时, 乘积运算比取小运算明显更具优势, 如图 8.15 (c). 同时, 图 8.15 (a) 和 (d) 显示当两个移动用户间分配了更高的基本信任权值时, 所提出的推理机制可到达更高的信任传递的精确率.

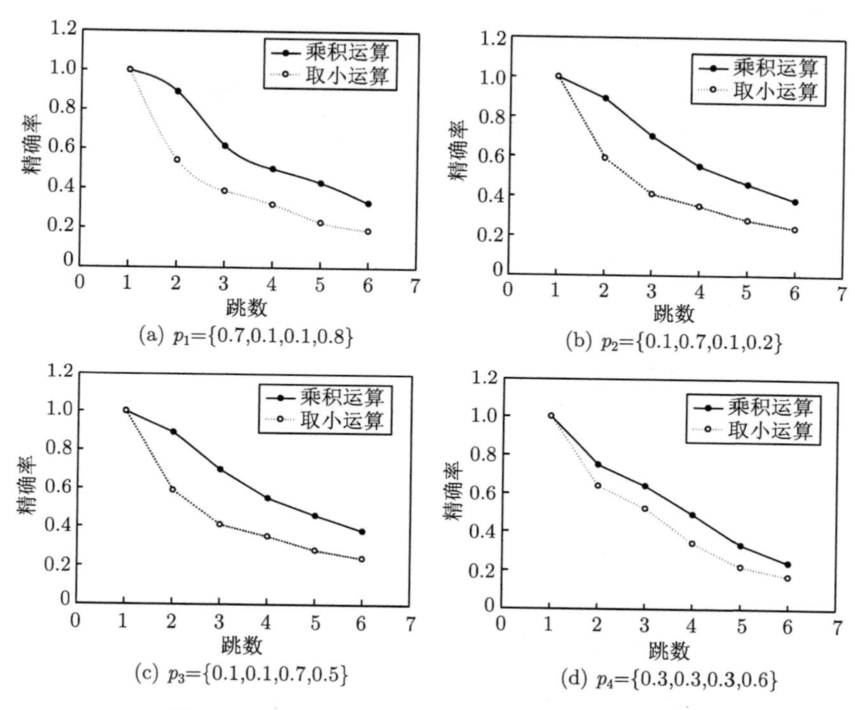

图 8.15　不同参数情况下的信任传递推理精确率

8.2　移动云服务推荐

移动互联网和云计算技术促进了移动云服务的快速发展. 特别是, 随着服务在因特网上越来越普遍, 移动云服务推荐变得越来越重要. 现有的推荐机制主要关注服务质量 (quality of service, QoS). 然而, 众多移动云服务的不断涌现导致服务器在用户信息过载 (information overload) 方面存在诸多问题. 因此, 如何向用户推荐合适的移动云服务以解决此问题则显得尤为重要. 为此, 本节将结合软集的独特之处研究基于软集的移动云服务推荐机制并设计相应的推荐算法[223].

随着移动互联网和云计算技术的发展, 移动云计算 (mobile cloud computing, MCC) 模式迅速发展. 图 8.16 为移动云计算的架构示意图. 随着移动云计算的出现, 众多的移动云服务也迅速兴起, 以满足移动用户对数据存储、数据处理和数据通信的需求[224]. 然而, 它导致了服务信息过载的严重问题, 使得移动用户不能从大规模类似服务中选择适合自己的移动云服务. 解决该问题有效的技术是推荐机制, 已广泛应用于电子商务、社交网络等领域[225].

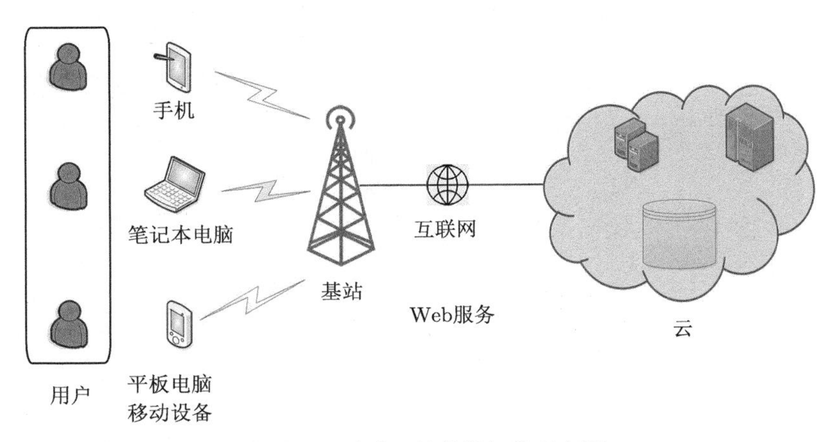

图 8.16 移动云计算的架构示意图

目前, 云服务推荐的方法主要分为：① 基于协同过滤的云服务推荐[226-228]; ② 基于模型的云服务推荐; ③ 基于混合模型的云服务推荐. 但这些现有方法的共同缺点在于数据稀疏和 "冷启动" 问题.

软集作为一种有效的不确定信息处理方法, 可用于帮助人们在不确定的环境下寻找优化的解决方案. 从参数化的角度来看, 它可以很容易地表征不完整和不确定的信息, 特别是表征不确定信息的不一致性和不完整性. 与推荐系统类似, 基于软集的决策过程是搜索所需的解决方案[229], 其可被视为多标准决策 (multiple-criteria decision-making, MCDM) 制订过程, 已广泛用于各种领域[230, 231]. 与已有的推荐机制相比, 它们经常会导致数据稀疏和 "冷启动" 问题. 幸运的是, 软集可以很好地避免数据稀疏问题[232]. 因此, 本节试图根据移动用户的各种需求, 利用软集向移动用户推荐移动云服务. 本节的主要内容如下:

(1) 考虑移动云服务推荐的多重约束, 将移动云服务推荐问题建模为多标准决策过程.

(2) 通过多标准决策过程, 进一步构建用于移动云服务推荐所需的软集. 在构造的软集基础上, 提出一种新颖的推荐模型和算法.

(3) 通过分析具体案例, 以验证提出推荐模型的可行性和有效性, 并阐明该推荐模型的优点.

本节中移动云服务的推荐技术相关工作可以分类为基于协同过滤的推荐、基于模型的推荐、混合推荐和社会推荐.

1) 基于协同过滤的推荐

基于协同过滤的推荐使用用户反馈数据来预测用户兴趣, 从而得到准确的推荐[233]. GroupLen 采用协同过滤技术实现了网络新闻推荐服务[234]. 亚马逊根据物品之间的相似性推荐产品[235]. Zheng 等[236] 评估了消费者之间的相似性并推荐了网络服务. 从历史的角度来看, Web 服务的历史使用信息是进一步推荐 Web 服务的基础[237]. Chen 等[238] 根据历史数据和用户兴趣提出了 Web 服务推荐机制. 但是, 现有研究均存在导致推荐性能低的信息稀疏问题.

2) 基于模型的推荐

基于内存的协同过滤技术的主要缺点是使用了与用户项数据集相关的完整数据集, 因此该系统的执行速度不如其他协同系统, 并且在推荐系统数据库中生成实时条目时也会出现可伸缩性问题. 为了解决这些问题, 研究人员引入了基于模型的推荐系统[239]. 在基于模型的推荐系统中, 使用了一些称为模型的小数据集. 该模型的设计是通过从与特定参数/属性相关的庞大数据库中提取一些信息, 并且每次都使用该模型而不使用庞大的数据库, 因此该模型在一定程度上提高了推荐系统的速度和可伸缩性.

3) 混合推荐

混合协同过滤技术集成了基于协同过滤推荐和基于模型的推荐的优点, 从而提高了服务推荐的质量或用户兴趣推荐. 特别是, 混合协同过滤系统将协同过滤与其他推荐技术相结合, 以便为新用户做出更好的网页预测或推荐[240]. 混合推荐技术通常由两部分组成: 第一部分包括所有预处理方法; 第二部分包括所有规则发现. 总的来说, 混合推荐技术可以提高预测的可伸缩性和推荐质量.

4) 社会推荐

社交媒体的发展加速了社会推荐系统的快速发展[241, 242]. 研究人员提出了几种社会推荐方法: Jamali 等[243] 通过随机游走整合信任关系和基于项目的协同过滤来预测评级. Ma 等[244] 同时对评级矩阵和社会邻域矩阵进行分解, 但该方法在现实生活中难以提供合理的解释. 在此工作的基础上, 他们进一步提出了 STE 模型[245]. 该模型假设一个人的评分得分部分受到自己的影响, 部分受到他的受托人的影响, 但是, 并没有考虑评级习惯. 因此, 社会推荐作为一种新兴的研究方向尚未得到充分和全面的研究. 在基于位置的社交网络服务中, Hao 等[246] 提出了空间社会联盟 (spatial social union, SSU), 是一种通过整合用户、项目和位置的用户之间相似性的度量方法, 基于空间社会联盟进一步设计了基于空间社会联盟的位置敏感推荐算法.

8.2.1 问题描述

本小节首先介绍移动云服务 (mobile cloud services) 和多标准决策的相关预备知识, 然后给出移动云服务推荐的问题形式化描述.

1. 移动云服务

随着云计算和移动互联网之间的集成发展, 移动云服务正在迅速发展. 目前, 一般的移动云服务通常由四部分组成: 服务层、终端层、传输层和计算资源层. 特别是, 服务层直接决定了移动用户的体验和服务模式. 终端层是移动云服务的显示和操作平台. 传输层决定了数据和信息传输的过载能力. 计算资源层则主要提供强大的计算和数据支持.

从用户个人的角度来看, 移动云存储、移动社会网络服务和移动云安全正在吸引更多移动用户的关注. 因此, 本小节关注移动云服务的这些问题, 并将其作为移动云服务推荐的选择标准.

2. 多标准决策

多标准决策在数学上被定义为决策者在其需要基于两个或多个标准进行评估时, 在多个备选方案中进行选择的系统过程. 事实上, 多标准决策在人们的日常生活或专业活动中都很实用. 目前, 已经有许多不同的技术来解决多标准决策的挑战性问题[247,248], 如目标规划、矢量优化算法和交互方法等. 移动服务可推荐问题可以视为一种多标准决策问题. 因此, 本小节的研究问题描述如下.

3. 问题定义

在各种移动云服务中, 如何选择满足访问速度快、可靠性高、安全性强的约束优化服务可以看作是移动云服务的推荐. 它的实现通常会导致非常繁重的信息过载问题, 如图 8.17 所示.

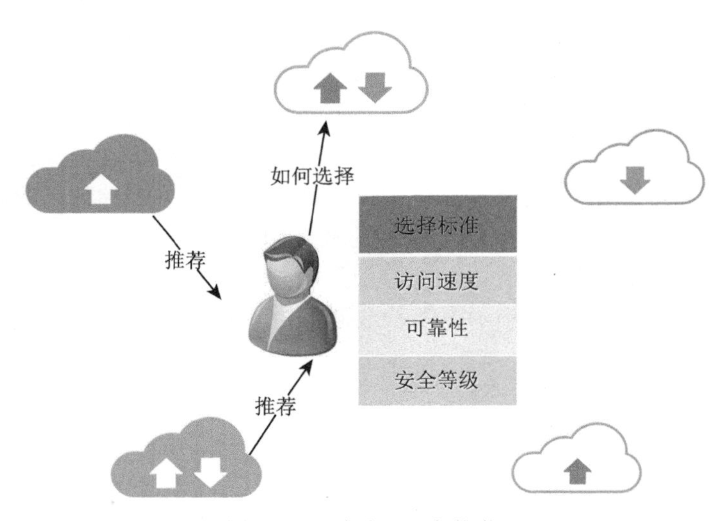

图 8.17　移动云服务推荐

从图 8.17 可以看出, 某个用户有多种方案来选择移动云服务, 以满足其根据多个决策制定标准的要求. 但是, 鉴于访问速度、可靠性和安全级别的限制, 用户更愿意选择优化的移动云服务. 为了节省选择的时间和成本, 急需提出一种有效的推荐机制. 实际上, 移动云服务推荐问题的本质可以转化为移动云服务的多标准决策问题, 其过程如图 8.18 所示.

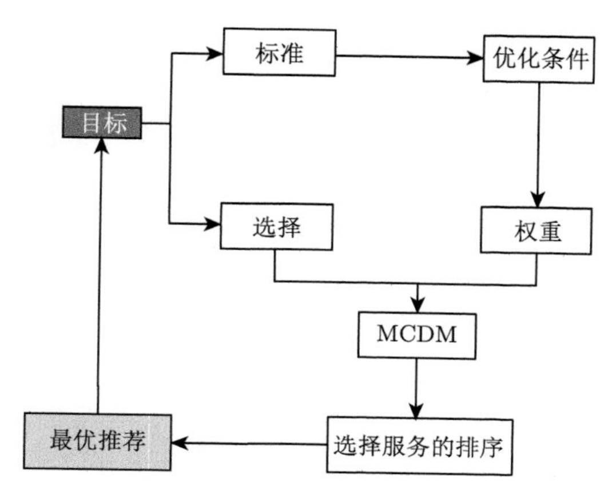

图 8.18　移动云服务推荐的多标准决策过程

8.2.2　基于软集的移动云服务推荐模型

本小节主要研究基于软集的移动云服务推荐模型. 首先, 介绍基于软集和软集决策的预备知识. 然后, 详细阐述移动云服务推荐模型及其相应的算法.

1. 软集的基础知识

Molodtsov 提出的软集理论是模糊集的一种推广, 用于处理不确定性的数学工具.

定义 8.10 (**软集**)[49]　令 U 是初始论域, E 是一个参数集, $P(U)$ 表示 U 的幂集, $A\subset E$, 设 $F:A\to P(U)$ 为映射, 则称 (F,A) 为 U 上的软集. 为了方便计算机的存储和计算, 软集通常采用 0-1 二维表格的形式来表示和存储.

设 $H:E\to P(X), g\to H(g)$ 为一个软集, 则称 $A_H:\to P(E), x\vdash A_H(x)=\{g|x\in H(g)\}$ 为 H 的对偶. 若 $H:E\to P(X)$ 为一个软集, 则 $A_H:X\to P(E)$ 也为一个软集; 反之, 若 $A:X=\to P(E)$ 为一个软集, 则 $H_A:E\to P(X)$, $g\vdash H_A(g)=\{x|g\in A(x)\}$ 也为一个软集.

2. 基于软集的移动云服务推荐模型介绍

基于软集的移动云服务推荐模型的核心思想是构建一个适合移动云服务的软集. 鉴于移动用户的各种个性化需求, 本小节利用软集向用户推荐合适的移动云服务.

通常, 用户的移动云服务被描述为 “X TB 存储空间”“Y GB 数据” 等, 因此, 可在提出的模型中考虑区间值. 基于软集的移动云服务的推荐模型描述如下: 令 U 为一组移动云服务模式; X 是移动用户集; E 是用户行为的集合; C 表示某个移动云服务的设置间隔, C 是从 E 到 L 的映射, 即

$$C : E \to L, L = \{[a, b]\} \tag{8.22}$$

$$C_L(E)\{U|\text{All sets intervals of}|\ U \text{ over } E\} \tag{8.23}$$

$$F : U \to C_L(E_X) \tag{8.24}$$

则 (F, U) 是移动云服务推荐系统中所用到的区间值对偶软集.

例 8.3　给定五个候选的移动云服务提供商 $U = \{c_1, c_2, c_3, c_4, c_5\}$, E 是一个参数集, E 中的每个参数指代移动云服务所具备的功能.

假设 $E = \{$访问速度, 可靠性, 安全级别$\}$ 为移动云服务性能评估的主要指标, 为简单起见, 记作 $E = \{e_1, e_2, e_3\}$. 假设上述软集具有以下映射.

(1) $C(c_1) = \left\{\dfrac{e_1}{[0,50]}, \dfrac{e_2}{[0,10]}, \dfrac{e_3}{[1,5]}\right\}$: 移动云服务 ♯1 适用于要求访问速度在 0~50, 可靠性在 0~10, 安全级别在 1~5 的用户.

(2) $C(c_2) = \left\{\dfrac{e_1}{[0,50]}, \dfrac{e_2}{[50,100]}, \dfrac{e_3}{[2,5]}\right\}$: 移动云服务 ♯2 适用于要求访问速度在 0~50, 可靠性在 50~100, 安全级别在 2~5 的用户.

(3) $C(c_3) = \left\{\dfrac{e_1}{[0,50]}, \dfrac{e_2}{[0,100]}, \dfrac{e_3}{[0,1]}\right\}$: 移动云服务 ♯3 适用于要求访问速度在 0~50, 可靠性在 0~100, 安全级别为 0 和 1 的用户.

(4) $C(c_4) = \left\{\dfrac{e_1}{[0,50]}, \dfrac{e_2}{[50,100]}, \dfrac{e_3}{[1,10]}\right\}$: 移动云服务 ♯4 适用于要求访问速度在 0~50, 可靠性在 50~100, 安全级别在 1~10 的用户.

(5) $C(c_5) = \left\{\dfrac{e_1}{[0,50]}, \dfrac{e_2}{[0,100]}, \dfrac{e_3}{[1,5]}\right\}$: 移动云服务 ♯5 适用于要求访问速度在 0~50, 可靠性在 0~100, 安全级别在 1~5 的用户.

因此, 可以很容易得到基于区间值的软集 (F, U):

$$\begin{aligned}(F,U) = \Bigg\{ & c_1 = \left\{\frac{e_1}{[0,50]}, \frac{e_2}{[0,10]}, \frac{e_3}{[1,5]}\right\}, c_2 = \left\{\frac{e_1}{[0,50]}, \frac{e_2}{[50,100]}, \frac{e_3}{[2,5]}\right\}, \\ & c_3 = \left\{\frac{e_1}{[0,50]}, \frac{e_2}{[0,100]}, \frac{e_3}{[0,1]}\right\}, c_4 = \left\{\frac{e_1}{[0,50]}, \frac{e_2}{[50,100]}, \frac{e_3}{[1,10]}\right\}, \\ & c_5 = \left\{\frac{e_1}{[0,50]}, \frac{e_2}{[0,100]}, \frac{e_3}{[1,5]}\right\}\Bigg\}\end{aligned}$$

3. 算法及案例研究

本小节主要介绍基于软集的移动云服务的推荐算法, 并给出一个对应的案例研究.

1) 算法描述

基于软集的移动云服务推荐算法描述如下.

算法 8.3 基于软集的移动云服务的推荐算法

输入: 软集模型: (F,U); 用户集合: X; 针对用户的一组推荐服务 $x \in X$;

输出: c_k: 为用户 x 推荐的移动云服务.

1: 软集 (F,U) 的属性约简以及约简后的软集 (F,Q)

2: 构造加权表 (F,Q)

3: 搜索可以最大化 C_k 的 k 值

算法 8.3 的过程如下: 提出的算法采用软集模型 (F,U), 一组用户 X 和关于用户 $x \in X$ 的推荐服务集合作为算法的输入. 目标输出是为用户 X 推荐移动云服务, 表示为 c_k. 为了实现基于软集的移动云服务推荐的机制, 该算法针对软集 (F,Q) 进行属性约简并获得约简软集 (F,Q). 基于约简软集 (F,Q), 构造加权表用于进一步的排序备选移动云服务. 最后, 该算法搜索可以最大化 C_k 的 k 值. 从语义上讲, 推荐的移动云服务被分配到 C_k.

2) 案例研究

续例 8.3, 如果用户 Bob 使用移动云服务的历史记作:$E = \{e_1(\text{Bob}) = 26, e_2(\text{Bob}) = 55, e_3(\text{Bob}) = 4\}$, 可以很容易得到 Bob 使用移动云服务的平均要求: 访问速度为 26, 可靠性为 55 和安全级别为 4.

由于所有移动云服务候选者都满足 Bob 对访问速度的要求, 因此 e_1 被约简. 约简软集 (F,Q) 如表 8.2 所示.

表 8.2 约简软集 (F,Q)

移动云服务	e_2	e_3	选择值 C_i
c_1	0	1	1
c_2	1	1	1
c_3	1	0	1
c_4	1	1	0
c_5	1	1	0

在实际应用中, 不同的用户具有不同的使用情况, 通常根据移动云服务中包括的不同功能来给出相应的权重.

本案例使用价格来表示不同的权重. 令移动云服务的价格为 P, 进而 e_2 和 e_3 的权重计算如下: $w_2 = 55/(26 + 55 + 4) \approx 0.65$, $w_3 = 4/(26 + 55 + 4) \approx 0.047$. 重新计算加权约简软集 (F, Q), 如表 8.3 所示.

表 8.3　加权约简软集 (F, Q)

移动云服务	e_2,w_2=0.65	e_3, w_3=0.047	选择值 C_i
c_1	0	0.047	0.047
c_2	0.65	0.047	0.65
c_3	0.65	0	0.65
c_4	0.65	0.047	0.65
c_5	0.65	0.047	0.65

正如表 8.3 所示, $c_2 \sim c_5$ 均推荐给 Bob, 是由于它们具有相同的选择值.

图 8.19 是基于软集的移动云服务推荐系统的演示界面. 用户登录该系统, 就可以灵活设置所请求的移动云服务的要求, 可以点击 "推荐", 系统会根据他们的需求分析和偏好推荐满足用户需求的移动云服务.

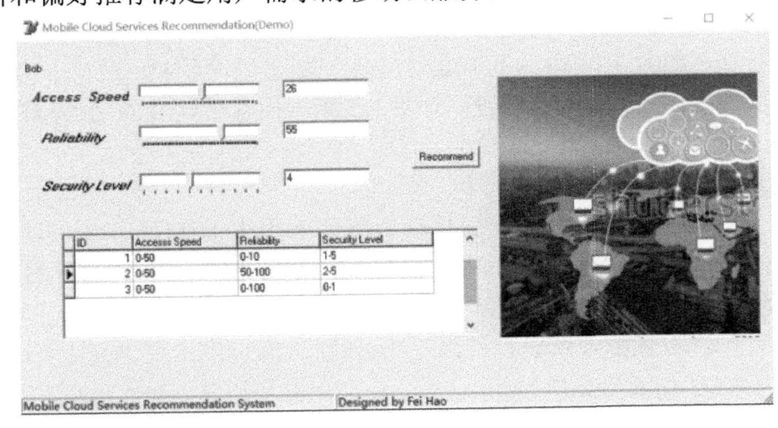

图 8.19　基于软集的移动云服务推荐系统的演示界面

8.3　地理位置敏感的在线社区社会演化

普适计算、GPS 定位技术, 以及蓬勃发展的新兴信息技术正强力地促进基于位置的服务 (location-based services, LBS) 的迅猛发展. 特别地, 探索移动用户的动态拓扑结构对于 LBS 具有重要的意义及应用价值, 如朋友推荐、位置敏感的项目推荐和隐私管理. 本节给出一种新的基于 m 三元概念 (m-triadic concept) 的方法, 用于揭示 LBS 中以位置为中心的在线社区的社会演化[249]. 首先, 提出一种基于 m 三元概念的地理位置敏感的在线社区检测方法. 此外, 地理位置敏感的在线社区的社会演化问题可以被转化为包含目标用户的时间序列三元概念的演化问题. 嵌入 GPS 模块的移动设备的广泛使用和各种先进定位技术的快速发展促进了 LBS 的出现和普及. 其中, 作为 LBS 的一种主流服务——基于位置的社交网络 (location-based social network, LBSN), 将社交网络和 LBS 融合在一起并提供一些与位置相关的智能服务. 例如, Foursquare、Yelp 等通常提供一个有效的平台, 用户可以在其中给他们的朋友分享其位置和相关的社交活动. 物理位置是一个重要的基于用户之间的互动而形成社区的社交空间[250, 251]. 近年来, 这种社交互动已经成功地植入互联网, 因此, 以了解用户的行为和意图为目的的在线社区发现得到了广泛的研究[47, 48, 252]. 但是, 以地理位置敏感的在线社区检测还尚未研究. 为什么以地理位置敏感的在线社区检测是有用的? 科研人员发现以位置为中心的在线社区中包含的社交关系比离线网络中的社交关系更密集. 换句话说, 位置正在成为增强社交互动的附加信息, 进一步提供 LBSN 的推荐服务[253, 254].

由于 LBSN 中的用户通常会从一个位置频繁移动到另一个位置并在新的位置签到, 因此以地理位置敏感的在线社区也会随着用户的移动和交互行为而动态改变. 为此, 本节将重点探讨如下两个技术问题: ① 在特定时间以地理位置敏感的在线社区检测; ② 普通用户集的演化模式. 普通用户集的演化模式, 重点探讨 LBSN 中以地理位置敏感的在线社区的社会演化过程.

8.3.1　问题描述

本小节将介绍系统模型和以地理位置敏感的社区检测问题. 为方便起见, 表 8.4 列出了本小节中使用的重要变量及描述.

表 8.4　重要变量及描述

变量	描述
U	移动用户集
M	位置集合
T	签到时间
I	用户–位置–签到时间之间的三元关系
$\mathrm{TC}(*)$	三元概念
$\mathrm{TC}(m)$	m 三元概念
$\mathrm{Comm}(H, m)$	在位置 m 和签到地点集 H 条件下的地理位置敏感的在线社区检测问题
$P_m(H)$	m 三元概念检测问题

1. 系统模型

假设 S 是包括一组 N 个移动用户 $U = \{u_1, u_2, \cdots, u_N\}$ 的 LBSN 系统; 用户签到的 L 个位置集合 $M = \{m_1, m_2, \cdots, m_L\}$; c_{ij} 是用户 u_i 签到位置 m_j 的

频率; U_j 表示已经签到过的位置 m_j 的用户集合; M_i 表示用户 u_i 已经签到过的位置集合. 另外, 签到时间集为 $T=\{t_1,t_2,\cdots,t_p\}$. 一个完整的位置签是指用户 u 在时刻 t 访问地理位置 m, 记作 $c=(u,t,m)$.

如图 8.20 所示, 用户的移动轨迹可以用位置签到的时间序列来表示[255, 256], 即 $\mathrm{trj}=\langle(m_1,t_1),(m_2,t_2),\cdots,(m_k,t_k)\rangle$. 通常, 一个位置用经度和维度表示, 即 $m_k=(x_k,y_k)$.

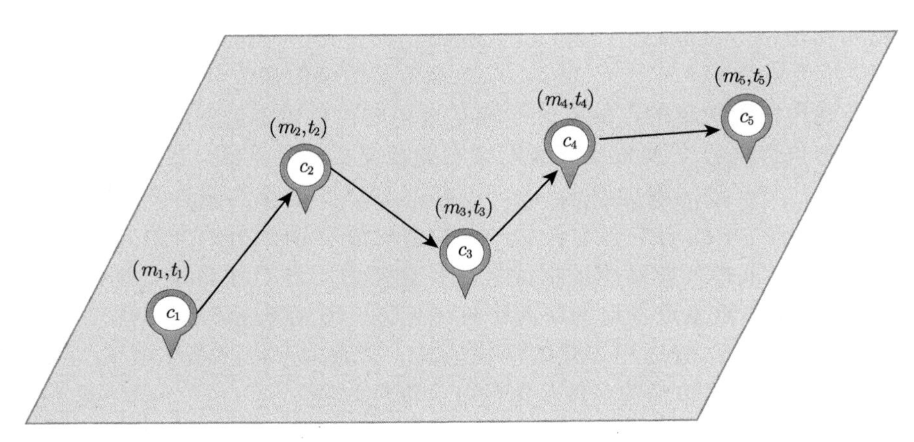

图 8.20 用户移动轨迹

2. 地理位置敏感的社区检测

地理位置敏感的社区检测问题描述为在某些时间戳上提取某些地理位置相关的社区. 显然, 这个问题可以看作是三元形式概念分析中的三元概念提取问题. 具体解决方案如下.

步骤 1 构建用户签到数据的三元形式背景. 该形式背景是由用户、位置和时间三个维度组成.

步骤 2 从由上述三元形式背景产生的概念格中检测三元概念 TC(*).

步骤 3 给定一个地理位置 m, 其中三元概念内涵为 m 的概念称为 m 三元概念, 抽取并存储到输出的地理位置敏感的社区集合中. 形式化, m 三元概念表示如下: $\mathrm{TC}(m)=(U,\{m\},T)$.

3. 三元形式背景的构造

对于给定的用户签到数据集 H, 这里采用文献 [108] 提出的方法来构造相应的三元形式背景. 注意, 用户、位置和时间分别被视为对象、属性和条件. 其三元形式背景表示为 $\mathrm{TFC}(H)=(U,M,T,I)$, 其中 I 表示用户、位置和时间之间的三元关系, 如表 8.5 所示.

表 8.5　构造 H 的三元形式背景: TFC $(H) = (U, M, T, I)$

U	t_1					t_2					t_3					t_4				
	m_1	m_2	m_3	m_4	m_5	m_1	m_2	m_3	m_4	m_5	m_1	m_2	m_3	m_4	m_5	m_1	m_2	m_3	m_4	m_5
A	1	0	0	0	0	1	0	0	0	0	1	0	0	0	0	0	0	0	0	1
B	0	1	0	0	0	0	1	0	0	0	0	0	1	0	0	0	0	1	0	0
C	0	0	0	0	1	0	0	0	0	1	0	0	0	0	1	0	0	1	0	0
D	0	0	0	1	0	0	0	0	1	0	1	0	0	0	0	1	0	0	0	0
E	0	1	0	0	0	0	1	0	0	0	0	1	0	0	0	0	1	0	0	0
F	0	0	0	0	1	0	0	0	0	1	0	0	0	0	1	0	0	0	0	1

例 8.4　在一个基于地理位置的服务系统中, 假设有 6 个用户 $U = \{A, B, C, D, E, F\}$, 5 个签到位置 $M = \{m_1, m_2, m_3, m_4, m_5\}$, 移动时间范围是 $t_1 \sim t_4$.

显然, 三元形式背景中元素为 "1" 的表示某个用户在某个时刻访问了某个位置. 因此, 构造关于 H 的三元形式背景是一个 0-1 矩阵.

4. m 三元概念的动态检测

考虑到 m 三元概念是地理位置敏感的在线社区的形成基元, 因此研究 LBS 中 m 三元概念的动态检测是非常必要的. 本小节将简要阐述如何动态地寻找 m 三元概念.

给定一组用户签到数据集 H 和位置 m, 地理位置敏感的在线社区问题 $\mathrm{Comm}(H, m)$ 相当于抽取 m 三元概念的问题 $P_m(H)$. 该等价过程描述如下:

$$\mathrm{Comm}(H, m) \equiv P_m(H) \equiv \mathrm{TC}(U, \{m\}, T) \tag{8.25}$$

例 8.5　延续例 8.4, 容易获得以下 12 个三元概念.

概念 1: $\mathrm{TC}_1 = (\{A, B, C, D, E, F\}, \{m_1, m_2, m_3, m_4, m_5\}, \varnothing)$

概念 2: $\mathrm{TC}_2 = (\{B, E\}, \{m_2\}, \{t_1, t_2\})$

概念 3: $\mathrm{TC}_3 = (\{A, D\}, \{m_1\}, \{t_3\})$

概念 4: $\mathrm{TC}_4 = (\{C, F\}, \{m_5\}, \{t_1, t_2, t_3\})$

概念 5: $\mathrm{TC}_5 = (\{B, C\}, \{m_3\}, \{t_4\})$

概念 6: $\mathrm{TC}_6 = (\{A, F\}, \{m_5\}, \{t_4\})$

概念 7: $\mathrm{TC}_7 = (\{A\}, \{m_1\}, \{t_1, t_2, t_3\})$

概念 8: $\mathrm{TC}_8 = (\{B\}, \{m_3\}, \{t_3, t_4\})$

概念 9: $\mathrm{TC}_9 = (\{D\}, \{m_4\}, \{t_1, t_2\})$

概念 10: $\mathrm{TC}_{10} = (\{D\}, \{m_1\}, \{t_3, t_4\})$

概念 11: $\text{TC}_{11} = (\{E\}, \{m_2\}, \{t_1, t_2, t_3, t_4\})$

概念 12: $\text{TC}_{12} = (\{F\}, \{m_5\}, \{t_1, t_2, t_3, t_4\})$

显然，当给定一个位置时，可以很容易地找地理位置敏感的社区. 例如，如果给定位置是 m_5，则 m 三元概念 $\text{Comm}(H, m_5)$ 是 TC_4、TC_6 和 TC_{12}，即 $(\{C, F\}, \{m_5\}, \{t_1, t_2, t_3\}), (\{A, F\}, \{m_5\}, \{t_4\})$ 和 $(\{F\}, \{m_5\}, \{t_1, t_2, t_3, t_4\})$. 因此，检测到的地理位置敏感的在线社区有：时刻 $t_1 \sim t_3$ 的社区 $\{C, F\}$，时刻 t_4 的社区 $\{A, F\}$ 和时刻 $t_1 \sim t_4$ 的社区 $\{F\}$.

8.3.2　算法描述

根据上述地理位置敏感的在线社区的检测方法，即 m 三元概念的检测等同于地理位置敏感的在线社区的检测. 因此，本小节设计的算法如算法 8.4 所示.

算法 8.4 基于 m 三元概念的地理位置敏感的在线社区检测算法

输入： 签到数据集：H；给定的位置：m；

输出： 地理位置敏感的在线社区集合 $\text{Comm}(H, m)$.

```
1:  初始化 Comm(H, m) = ∅
2:  begin
3:  构造三元形式背景 TFC(H) = (U, M, T, I)
4:  构建相应的概念格
5:  end
6:  for 每一个三元概念 (U, M, T)
7:  begin
8:     if M = {m}
9:     Comm(H, m) ← Comm(H, m) ⋃ M
10: end
```

该算法的工作原理如下：首先，给定一组签到数据集 H 和给定位置 m 作为算法的输入. 然后，算法初始化地理位置敏感的在线社区集合 $\text{Comm}(H, m)$ (第 1 行). 在算法初始化之后，算法开始构造签到数据对应的三元形式背景 (第 2、3 行). 第 4 行构建了相应的概念格，第 6～10 行用于提取 m 三元概念，并将它们插入 $\text{Comm}(H, m)$ 中.

8.3.3　地理位置敏感的在线社区社会演化模式挖掘

考虑到 LBS 系统的动态特征，本小节将重点探讨地理位置敏感的在线社区社会演化模式挖掘. 实际上，该问题可以转化为与当前关注用户一起查询三元概念的过程. 形式上，一旦给出来自地理位置敏感的在线社区的一组用户 U^*，那么社区的社会演化则是需弄清楚目标包含 U^* 子集的时间序列三元概念的演化模式.

$$\mathrm{TC}_{(1)} = (\{U^*_{(1)}\}, M, T)$$
$$\mathrm{TC}_{(2)} = (\{U^*_{(2)}\}, M, T)$$
$$\cdots$$
$$\mathrm{TC}_{(i)} = (\{U^*_{(i)}\}, M, T)$$
$$\cdots$$
$$\mathrm{TC}_{(|U^*|)} = (\{U^*_{(|U^*|)}\}, M, T)$$

其中, $U^*_{(i)}$ 表示 U^* 的子集, 且 $U^*_{(i)}$ 包含 i 个用户. 显而易见, $|U^*_{(i)}| = C^i_{|U^*|}$.

以上操作说明了 U^* 中用户的社会演化模式.

例 8.6　基于例 8.5中检测到的地理位置敏感的在线社区. 例如, $\{B, C, E, F\}$ 的演化模式如下:

$$\mathrm{TC}_2 = (\{B, E\}, \{m_2\}, \{t_1, t_2\})$$
$$\mathrm{TC}_4 = (\{C, F\}, \{m_5\}, \{t_1, t_2, t_3\})$$
$$\mathrm{TC}_5 = (\{B, C\}, \{m_3\}, \{t_4\})$$
$$\mathrm{TC}_8 = (\{B\}, \{m_3\}, \{t_3, t_4\})$$
$$\mathrm{TC}_{11} = (\{E\}, \{m_2\}, \{t_1, t_2, t_3, t_4\})$$
$$\mathrm{TC}_{12} = (\{F\}, \{m_5\}, \{t_1, t_2, t_3, t_4\})$$

显然, 地理位置敏感的在线社区 $\{B, C\}$、$\{B, E\}$ 和 $\{C, F\}$ 在不同的时间和地点逐渐形成. 从 $t_1 \sim t_3$, 社区 $\{C, F\}$ 在位置 m_5 形成; 而社区 $\{B, E\}$ 在位置 m_2, 时刻 t_1、t_2 处形成, 并且在位置 m_3 时刻 t_4 处形成社区 $\{B, C\}$. 特别是, 社区 $\{E\}$ 和 $\{F\}$ 始终保持在他们签到的位置. 因此, 社区 E 和 F 是恒定不变的地理位置敏感的社区, 社区 $\{B, C, E, F\}$ 中的用户社会演化模式如图 8.21 所示.

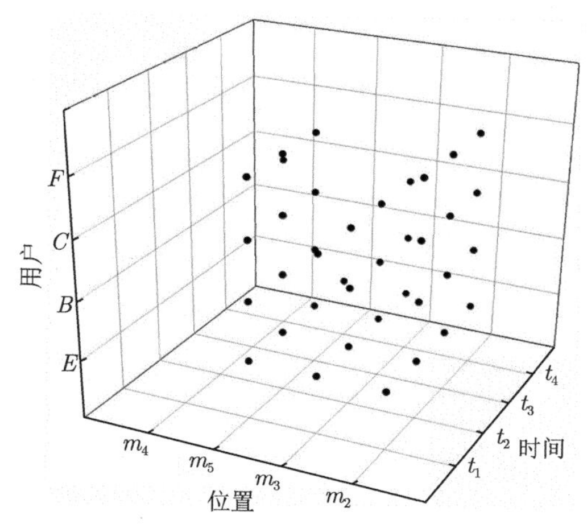

图 8.21　社区 $\{B, C, E, F\}$ 中的用户社会演化模式

8.4 本章小结

本章为软计算技术在社会网络分析中的典型应用. 首先介绍了移动社会网络中基于模糊逻辑的模糊信任推理机制. 深入分析移动社会网络中的关键属性移动上下文, 其由用户声望、位置、时间和社会上下文组成. 之后提出了一种移动上下文感知信任模型. 为了增强对信任值的理解, 采用了更适合用户的模糊语言处理技术来描述信任值. 其次, 为了向用户推荐合适的移动云服务, 结合最新的软计算技术——软集, 介绍了一种基于软集的有效的推荐模型, 并设计了相应的算法. 该算法的优点包括: ① 实施和推荐非常简单; ② 不仅可以推荐项目, 而且还对结果做出反馈; ③ 避免了数据稀疏问题. 因而, 提出的方法也同样可以应用于许多其他潜在的推荐系统. 最后, 利用三元形式概念分析探索了地理位置服务中地理位置敏感的在线社区的社会演化, 详细介绍了基于 m 三元概念的地理位置敏感的在线社区检测方法. 考虑到地理位置服务中用户的空间特征和动态特点, 社区的社会演化特征即包含目标用户的时间序列三元概念. 该方法可以根据获得的时间序列三元概念清楚地揭示地理位置敏感的在线社区的演化模式.

参 考 文 献

[1] 熊瑶. 在线社会网络拓扑特性分析及社区发现技术研究与应用 [D]. 成都: 西南交通大学, 2017.

[2] MILGRAM S. The small-word problem[J]. Psychology Today, 1967, 2(1): 60-67.

[3] HAO F, PARK D S, YIN X, et al. A location-sensitive over-the-counter medicines recommender based on tensor decomposition[J]. The Journal of Supercomputing, 2019, 75(4): 1953-1970.

[4] HAO F, PANG G, WU Y, et al. Providing appropriate social support to prevention of depression for highly anxious sufferers[J]. IEEE Transactions on Computational Social Systems, 2019, 6(5): 879-887.

[5] HAO F, ZHANG J, DUAN Z, et al. Urban area function zoning based on user relationships in location-based social networks[J]. IEEE Access, 2020, 8: 23487-23495.

[6] HAO F, CHEN M, ZHU C, et al. Discovering influential users in micro-blog marketing with influence maximization mechanism[C]. 2012 IEEE Global Communications Conference (GLOBECOM), Anaheim, USA, 2012: 470-474.

[7] HAO F, ZHU C, CHEN M, et al. Influence strength aware diffusion models for dynamic influence maximization in social networks[C]. 2011 International Conference on Internet of Things and The 4th IEEE International Conference on Cyber, Physical and Social Computing, Dalian, China, 2011: 317-322.

[8] 裴雷, 马费成. 社会网络分析在情报学中的应用和发展[J]. 图书馆论坛, 2006, 26(6): 40-45.

[9] 罗家德. 社会网分析讲义[M]. 北京: 社会科学文献出版社, 2005.

[10] 邬爱其. 集群企业网络化成长机制研究[D]. 杭州: 浙江大学, 2004.

[11] MITCHELL J G. Social Networks in Urban Situations: Analyses of Personal Relationships in Central African Towns[M]. Manchester: Manchester University Press, 1969.

[12] WELLMAN B. Structural analysis: From method and metaphor to theory and substance [J]. Contemporany Studies in Sociology,1977, 15: 19-61.

[13] 窦炳琳, 李澎淞, 张世永. 基于结构的社会网络分析 [J]. 计算机学报, 2012, 35(4): 742-753.

[14] PALLA G, DERENYI I, FARKAS I, et al. Uncovering the overlapping community structure of complex networks in nature and society[J]. Nature, 2005, 435(7043): 814-818.

[15] GRANOVETTER M. Economic action and social structure[J]. American Journal of Sociology, 2010, 91(3): 481-510.

[16] 布尔迪厄. 文化资本与社会炼金术[M]. 包亚明, 译. 上海: 上海人民出版社, 1997.

[17] COLEMAN J S. Social capital in the creation of human capital[J]. American Journal of Sociology, 1988, 94: S95-S120.

[18] BURT R S. Structure Holes: The Social Structure of Competition[M]. Cambridge: Cambridge University Press, 1992.

[19] DyNet documentation[EB/OL].[2020-08-02]. https://dynet.readthedocs.io/en/latest/.

[20] BATAGELJ V, MRVAR A. Pajek——analysis and visualization of large networks[C]. The 9th International Symposium on Graph Drawing, Vienna, Austria, 2001: 477-478.

[21] SMITH M A, SHNEIDERMAN B, MILIC-FRAYLING N, et al. Analyzing (social media) networks with NodeXL[C]. The ACM Fourth International Conference on Communities and Technologies, State College, USA, 2009: 255-264.

[22] CSARDI G, NEPUSZ T. The igraph software package for complex network research[J]. Interjournal Complex Systems, 2006, 1695(5): 1-9.

[23] NICHOLLS J, PETERS D, SLAWINSKI A, et al. Netvis: A visualization tool enabling multiple perspectives of network traffic data[C]. EG UK Theory and Practice of Computer Graphics, Bath, UK, 2013: 9-16.

[24] CARLEY K M. Ora: A toolkit for dynamic network analysis and visualization[J]. Encyclopedia of Social Network Analysis and Mining, 2014: 1219-1228.

[25] JOHNSON J D. Ucinet: A software tool for network analysis[J]. Journal of Communication Education, 1987, 36(1): 92-94.

[26] HAGBERGA, SWART P, SCHULT D. Exploring network structure, dynamics, and functionusing networkX[R]. Los Alamos National Laboratory, Los Alamos, USA, 2008.

[27] ADAMCSEK B, PALLA G, FARKAS J, et al. CFinder: Locating cliques and overloping modules in biological networks[J]. Bioinformatics, 2006, 22(8): 1021-1023.

[28] TRIER M. Towards a social network intelligence tool for visual analysis of virtual communication networks[C]. Proceedings of Gemeinschaften in Neuen Medien, Dresden, Germany, 2006: 331-342.

[29] WHITE D R, BATAGELJ V, MRVAR A. Anthropology: Analyzing large kinship and marriage networks with pgraph and pajek[J]. Social Science Computer Review, 1999, 17(3): 245-274.

[30] APOSTOLATO I A. An overview of software applications for social network analysis[J]. International Review of Social Research, 2013, 3(3): 71-77.

[31] YANG R, BAI Y, QIN Z, et al. EgoNet: Identification of human disease ego-network modules[J]. BMC Genomics, 2014, 15(1): 1-10.

[32] AN W, LIU Y H. Keyplayer: An R package for locating key players in social networks[J]. The R Journal, 2016, 8(1): 257-268.

[33] HUISMAN M, VAN DUIJIN M A J. Stocnet: Software for the statistical analysis of social networks[J]. Connections, 2003, 25(1): 7-26.

[34] aiSee-Graph Visualization[EB/OL].[2020-08-08]. https: //www.absint.com/aisee /index.htm.

[35] WEISS M, MOROIU G, ZHAO P. Evolution of open source communities[C]. IFIP International Conference on Open Source Systems, Boston, USA, 2006: 21-32.

[36] SHANNON P, MARKIEL A, OZIER O, et al. Cytoscape: A software environment for integrated models of biomolecular interaction networks[J]. Genome Research, 2003, 13(11): 2498-2504.

[37] BASTIAN M, HEYMANN S, JACOMY M. Gephi: An open source software for exploring and manipulating networks[C]. The Third International AAAI Conference on Weblogs and Social Media, San Jose, USA, 2009: 361-362.

[38] ELLSON J, GANSNER E, KOUTSOFIOS L, et al. Graphviz—open source graph drawing tools[C]. International Symposium on Graph Drawing, Vienna, Austria, 2001: 483-484.

[39] KRACKHARDT D, LUNDBERG M, OROURKE L. Krackplot: A picture′s worth a thousand words[J]. Dermatol Times, 2014, 72(2): 200-222.

[40] HAO F, PARK D S, PEI Z. When social computing meets soft computing: Opportunities and insights[J]. Human-centric Computing and Information Sciences, 2018, 8(18): 1-18.

[41] 普拉蒂哈. 软计算 [M]. 王攀, 冯师, 张坚坚, 译. 北京：科学出版社, 2009.

[42] ZADEH L A. Fuzzy sets[J]. Information and Control, 1965, 8(3): 338-353.

[43] PAWLAK Z. Rough sets[J]. International Journal of Computer & Information Sciences, 1982, 11(5): 341-356.

[44] SWINIARSKI R W, SKOWRON A. Rough set methods in feature selection and recognition[J]. Pattern Recognition Letters, 2003, 24(6): 833-849.

[45] PAWLA K Z. Rough set approach to knowledge-based decision support[J]. European Journal of Operational Research, 1997, 99(1): 48-57.

[46] 张文修, 仇国芳. 基于粗糙集的不确定决策 [M]. 北京: 清华大学出版社, 2005.

[47] HAO F, YAU S S, MIN G, et al. Detecting k-balanced trusted cliques in signed social networks[J]. IEEE Internet Computing, 2014, 18(2): 24-31.

[48] HAO F, MIN G, PEI Z, et al. k-Clique community detection in social networks based on formal concept analysis[J]. IEEE Systems Journal, 2017, 11(1): 250-259.

[49] MOLODTSOV D. Soft set theory——first results[J]. Computers and Mathematics with Applications, 1999, 37(4-5): 19-31.

[50] SHI J, WAN J, YAN H, et al. A survey of cyber-physical systems[C]. IEEE International Conference on Wireless Communications and Signal Processing (WCSP), Nanjing, China, 2011: 1-6.

[51] HU Y, WANG F Y, LIU X. A cpss approach for emergency evacuation in building fires[J]. IEEE Intelligent Systems, 2014, 29(3): 48-52.

[52] ZURADA J M, MAZUROWSKI M A, RAGADE R, et al. Building virtual community in computational intelligence and machine learning [Research Frontier][J]. IEEE Computational Intelligence Magazine, 2009, 4(1): 43-54.

[53] DU N, WU B, PEI X, et al. Community detection in large-scale social networks[C]. The ACM 9th WebKDD and 1st SNA-KDD 2007 Workshop on Web Mining and Social Network Analysis, San Jose, USA, 2007: 16-25.

[54] PEDRYCZ W, CHEN S M. Social Networks: A Framework of Computational Intelligence[M]. Berlin: Springer, 2014.

[55] ZHANG D, ZHANG D, XIONG H, et al. Basa: Building mobile Ad-Hoc social networks on top of android[J]. IEEE Network, 2014, 28(1): 4-9.

[56] SHEN H, CHENG X, CAI K, et al. Detect overlapping and hierarchical community structure in networks[J]. Physica A: Statistical Mechanics and its Applications, 2009, 388(8): 1706-1712.

[57] GREGORI E, LENZINI L, MAINARDI S. Parallel k-clique community detection on large-scale networks[J]. IEEE Transactions on Parallel and Distributed Systems, 2013, 24(8): 1651-1660.

[58] YANG J, MCAULEY J, LESKOVEC J. Community detection in networks with node attributes[C]. IEEE 13th International Conference on Data Mining, Dallas, USA, 2013: 1151-1156.

[59] KUMPULA J M, KIVELA M, KASKI K, et al. Sequential algorithm for fast clique percolation[J]. Physical Review E, 2008, 78(2): 026109-1-026109-7.

[60] SAITO K, YAMADA T. Extracting communities from complex networks by the k-dense method[C]. The 6th IEEE International Conference on Data Mining Workshops, Hong Kong, China, 2006: 300-304.

[61] DUAN D, LI Y, LI R, et al. Incremental k-clique clustering in dynamic social networks[J]. Artificial Intelligence Review, 2012, 38(2): 129-147.

[62] TANG P, HUI S C, FONG A C M. A lattice-based approach for chemical structural retrieval[J]. Engineering Applications of Artificial Intelligence, 2015, 39: 215-222.

[63] SNASEL V, HORAK Z, ABRAHAM A. Understanding social networks using formal concept analysis[C]. The 2008 IEEE/WIC/ACM International Conference on Web Intelligence and Intelligent Agent Technology, Sydney, Australia, 2008: 390-393.

[64] SNASEL V, HORAK Z, KOCIBOVA J, et al. Analyzing social networks using formal concept analysis: Complexity aspects[C]. The 2009 IEEE/WIC/ACM International Joint Conference on Web Intelligence and Intelligent Agent Technology, IEEE/ACM, Milan, Italy, 2009: 38-41.

[65] LI K, DU Y, XIANG D, et al. A method for building concept lattice based on matrix operation[C]. International Conference on Intelligent Computing, Qingdao, China, 2007: 350-359.

[66] Zachary's karate club[DS/OL].[2020-08-25]. http://www-personal.umich.edu/mejn/netdata/.

[67] Dolphin social network[DS/OL].[2020-08-25]. http://www-personal.umich.edu/mejn/netdata/.

[68] Jazz musicians network[DS/OL].[2020-08-25]. https://deim.urv.cat/alexandre.arenas/data/welcome.htm.

[69] Yeast data set[DS/OL].[2020-08-25]. https://archive.ics.uci.edu/ml/datasets/Yeast.

[70] NEWMAN M E J, GIRVAN M. Finding and evaluating community structure in networks[J]. Physical Review E, 2004, 69(2): 026113-1-026113-15.

[71] WAN L, LIAO J, ZHU X. Cdpm: Finding and evaluating community structure in social networks[C]. International Conference on Advanced Data Mining and Applications, Chengdu, China, 2008: 620-627.

[72] BRON C, KERBOSCH J. Algorithm 457: Finding all cliques of an undirected graph[J]. Communications of the ACM, 1973, 16(9): 575-577.

[73] STIX V. Finding all maximal cliques in dynamic graphs[J]. Computational Optimization & Applications, 2004, 27(2): 173-186.

[74] FALKOWSKI T. Community analysis in dynamic social networks[D]. Magdeburg: Otto von Guericke University Magdeburg, 2009.

[75] NEWMAN M E J. Fast algorithm for detecting community structure in networks[J]. Physical Review E, 2004, 69(6): 066133-1-066133-5.

[76] TANTIPATHANANANDH C, BERGER-WOLF T Y. Finding communities in dynamic social networks[C]. 2011 IEEE 11th International Conference on Data Mining, Vancouver, Canada, 2011: 1236-1241.

[77] TAKAFFOLI M , SANGI F , FAGNAN J, et al. Community evolution mining in dynamic social networks[J]. Procedia-Social and Behavioral Sciences, 2011, 22: 49-58.

[78] SHAHRIVARI S, JALILI S. High-performance parallel frequent subgraph discovery[J]. The Journal of Supercomputing, 2015, 71(7): 2412-2432.

[79] HAO F, PEI Z, PARK D S, et al. Iceberg clique queries in large graphs[J]. Nearocomputing, 2017, 256: 101-110.

[80] LI X. Personalized information recommendation based on network bookmarks[C]. The 2012 International Conference on Cybernetics and Informatics, New York, USA, 2014: 1981-1988.

[81] HAMID M N, NASER M A, HASAN M K, et al. A cohesion-based friend-recommendation system[J]. Social Network Analysis and Mining, 2014, 4(1): 1-11.

[82] HAO F, LI S, MIN G, et al. An efficient approach to generating location-sensitive recommendations in ad-hoc social network environments[J]. IEEE Transactions on Services Computing, 2015, 8(3): 520-533.

[83] KRISHNA P, VAIDYA N H, CHATTERJEE M, et al. A cluster-based approach for routing in dynamic networks[J]. ACM Sigcomm Computer Communication Review, 1997, 27(2): 49-64.

[84] BISWAS K, MUTHUKKUMARASAMY V, SITHIRASENAN E, et al. An energy efficient clique based clustering and routing mechanism in wireless sensor networks[C]. IEEE International Conference on Wireless Communications and Mobile Computing, Sardinia, Italy, 2013: 171-176.

[85] FLAKE G W, LAWRENCE S, GILES C L. Efficient identification of web communities[C]. ACM Sigkdd International Conference on Knowledge Discovery and Data Mining, Boston, USA, 2000: 150-160.

[86] KIM K R, MOON N. Content modeling based on social network community activity[J] Journal of Information Processing Systems, 2014, 10(2): 271-282.

[87] FANG M, SHIVAKUMAR N, GARCIA-MOLINA H, et al. Computing iceberg queries efficiently[C]. International Conference on Very Large Data Bases, New York, USA, 1998: 299-310.

[88] DERENYI I, PALLA G, VICSEK T. Clique percolation in random networks[J]. Physical Review Letters, 2005, 94(16): 160202-1-160202-4.

[89] PALLA G, BARABASI A L, VICSEK T. Quantifying social group evolution[J]. Nature, 2007, 446(7136): 664-667.

[90] TRAAG V A, BRUGGEMAN J. Community detection in networks with positive and negative links[J]. Physical Review E, 2009, 80(3): 1-6.

[91] PADMAPRIYA A, SHANMUGA P T. Methods for evaluating iceberg queries[J]. Esrsa Publications, 2014, 68(9): 6-9.

[92] HE B, HSIAO H, LIU Z, et al. Efficient iceberg query evaluation using compressed bitmap index[J]. IEEE Transactions on Knowledge & Data Engineering, 2012, 24(9): 1570-1583.

[93] BAE J, LEE S. Partitioning algorithms for the computation of average iceberg queries[C]. International Conference on Data Warehousing and Knowledge Discovery, London, UK, 2000: 276-286.

[94] ZHAO H, LALL A, OGIHARA M, et al. Global iceberg detection over distributed data streams[C]. The 26th IEEE International Conference on Data Engineering, Long Beach, USA, 2010: 557-568.

[95] CHEN C, YAN X, ZHU F, et al. Graph OLAP: A multi-dimensional framework for graph data analysis[J]. Knowledge & Information Systems, 2009, 21(1): 41-63.

[96] XIN D, HAN J, LI X, et al. Star-Cubing: Computing iceberg cubes by top-down and bottom-up integration[C]. The 29 International Conference on Very Large Data Bases, Berlin, Germany, 2003: 476-487.

[97] LI N, GUAN Z, REN L, et al. gIceberg: Towards iceberg analysis in large graphs[C]. 2013 IEEE 29th International Conference on Data Engineering (ICDE), Brisbane, Australia, 2013: 1021-1032.

[98] HAO F, PARK D S, PEI Z. Exploiting the formation of maximal cliques in social networks[J]. Symmetry, 2017, 9(7): 100-1-100-9.

[99] HAO F, PARK D S, PEI Z. Detecting bases of maximal cliques in a graph[C]. International Conference on Multimedia and Ubiquitous Engineering, Seoul, Korea, 2017: 393-398.

[100] CONTE A, DE V R, MACCIONI A, et al. Finding all maximal cliques in very large social networks[C]. The 19th International Conference on Extending Database Technology, Bordeaux, France, 2016: 173-184.

[101] XU Y, CHENG J, FU W C. Distributed maximal clique computation and management[J]. IEEE Transactions on Services Computing, 2016, 9(1): 110-122.

[102] MODANI N, DEY K. Large maximal cliques enumeration in large sparse graphs[C]. The 17th ACM Conference on Information and Knowledge Management, Napa Valley, USA, 2008: 1377-1378.

[103] EPPSTEIN D, LOFFLER M, STRASH D. Listing all maximal cliques in sparse graphs in near-optimal time[C]. International Symposium on Algorithms and Computation, Jeju Island, Korea, 2010: 403-414.

[104] CHENG J, ZHU L, KE Y, et al. Fast algorithms for maximal clique enumeration with limited memory[C]. The 18th ACM Sigkdd International Conference on Knowledge Discovery and Data Mining, Beijing, China, 2012: 1240-1248.

[105] GOODRICH M T, PSZONA P. External-memory network analysis algorithms for naturally sparse graphs[C]. European Symposium on Algorithms, Saarbrücken, Germany, 2011: 664-676.

[106] DU N, WU B, XU L, et al. Parallel algorithm for enumerating maximal cliques in complex network[C]. The 6th IEEE International Conference on Data Mining Workshops, Hong Kong, China, 2006: 320-324.

[107] SCHMIDT M C, SAMATOVA N F, THOMAS K, et al. A scalable, parallel algorithm for maximal clique enumeration[J]. Journal of Parallel and Distributed Computing, 2009, 69(4): 417-428.

[108] HAO F, PARK D S, MIN G, et al. k-Cliques mining in dynamic social networks based on triadic formal concept analysis[J]. Neurocomputing, 2016, 209: 57-66.

[109] BARALIS E, CAGLIERO L, CERQUITELLI T, et al. Expressive generalized itemsets[J]. Information Sciences, 2014, 278: 327-343.

[110] CAGLIERO L, CERQUITELLI T, GARZA P, et al. Misleading generalized itemset discovery[J]. Expert Systems with Applications, 2014, 41(4): 1400-1410.

[111] CALDERS T, DEXTERS N, GILLIS J J M, et al. Mining frequent itemsets in a stream[J]. Information Systems, 2014, 39: 233-255.

[112] HAMROUNI T, YAHIA S B, NGUIFO E M. Sweeping the disjunctive search space towards mining new exact concise representations of frequent itemsets[J]. Data and Knowledge Engineering, 2009, 68(10): 1091-1111.

[113] AGRAWAL R, IMIELINSKI T, SWAMI A. Mining association rules between sets of items in large databases[C]. The 1993 ACM Sigmod International Conference on Management of Data, Washington D C, USA, 1993: 207-216.

[114] HAN J, CHENG H, XIN D, et al. Frequent pattern mining: Current status and future directions[J]. Data Mining and Knowledge Discovery, 2007, 15(1): 55-86.

[115] GHARIB T F. An efficient algorithm for mining frequent maximal and closed itemsets[J]. International Journal of Hybrid Intelligent Systems, 2009, 6(3): 147-153.

[116] GRAHNE G. Fast algorithm for frequent itemset mining using FP-trees[J]. IEEE Transactions on Knowledge and Data Engineering, 2005, 17(10): 1347-1362.

[117] ZAKI M J, HSIAO C J. Efficient algorithms for mining closed itemsets and their lattice structure[J]. IEEE Transactions on Knowledge and Data Engineering, 2005, 17(4): 462-478.

[118] VO B, HONG T P, LE B. A lattice-based approach for mining most generalization association rules[J]. Knowledge-Based Systems, 2013, 45: 20-30.

[119] VO B, COENEN F, LE B. A new method for mining frequent weighted itemsets based on WIT-trees[J]. Expert Systems with Applications, 2013, 40(4): 1256-1264.

[120] TSENG V S, SHIE B E, WU C W, et al. Efficient algorithms for mining high utility itemsets from transactional databases[J]. IEEE Transactions on Knowledge and Data Engineering, 2013, 25(8): 1772-1786.

[121] PEI Z, RUAN D, MENG D, et al. Formal concept analysis based on the topology for attributes of a formal context[J]. Information Sciences, 2013, 236: 66-82.

[122] SYAU Y R, LIN E B. Neighborhood systems and covering approximation spaces[J]. Knowledge-Based Systems, 2014, 66: 61-67.

[123] QIN K, YAN G, ZHENG P. On covering rough sets[C]. International Conference on Rough Sets and Knowledge Technology, Toronto, Canada, 2007: 34-41.

[124] ZHU W. Relationship between generalized rough sets based on binary relation and covering[J]. Information Sciences, 2009, 179(3): 210-225.

[125] MEO P D, MUSIAL G K, ROSACI D, et al. Using centrality measures to predict helpfulness-based reputation in trust networks[J]. ACM Transactions on Internet Technology, 2017, 17(1): 1-20.

[126] GOLBECK J, PARSIA B, HENDLER J. Trust networks on the semantic web[C]. International Workshop on Cooperative Information Agents, Helsinki, Finland, 2003: 238-249.

[127] JAMALI M, ABOLHASSANI H. Different aspects of social network analysis[C]. IEEE/WIC/ACM International Conference on Web Intelligence, Hong Kong, China, 2006: 66-72.

[128] GHOSH A, MAHDIAN M, REEVES D M, et al. Mechanism design on trust networks[C]. International Workshop on Web and Internet Economics, Patras, Greece, 2007: 257-268.

[129] ZHANG Q, ZHU C, YANG L T, et al. An incremental CFS algorithm for clustering large data in industrial internet of things[J]. IEEE Transactions on Industrial Informatics, 2017, 13(3): 1193-1201.

[130] ZHOU Z, HE Y. Collaborative filtering recommendation algorithm based on users of maximum similar clique[C]. The 2013 International Conference on Information Science and Cloud Computing Companion, Guangzhou, China, 2013: 852-857.

[131] HE T, CHAN K C C. Evolutionary graph clustering for protein complex identification[J]. IEEE/ACM Transactions on Computational Biology and Bioinformatics, 2016, 15(3): 892-904.

[132] Coauthorships in network science[DS/OL].[2020-08-25]. http://www-personal.umich. edu/mejn/netdata/.

[133] WANG J, CHENG J, FU A W C. Redundancy-aware maximal cliques[C]. ACM Sigkdd International Conference on Knowledge Discovery and Data Mining, Chicago, USA, 2013: 122-130.

[134] YUAN L, QIN L, LIN X, et al. Diversified top-k clique search[C]. The IEEE 31st International Conference on Data Engineering (ICDE), Seoul, Korea, 2015: 387-389.

[135] HAO F, PEI Z, YANG L T. Diversified top-k maximal clique detection in social internet of things[J]. Future Generation Computer Systems, 2020, 107: 408-417.

[136] ZHENG X, LIU T, YANG Z, et al. Large cliques in arabidopsis gene coexpression network and motif discovery[J]. Journal of Plant Physiology, 2011, 168(6): 611-618.

[137] BERRY N, KO T, MOY T, et al. Emergent clique formation in terrorist recruitment[C]. The AAAI-04 Workshop on Agent Organizations: Theory and Practice, San Jose, USA, 2004: 1-8.

[138] BALAS E, PADBERG M W. On the set-covering problem[J]. Operations Research, 1972, 20(6): 1152-1161.

[139] ZHOU Z, DAS S, GUPTA H. Connected k-coverage problem in sensor networks[C]. The 13th IEEE International Conference on Computer Communications and Networks, Chicago, USA, 2004: 373-378.

[140] SINGH P K, CHERUKURI A K, LI J. Concepts reduction in formal concept analysis with fuzzy setting using Shannon entropy[J]. International Journal of Machine Learning and Cybernetics, 2014, 6(1): 1-11.

[141] ZHANG Z. Constructing L-fuzzy concept lattices without fuzzy galois closure operation[J]. Fuzzy Sets and Systems, 2018, 333: 71-86.

[142] HAO F, XINCHANG K, PARK D S. FCA-based θ-iceberg core decomposition in graphs[J]. Journal of Ambient Intelligence and Humanized Computing, 2017, DOI: 10.1007/s12652-017-0649-3.

[143] WU J, XIA Y. Complex-network-inspired design of traffic generation patterns in communication networks[J]. IEEE Transactions on Circuits and Systems Ⅱ: Express Briefs, 2016, 64(5): 590-594.

[144] CHU C C, IU H H C. Complex networks theory for modern smart grid applications: A survey[J]. IEEE Journal on Emerging and Selected Topics in Circuits and Systems, 2017, 7(2): 177-191.

[145] GIATSIDIS C, THILIKOS D M, VAZIRGIANNIS M. D-cores: Measuring collaboration of directed graphs based on degeneracy[J]. Knowledge and Information Systems, 2013, 35(2): 311-343.

[146] ANDERSEN R, CHELLAPILLA K. Finding dense subgraphs with size bounds[C]. International Workshop on Algorithms and Models for the Web-Graph, Barcelona, Spain, 2009: 25-37.

[147] SRIWANNA K, BOONGOEN T, IAM-ON N. Graph clustering-based discretization of splitting and merging methods (GraphS and GraphM)[J]. Human-centric Computing and Information Sciences, 2017, 7(1): 21-1-21-39.

[148] ALVAREZ-HAMELIN J I, DALL-ASTA L, BARRAT A, et al.Large scale networks fingerprinting and visualization using the k-core decomposition[C].The 18th International Conference on Neural Information Processing Systems, Vancouver,Canada, 2005: 41-50.

[149] ZHANG Y, PARTHASARATHY S. Extracting analyzing and visualizing triangle k-core motifs within networks[C]. The 28th IEEE International Conference on Data Engineering, Arlington, USA, 2012: 1049-1060.

[150] SHIN K, ELIASSI-RAD T, FALOUTSOS C. Corescope: Graph mining using k-core analysis-patterns, anomalies and algorithms[C]. The 16th IEEE International Conference on Data Mining, Barcelona, Spain, 2016: 469-478.

[151] BADER G D, HOGUE C W V. Analyzing yeast protein-protein interaction data obtained from different sources[J]. Nature biotechnology, 2002, 20(10): 991-997.

[152] LI X, WU M, KWOH C K, et al. Computational approaches for detecting protein complexes from protein interaction networks: A survey[J]. BMC Genomics, 2010, 11(1): 1-19.

[153] HEALY J, JANSSEN J, MILIOS E, et al. Characterization of graphs using degree cores[C]. International Workshop on Algorithms and Models for the Web-Graph, Banff, Canada, 2006: 137-148.

[154] HAO F, YANG Y, PANG B, et al. A fast algorithm on generating concept lattice for symmetry formal context constructed from social networks[J]. Journal of Ambient Intelligence and Humanized Computing, 2019: 1-8.

[155] TANG J, CHANG Y, AGGARWAL C, et al. A survey of signed network mining in social media[J]. ACM Computing Surveys, 2016, 49(3): 42: 1-37.

[156] 程苏琦, 沈华伟, 张国清, 等. 符号网络研究综述 [J]. 软件学报, 2014, 25(1): 1-15.

[157] LESKOVEC J, HUTTENLOCHER D, KLEINBERG J. Predicting positive and negative links in online social networks[C]. The 19th ACM International Conference on World Wide Web, Raleigh, USA, 2010: 641-650.

[158] HONG L, ZOU L, ZENG C, et al. Context-aware recommendation using role-based trust network[J]. ACM Transactions on Knowledge Discovery from Data (TKDD), 2015, 10(2): 1-25.

[159] KUNEGIS J, LOMMATZSCH A, BAUCKHAGE C. The slashdot zoo: Mining a social network with negative edges[C]. The 18th ACM International Conference on World Wide Web, Madrid, Spain, 2009: 741-750.

[160] LESKOVEC J, HUTTENLOCHER D, KLEINBERG J. Signed networks in social media[C]. The ACM SIGCHI Conference on Human Factors in Computing Systems, Atlanta, USA, 2010: 1361-1370.

[161] LIU C, LIU J, JIANG Z. A multiobjective evolutionary algorithm based on similarity for community detection from signed social networks[J]. IEEE Transactions on Cybernetics, 2014, 44(12): 2274-2287.

[162] CHEN R, BAO F, GUO J. Trust-based service management for social internet of things systems[J]. IEEE Transactions on Dependable and Secure Computing, 2016, 13(6): 684-696.

[163] TIMPNER J, SCHURMANN D, WOLF L. Trustworthy parking communities: Helping your neighbor to find a space[J]. IEEE Transactions on Dependable and Secure Computing, 2016, 13(1): 120-132.

[164] HAO F, MIN G, LIN M, et al. MobiFuzzyTrust: An efficient fuzzy trust inference mechanism in mobile social networks[J]. IEEE Transactions on Parallel and Distributed Systems, 2014, 25(11): 2944-2955.

[165] HEIDER F. Attitudes and cognitive organization[J]. The Journal of psychology, 1946, 21(1): 107-112.

[166] CARTWRIGHT D, HARARY F. Structural balance: A generalization of heider's theory[J]. Psychological Review, 1956, 63(5): 277-293.

[167] DAVID E, JON K. Networks Crowds and Markets: Reasoning about a Highly Connected World[M]. Cambridge: Cambridge University Press, 2010.

[168] GHOSN F, PALMER G, BREMER S. The MID3 data set, 1993-2001: Procedures, coding rules, and description[J]. Conflict Management and Peace Science, 2004, 21(2): 133-154.

[169] GIBLER D M, SARKEES M. Measuring alliances: The correlates of war formal interstate alliance dataset, 1816-2000[J]. Journal of Peace Research, 2004, 41(2): 211-222.

[170] TSOURAKAKIS C, BONCHI F, GIONIS A, et al. Denser than the densest subgraph: Extracting optimal quasi-cliques with quality guarantees[C]. The 19th ACM Sigkdd International Conference on Knowledge Discovery and Data Mining, Chicago, USA, 2013: 104-112.

[171] GIBSON D, KUMAR R, TOMKINS A. Discovering large dense subgraphs in massive graphs[C]. The 31st International Conference on Very Large Data Bases, Trondheim, Norway, 2005: 721-732.

[172] LI M, CHEN W, WANG J, et al. Identifying dynamic protein complexes based on gene expression profiles and PPI networks[J]. BioMed Research International, 2014, 2014: 1-10.

[173] DU X, JIN R, DING L, et al. Migrationmotif: A spatial-temporal patternmining Approach for financial markets[C]. The 15th ACM Sigkdd International Conference on Knowledge Discovery and Data Mining, Paris, France, 2009: 1135-1144.

[174] KIM K R, MOON N. Content modeling based on social network community activity[J]. Journal of Information Processing Systems, 2014, 10(2): 271-282.

[175] KHULLER S, SAHA B. On finding dense subgraphs, automata, languages and programming[C]. International Colloquium on Automata, Languages, and Programming, Rhodos, Greece, 2009: 597-608.

[176] TSOURAKAKIS C E. The k-clique densest subgraph problem[C]. The 24th International Conference on World Wide Web, Florence, Italy, 2015: 1122-1132.

[177] DOREIAN P, MRVAR A. Partitioning signed social networks[J]. Social Networks, 2009, 31(1): 1-11.

[178] YANG S, SMOLA A J, LONG B, et al. Friend or frenemy? Predicting signed ties in social networks[C]. The 35th International ACM Sigir Conference on Research and Development in Information Retrieval, Portland, USA, 2012: 555-564.

[179] YANG B, CHEUNG W K, LIU J. Community mining from signed social networks[J]. IEEE Transactions on Knowledge and Data Engineering, 2007, 19(10): 1333-1348.

[180] WU M, LI X L, KWOH C K. Algorithms for detecting protein complexes in PPI networks: An evaluation study[C]. The Third IAPR International Conference on Pattern Recognition in Bioinformatics, Melbourne, Australia, 2008: 15-17.

[181] GREGORI E, LENZINI L, MAINARDI S. Parallel k-clique community detection on large-scale networks[J]. IEEE Transactions on Parallel and Distributed Systems, 2013, 24(8): 1651-1660.

[182] HAO F, PARK D S, LI S, et al. Mining λ-maximal cliques from a fuzzy graph[J]. Sustainability, 2016, 8(6): 553-1-553-16.

[183] SUNITHA M S, MATHEW S. Fuzzy graph theory: A survey[J]. Annals of Pure and Applied Mathematics, 2013, 4(1): 92-110.

[184] QUAN T T, HUI S C, CAO T H. A fuzzy FCA-based approach to conceptual clustering for automatic generation of concept hierarchy on uncertainty data[C]. The CLA 2004 International Workshop on Concept Lattices and their Applications, Ostrava, Czech Republic, 2004: 1-12.

[185] OSTERGARD P R J. A fast algorithm for the maximum clique problem[J]. Discrete Applied Mathematics, 2007, 120(1): 197-207.

[186] CHENG J, KE Y, FU W C, et al. Finding maximal cliques in massive networks[J]. ACM Transactions on Database Systems, 2011, 36(4): 1-34.

[187] NEWMAN M E J. Finding community structure in networks using the eigenvectors of matrices[J]. Physical Review E, 2006, 74(3): 036104-1-036104-19.

[188] LI S, HAO F, LI M, et al. Medicine rating prediction and recommendation in mobile social networks[C]. International conference on grid and pervasive computing, Seoul, Korea, 2013: 216-223.

[189] JANOWSKI S J, KALTSCHMIDT B, KALTSCHMIDT C. Biological Network Modeling and Analysis[M]//CHEN M, HOFESTADT R. Approaches in Integrative Bioinformatics. Berlin: Springer, 2014.

[190] SAH P, SINGH L O, CLAUSET A, et al. Exploring community structure in biological networks with random graphs[J]. BMC Bioinformatics, 2014, 15(1): 1-14.

[191] SAITO K, YAMADA T, KAZAMA K. Extracting communities from complex networks by the k-dense method[J]. IEICE Transactions on Fundamentals of Electronics, Communications and Computer Sciences, 2008, 91(11): 3304-3311.

[192] HAO F, PARK D S, PEI Z, et al. Identifying the social-balanced densest subgraph from signed social networks[J]. The Journal of Supercomputing, 2016, 72(7): 2782-2795.

[193] ZHAO M, YANG Q, GAO D. Axiomatic definition of knowledge granularity and its constructive method[C]. International Conference on Rough Sets and Knowledge Technology, Chengdu, China, 2008: 348-354.

[194] PAWLAK Z. Rough sets and intelligent data analysis[J]. Information sciences, 2002, 147(1-4): 1-12.

[195] HAO F, SIM D S, PARK D S, et al. Similarity evaluation between graphs: A formal concept analysis approach[J]. Journal of Information Processing Systems, 2017, 13(5): 1158-1167.

[196] BU D, YI Z, LUN C, et al. Topological structure analysis of the protein-protein interaction network in budding yeast[J]. Nucleic Acids Research, 2003, 31(9): 2443-2450.

[197] PHILIP S Y, HAN J, FALOUTSOS C. Link Mining: Models, Algorithms, and Applications[M]. Berlin: Springer, 2010.

[198] KUMAR R, NOVAK J, TOMKINS A. Structure and evolution of online social networks[M]// PHILIP S Y, HAN J, FALOUTSOS C. Link Mining: Models, Algorithms, and Applications. Berlin: Springer, 2010.

[199] TONG L, ZHOU X, MILLER H J. Transportation network design for maximizing space - time accessibility[J]. Transportation Research Part B: Methodological, 2015, 81: 555-576.

[200] ZENG Z, TUNG A K H, WANG J, et al. Comparing stars: On approximating graph edit distance[J]. Proceedings of the VLDB Endowment, 2009, 2(1): 25-36.

[201] ZHENG W, ZOU L, LIAN X, et al. Graph similarity search with edit distance constraint in large graph databases[C]. The 22nd ACM international conference on Information & Knowledge Management, San Francisco, USA, 2013: 1595-1600.

[202] YAN X, ZHU F, YU P S, et al. Feature-based similarity search in graph structures[J]. ACM Transactions on Database Systems, 2006, 31(4): 1418-1453.

[203] HAO F, SIM D S, PARK D S. Measuring Similarity Between Graphs Based on Formal Concept Analysis[M]//JAMES J P, PAN Y, YI G, et al. Advances in Computer Science and Ubiquitous Computing. Berlin: Springer, 2016.

[204] WANG X, OUYANG J. A novel method to measure graph similarity[C]. The 12th IEEE International Conference on E-Business Engineering, Beijing, China, 2015: 180-185.

[205] DONG W, DAVE V, QIU L , et al. Secure friend discovery in mobile social networks[C]. The 30th IEEE International Conference on Computer Communications, Shanghai, China, 2011: 1647-1655.

[206] FAN J, CHEN J, DU Y, et al. Geocommunity-based broadcasting for data dissemination in mobile social networks[J]. IEEE Transactions on Parallel and Distributed Systems, 2012, 24(4): 734-743.

[207] CAPRA L. Engineering human trust in mobile system collaborations[J]. ACM Sigsoft Software Engineering Notes, 2004, 29(6): 107-116.

[208] SHERCHAN W, NEPAL S, PARIS C. A survey of trust in social networks[J]. ACM Computing Surveys, 2013, 45(4): 1-33.

[209] GOLBECK J, HENDLER J. Inferring binary trust relationships in web-based social networks[J]. ACM Transactions on Internet Technology, 2006, 6(4): 497-529.

[210] GOLBECK J. Trust and nuanced profile similarity in online social networks[J]. ACM Transactions on the Web, 2009, 3(4): 1-33.

[211] LESANI M, BAGHERI S. Applying and Inferring Fuzzy Trust in Semantic Web Social Networks[M]// KONÉ M T, LEMIRE D. Canadian Semantic Web. Berlin: Springer, 2006.

[212] BHUIYAN T, XU Y, JOSANG A. Integrating trust with public reputation in location-based social networks for recommendation making[C]. The 2008 IEEE/WIC/ACM International Conference on Web Intelligence and Intelligent Agent Technology, Sydney, Australia, 2008: 107-110.

[213] SEYEDI A, SAADI R, ISSARNY V. Proximity-based trust inference for mobile social networking[C]. IFIP International Conference on Trust Management, Copenhagen, Denmark, 2011: 253-264.

[214] CARRINGTON P J, SCOTT J, WASSERMAN S. Models and Methods in Social Network Analysis[M]. Cambridge: Cambridge University Press, 2005.

[215] WASSERMAN S, FAUST K. Social Network Analysis: Methods and Applications[M]. Cambridge: Cambridge University Press, 1994.

[216] MUSIAL K, KAZIENKO P, BRODKA P. User position measures in social networks[C]. The 3rd Workshop on Social Network Mining and Analysis, Paris, France, 2009: 1-9.

[217] ZADEH L A. Fuzzy logic: Computing with words[J]. IEEE Transactions on Fuzzy Systems, 1996, 4(2): 103-111.

[218] GOLBECK J, HENDLER J. Inferring binary trust relationships in Web-based social networks[J]. ACM Transactions on Internet Technology, 2006, 6(4): 497-529.

[219] ZHAN J, FANG X. Trust maximization in social networks[C]. Social Computing, Behavioral-cultural Modeling & Prediction-international Conference, College Park, USA, 2011: 205-211.

[220] Reality mining dataset[DS/OL].[2020-08-25]. http://realitycommons.media.mit.edu/realitymining.html.

[221] KLEINBERG J. The small-world phenomenon: An algorithmic perspective[C]. The 32nd Annual ACM Symposium on Theory of Computing, Portland, USA, 2000: 163-170.

[222] CHEN Y, BU T M, ZHANG M, et al. Measurement of trust transitivity in trustworthy networks[J]. Journal of Emerging Technologies in Web Intelligence, 2010, 2(4): 319-325.

[223] HAO F, PEI Z, PARK D S, et al. Mobile cloud services recommendation: A soft set-based approach[J]. Journal of Ambient Intelligence and Humanized Computing, 2018, 9(4): 1235-1243.

[224] SALAM M I, YAU W C, CHIN J J, et al. Implementation of searchable symmetric encryption for privacy-preserving keyword search on cloud storage[J]. Human-centric Computing and Information Sciences, 2015, 5(1): 19-1-19-16.

[225] ZHAO W X, LI S, HE Y, et al. Connecting social media to e-commerce: Cold-start product recommendation using microblogging information[J]. IEEE Transactions on Knowledge and Data Engineering, 2015, 28(5): 1147-1159.

[226] SHENG G, CAO Y, LU Y, et al. A collaborative filtering method for trustworthy cloud service selection[C]. The 3rd International Conference on Information Science and Control Engineering, Beijing, China, 2016: 13-16.

[227] MENG S, ZHOU Z, HUANG T, et al. A temporal-aware hybrid collaborative recommendation method for cloud service[C]. The 23rd IEEE International Conference on Web Services, San Francisco, USA, 2016: 252-259.

[228] LI W, LI X, YAO M, et al. Personalized fitting recommendation based on support vector regression[J]. Human-centric computing and information sciences, 2015, 5(1): 21-1-21-11.

[229] TRIPATHY B K, SOORAJ T R, MOHANTY R K. A New Approach to Interval-Valued Fuzzy Soft Sets and Its Application in Decision-Making[M]//SAHANA S K, SAHA S. Advances in Computational Intelligence. Berlin: Springer, 2017.

[230] CAGMAN N, ENGINOGLU S. Soft set theory and uni-int decision making[J]. European Journal of Operational Research, 2010, 207(2): 848-855.

[231] ALCANTUD J C R. A novel algorithm for fuzzy soft set based decision making from multiobserver input parameter data set[J]. Information Fusion, 2016, 29: 142-148.

[232] DANJUMA S, HERAWAN T, ISMAIL M A, et al. A review on soft set-based parameter reduction and decision making[J]. IEEE Access, 2017, 5: 4671-4689.

[233] YANG X, LIANG C, ZHAO M, et al. Collaborative filtering-based recommendation of online social voting[J]. IEEE Transactions on Computational Social Systems, 2017, 4(1): 1-13.

[234] KONSTAN J A, MILLER B N, MALTZD, et al. Gouplens: Applying collaborative filtering to Usenet news[J]. Communications of the ACM, 1997, 40(3): 77-87.

[235] LINDEN G, SMITH B, YORK J. Amazon.com recommendations: Item-to-item collaborative filtering[J]. IEEE Internet Computing, 2003, 7(1): 76-80.

[236] ZHENG Z, MA H, LYU M R, et al. WSRec: A collaborative filtering based web service recommender system[C]. The 7th IEEE International Conference on Web Services, Los Angeles, USA, 2009: 437-444.

[237] BIRUKOU A, BLANZIERI E, DANDREA V, et al. Improving web service discovery with usage data[J]. IEEE Software, 2007, 24(6): 47-54.

[238] CHEN X, LIU X, HUAN Z, et al. RegionKNN: A scalable hybrid collaborative filtering algorithm for personalized web service recommendation[C]. The 8th IEEE International Conference on Web Services, Miami, USA, 2010: 9-16.

[239] CHO Y S, MOON S C. Recommender system using periodicity analysis via mining sequential patterns with time-series and FRAT analysis[J]. Journal of Convergence, 2015, 6(1): 9-17.

[240] CHO Y H, KIM J K, KIM S H. A personalized recommender system based on web usage mining and decision tree induction[J]. Expert systems with Applications, 2002, 23(3): 329-342.

[241] GUY I, CARMEL D. Social recommender systems[C]. International Conference Companion on World Wide Web, Hyderabad, India, 2011: 283-284.

[242] KING I, LYU M R, HAO M. Introduction to social recommendation[C]. The 19th International World Wide Web Conference, Raleigh, USA, 2010: 1355-1356.

[243] JAMALI M, ESTER M. TrustWalker: A random walk model for combining trust-based and item-based recommendation[C]. The 15th ACM Sigkdd International Conference on Knowledge Discovery and Data Mining, Paris, France, 2009: 397-406.

[244] MA H, YANG H, LYU M R, et al. Sorec: Social recommendation using probabilistic matrix factorization[C]. The 17th ACM conference on Information and knowledge management, Napa Valley, USA, 2008: 931-940.

[245] MA H, KING I, LYU M R. Learning to recommend with social trust ensemble[C]. The 32nd Annual International ACM Sigir Conference on Research and Development in Information Retrieval, Boston, USA, 2009: 203-210.

[246] HAO F, LI S, MIN G, et al. An efficient approach to generating location-sensitive recommendations in ad-hoc social network environments[J]. IEEE Transactions on Services Computing, 2015, 8(3): 520-533.

[247] CHIU W Y, YEN G G, JUAN T K. Minimum manhattan distance approach to multiple criteria decision making in multiobjective optimization problems[J]. IEEE Transactions on Evolutionary Computation, 2016, 20(6): 972-985.

[248] AZEVEDO C R, VON Z F J. Learning to anticipate flexible choices in multiple criteria decision-making under uncertainty[J]. IEEE Transactions on Cybernetics, 2017, 46(3): 778-791.

[249] HAO F, PARK D S, SIM D S, et al. Anefficient approach to understanding social evolution of location-focused online communities in location-based services[J]. Soft Computing, 2017, 22(1): 1-6.

[250] CHLOE B, NICOSIA V, SCELLATO S, et al. The importance of being placefriends: Discovering location-focused online communities[C]. The 2012 ACM Workshop on Online Social Networks, Helsinki, Finland, 2012: 31-36.

[251] BAO J, ZHENG Y, WILKIE D, et al. Recommendations in location-based social networks: A survey[J]. Geoinformatica, 2015, 19(3): 525-565.

[252] HAO F, MIN G, CHEN J, et al. An optimized computational model for multi-community-cloud social collaboration[J]. IEEE Transactions on Services Computing, 2014, 7(3): 346-358.

[253] AISSI S, GOUIDER M S, SBOUI T, et al. A spatial data warehouse recommendation approach: Conceptual framework and experimental evaluation[J]. Human-centric Computing and Information Sciences, 2015, 5(1): 30-1-30-18.

[254] BAGCI H, KARAGOZ P. Context-aware location recommendation by using a random walk-based approach[J]. Knowledge and Information Systems, 2016, 47(2): 241-260.

[255] ZHENG Y. Trajectory data mining: An overview[J]. ACM Transactions on Intelligent Systems and Technology, 2015, 6(3): 1-41.

[256] WU G, DING Y, LI Y, et al. Mining spatio-temporal reachable regions over massive trajectory data[C]. The 33rd IEEE International Conference on Data Engineering, San Diego, USA, 2017: 1283-1294.